貞觀政要

天可汗的時代

ISBN 957-13-1457-9

原著者簡介

貞觀政要

吳兢，汴州浚儀人（今河南開封縣）爲開元天寶之際的名史官，藏書甚多，曾與劉知幾等修纂武則天實錄，自撰唐史八十餘卷，又不滿前代正史，遂別傳梁、陳、北齊、北周、隋等五代史，著作豐富，天寶八載（西元七四九年）以八十餘歲高齡卒於家。

編撰者簡介

雷家驥

民國三十七年生。

學歷：師大歷史系、香港新亞研究所、文化大學史研究所、文學博士。

現任：文化大學史學系教授，兼聯鳴文化有限公司總編輯。

著作：李靖——天可汗制度創成者，民間托搭李天王。

狐媚偏能惑主——武則天的精神與心理分析。

致讀者書

親愛的朋友們：

「中國歷代經典寶庫」去年出版以後，社會風評甚佳，高上秦先生及其同仁，有意進一步發揚這個有意義的出版計劃，邀驥再度參與，承乏編撰貞觀政要此書。

貞觀政要爲唐朝名史家吳兢（ㄐㄧㄥ）所輯纂，分爲十卷，廣泛地記載了唐太宗君臣的言論，主要是一部語錄體的書，內容包括了政治、制度、人事、敎誡子弟、研討做人做事的道理、探究學術、討論國防軍事，乃至私生活等問題。這部書也和驥先前所編撰的資治通鑑一樣，爲後代帝王常讀之書。與今比較，則貞觀政要的課讀如同大學生修三民主義課程，而資治通鑑則如修中國通史課程，皆爲帝王的「共同必修科」。

本書約在第八世紀初期唐玄宗開元間（七一三——七四一）輯成，距離唐太宗之死不過數十年。這時史料未佚，書籍豐富，所以吳兢能夠採擷（ㄒㄧㄝ）輯錄。正因如此，本書不僅是中國傳統論政的寶典，也是研究初唐歷史的基本史料。你要知道「貞觀之治」如何達成，此書是非讀不可的。

吳兢卒於天寶八載（七四九），享壽超過八十歲，死後六年即爆發了著名的「安史之亂」。也就是說，他的生存時間正是在大唐由盛而衰的轉捩期，帝王的驕逸、政治社會諸問題，或許是使到這位曾任諫官的名史家立意輯纂本書的原因。吳兢經歷武則天、唐中宗、唐睿宗和玄宗四朝，在武周末年出仕，這段時期也正是唐朝政權最不穩定、政治最動盪的時期，吳兢仰慕貞觀治世，是可想而知的。

吳兢爲人方直而鯁（ㄍㄥˇ）介，自少博覽經史，他是因「史才」而爲宰相所推薦，入直史館而參與修國史的。由此而至逝世，一生均以研撰歷史爲職志，而且著作豐富，有良史之譽，世人竟至稱他爲「今董狐」。他的著作，優點在敍事簡賅，而缺點也在此，故晚年也自傷於太簡。本書編纂的基本方式是分類依年排列，常見的形式是「貞觀某年，太宗謂侍臣（或某人）曰……侍臣（或某人答）曰……」。單讀其言，對事情恐難有完整的認識，所以筆者的改寫方式，除了將古文譯爲今語外，尚研究了對談之所由起，儘量加以補充，使讀者更易於完整的瞭解；某些重複出現的談話則作了刪削（此類不多），內容接近的則合併爲一條。

「貞觀之治」的締造者不止唐太宗一人，太宗君臣講究團隊合作，盛世的開創卽由他們完成。本書原在第二卷「任賢」篇，扼略的介述了房玄齡、杜如晦、魏徵、王珪、李靖、虞世南、李勣、馬周八人，其他名臣則闕如。驥意八人之中，只有前五人是太宗不可或缺的助手，失其一者卽難以達成貞觀之盛；而且這篇是人物傳記，與其他各篇的語錄體例有異，所以特別抽出，而將前五人作了較詳細的介紹，列之爲上篇。這是本人改動原書最大之處。至於貞觀名臣甚多，不勝贅（ㄓㄨㄟ）介，故虞世南以下各臣，亦一併刪略了，尚請讀者原諒。

有關本人撰寫本書的用心和希望，在本叢書的資治通鑑「致讀者書」已略申述，這裏也就不必再贅言了。

雷家驥

目錄

貞觀政要

天可汗的時代

編撰者簡介 三
原著者簡介 四
致讀者書 五
上篇 貞觀重要人物略傳 一
第一章 唐太宗李世民略傳 三
李世民的家世與性格 三
由平定天下至貞觀之治 九
唐太宗的後半生 一六
第二章 貞觀名臣列傳 二一
一、房玄齡 二一
二、杜如晦 二九
三、魏徵 三四
四、王珪 四三
五、李靖 四九

下篇　問題討論的展開　六三

第一章　統治問題的討論　六五
一、論怎樣作一個統治者　六五
二、論政治的重要原則　七八

第二章　論怎樣求諫和納諫　九九
一、求得諫諍的談論　九九
二、納諫的行爲和言論　一一〇
三、直諫　一二七

第三章　論君臣之際和制度的建立　一四六
一、論君臣的鑒戒　一四六
二、有關愼選官員的談話　一五五
三、有關封建的爭論　一六五

第四章　教育皇子們的言論　一七三
一、分別太子和諸王名份的討論　一七三
二、論尊敬師傅　一七八
三、教戒太子和諸王　一八六
四、規諫太子的言論　一九一

第五章　論美德（上）　一九五

一、論仁義 一九五　四、論公平 二二三
二、論忠義 一九七　五、論誠信 二三四
三、論孝友 二〇九

第六章 論美德（下） 二三九
一、論儉約 二三九　五、論語言須愼重 二五三
二、論謙讓 二四二　六、論杜絕讒邪 二五六
三、仁惻之心 二四五　七、悔過之言 二六一
四、論愼所好 二四九　八、論貪鄙 二六四

第七章 崇揚學術 二六八
一、崇揚儒學 二六八　三、批評禮、樂和社會風氣 二八〇
二、論史學的意義與功用 二七五

第八章 論治國的實際問題 二九二
一、談務農 二九二　四、有關朝貢的談話 三〇三
二、論刑法的原則 二九五　五、論國家興亡之機運 三〇七
三、論特赦和法令的統一 三〇〇

第九章　論戰爭與國防　三二一
一、論戰爭與國防　三二一
二、安邊問題的爭論　三二八
第十章　有關私生活的言論　三三六
一、關於旅遊　三三六
二、關於畋獵　三三九
三、關於災祥的看法　三四三
四、論貫徹始終　三四九
原典精選　三五九

上篇　貞觀重要人物略傳

第一章　唐太宗李世民略傳

李世民的家世與性格

「朕觀古代創業撥亂之主，都超過四十始登大位，只有東漢光武帝在三十三歲就登位了。但是，朕年十八卽擧兵經綸王業，二十四歲就平定天下，二十九歲卽已昇爲天子，自謂古來英雄撥亂之主，還有誰人能比得上我！」唐太宗在卽位後八、九年間，曾兩次自豪地說（參下文第一七五條及一七九條）。

唐太宗名叫世民，是唐高祖（李淵）和竇皇后所生的第二個兒子，於隋文帝開皇十八年（西元五九八年）十二月戊午生於今陝西省武功縣的別館。李淵家族系出隴西李氏，是閥閱之家，門第甚高，累世仕西魏、北周和隋朝，均爲最高級的將領之一，封爲唐國公，也曾經一度被賜姓「大野氏」，至隋文帝時才歸宗姓李。隋文帝楊堅即是李淵的姨父，因此李淵在隋仕途頗暢，他與竇氏所生的長子取名爲「建成」，次子取名爲「世民」，以後諸子才以「元」字排行。李淵爲次子取名「世民」，即寓「濟世安民」之意。

世民的母親出身京兆竇氏，是一個屢代顯貴的最高門第之一。竇氏的舅舅就是北周武帝。她有智略勇氣，識達大體，頗善於書法和寫文章，後來長孫晟（ㄕㄥ）把女兒許配給世民，即與此有關。李淵和竇氏都具有胡人血統，是胡、漢混血兒，所以他們的子孫也是如此。竇氏在隋文帝開皇九年——中國南北統一那年（西元五八九年），爲李淵生下第一胎，即李建成。又過了九年才生下李世民，所以建成比世民整整大了十歲。第三子李玄霸早夭，第四子李元吉則在隋文帝仁壽三年（六〇三）才出生，整整比世民少了六歲，比長兄少了十四歲。李淵另有十八個兒子，均不是竇氏所生。至於女兒則一共有十九人，第三女即後來著名的平陽公主，也是竇氏所生的。平陽公主可能是建成之妹、世民之姊。李淵七歲就襲唐國公爵位，以後一直任官，也常常外調爲地方長官。隋朝制度，地方長官赴任，只可以攜帶十五歲以下的兒子同行，所以李建成在文帝末年及煬帝時期，常常是留在京師的家裏主持家事，世民則得以隨同父母赴任，形成兄弟隔膜的原因。

李元吉在隋朝崩亡時才不過是十四、五歲的少年，所以留在家裏由長兄照顧，這是日後元吉協助建成，而對二哥世民不好的伏因。世民則因隨侍父母，尤其最得母親寵愛，這是形成世民青少年時代，比較任性剛烈、要得到的東西一定要得到的性格的基本因素（太宗後來即曾自述此性格）。世民是軍事閥閱的子弟，自小即喜飛鷹走馬，尤精於射箭。至於讀書方面則似乎就不甚了了，他沒有下過苦功，也缺乏之師傅的指導，很少聽到先達之言。及至十七、八歲時，又碰到天下大亂，於是提劍躍馬，東征西討，想求學也無暇了。後來當了皇帝，就曾多次對此表示咎悔。（參第八十八條及一一七、一一九條）事實上，由於經過南北朝數百年的分裂，造成了地區風尙的差異，西北一帶的社會，大多崇尙政治事業與軍事功業——當時稱爲「冠冕」、「武功」的成就，李世民自不例外。他少年時代的摯友如長孫無忌、柴紹和竇誕，皆爲貴胄門第的公子。無忌較好讀書，有智略，反應敏捷，後來協助世民發動玄武門兵變，成爲第一功臣。柴紹亦出身軍閥之家，自幼即身手矯捷，勇力過人，任俠之名聞於關中，少年時代即成爲煬帝太子的帶刀侍衞，李淵將平陽公主嫁給他，可說是世民的連襟兄弟。竇誕則是李淵夫人竇氏的族人，後來亦協同世民東征西討。這羣貴介公子，都是活潑、外向、進取、堅強，喜愛武功，甚至有大膽妄爲、敢說敢做的傾向，所以世民後來說他們不是益友。竇氏在四十五歲那年逝世，這時天下已經崩亂，李淵經常奉煬帝的詔命領軍征伐，他似乎並沒有很多時間去留意敎育世民。事實上，他稍後卽有志乘時起事，暗中結交天下豪傑，建成、世民、平陽公主等也分擔了父親的憂勞，也均在暗中各自結交豪傑。所謂豪傑，大多是指那些任俠敢爲之士，這是建成、世民後來各有人事集團的原因之一。

隋煬帝大業九年（六一三），煬帝決定二度征伐高麗。在遠征期間，楊玄感擧兵起事——這是隋朝貴族大臣首次的大叛變（玄感時爲禮部尙書，是前首相楊素之子），李淵奉詔馳鎭弘化郡（治今甘肅慶陽縣）。就在這一年，十六歲的李世民和十三歲的長孫氏——長孫晟之女、長孫無忌之妹——結婚了。據說兩家通婚，是因爲長孫熾——長孫晟的哥哥——認爲竇毅之女李淵夫人是聰明睿智的婦人，她所生的兒子之中必有奇子，不可以不和李家談婚論嫁，因此長孫晟就把女兒許配給李世民。世民成了家，但卻沒有讓婚姻絆阻了他的事業，長孫氏是知書循禮、富有智略的人，正好能成爲世民的賢內助；事實上，她確爲中國史上少見的模範皇后，本書即收錄了她部份的言論事蹟（參第二十三、三十二、八十六、一四八條等）。

兩年後——世民十八歲、隋煬帝大業十一年（六一五）——由於雁門事變，遂使世民展開了軍旅生涯。這年四月，煬帝北巡至汾陽宮（在樓煩郡，今山西靜樂縣境）避暑，李淵則奉詔爲「山西、河東撫慰大使」討捕管區內的羣盜。八月，煬帝出巡北塞，一向稱臣的東突厥始畢可汗，突然率領數十萬騎兵來襲，將煬帝一行圍困於雁門郡（治今山西代縣）。煬帝急令天下募兵前來赴難。世民因而應募，隸屬將軍雲定興麾下，建議雲定興多張旗鼓爲疑兵，全速前赴解圍。這就是世民後來自述的「朕年十八卽舉兵經綸（ㄌㄨㄣ）王業」。翌年，李淵出任太原留守，世民卽將兵從戰，並協助其父策劃起事大計。部署進行得差不多，遂於大業十三年（六一七）五月十五日甲子發動太原兵變，舉兵起事。這年世民才二十歲。

這時天下分崩，羣雄割據，煬帝遠在江都，李淵自稱爲大將軍，東連山東最大的李密集團，使東線無所顧慮；然後北連東突厥爲軍事同盟，突厥遣兵來助戰，約定西入長安之後，人民和土地歸唐公，金玉財物則歸東突厥，於是李淵遂起兵西進。太原集團留守是李元吉，西攻部隊總兵力共三萬人，李淵自領中路軍，左、右兩路軍則分由建成、世民指揮，以起義爲國、尊立代王（煬帝孫，西京留守）爲名義，浩蕩出發；平陽公主則在關中起事，統率豪俠羣盜響應李淵，牽制隋朝首都地區的兵力。西進部隊勢如破竹，沿途亦有羣雄來響應，收編爲西進軍，其間曾一度在河東郡（治今山西永濟）爲強勁的屈突通兵團所阻，令西進軍繞道攻長安。同年十一月九日，大軍圍攻長安時，已發展成二十餘萬衆的大兵團，把首都攻陷了。屈突兵團見大勢已去，尋即崩潰東撤，半途被俘，關中隋朝政府武力徹底摧毀，奠定了大唐開國的基礎。

十一月十五日，李淵迎立十三歲的代王楊侑（一ㄡ）爲皇帝，遙尊煬帝爲太上皇，年號改爲「義寧」，意謂起義寧國，然後自爲大都督內外諸軍事·尚書令·大丞相·唐王，實際執政。建成則成爲世子，李淵隨即讓他爲尚書令（相當於行政院長）；世民則爲京兆尹·秦公，元吉則爲齊公；稍後李淵分任建成、世民爲左、右元帥，元吉爲太原道行軍元帥，各付予軍國重任，力量相埒，分庭抗禮。義寧二年（六一八）江都兵變、煬帝被殺的消息傳至，李淵乃於五月二十日廢楊侑爲「恭帝」，自己卽皇帝位，改元「武德」，創建唐朝。由於建成昇爲皇太子，所以尚書令遺缺遂由世民出任；世民援著晉封爲秦王，主掌大政至兵變卽位才停止。因爲世民是首任尚書令，後來羣臣不敢與他相比，遂無人再出任尚書令一官了，而分由左、右兩僕射掌握行政大權。這時李世民才二十一歲，可謂少年得志了。

由平定天下至貞觀之治

大唐的開國戰略是北和東突厥，東連李密以牽制羣雄，並阻止江都回流的叛亂政府軍（宇文化及的叛亂部隊當時要西還）；然後則分向西、南兩線發展：一由世民統兵經略盤據甘隴的薛舉、李軌兩大集團，以鞏固西線後方；一由宗室李孝恭經略長江流域以下，李靖後來輔助他完成任務（孝恭可參第一百條）。及至西線平定，世民才出兵經略山東，配合孝恭的南線同時並舉。

武德二年（六一九），秦王世民正式部署東進，這年他二十二歲，長孫氏爲他誕下第一個男孩——後來的皇太子李承乾。自此以後，世民即連年東征西討，較少在京師主持大政。迄至武德四年（六二一），大唐的戰略已漸收效果，李孝恭和李靖的南面軍平定了長江中游——也是江南最大的集團蕭銑（ㄒㄧㄢ）之梁朝，自後經略江東及嶺南卽勢如破竹。北面軍在世民指揮之下連連硬攻苦戰，同時擊滅了盤據東都的鄭——王世充集團，和河北的夏——竇建德集團。這時足以與大唐抗衡的大集團，大體上已經消滅，剩下若干小集團，其平定只是時間上的問題而已。大唐皇帝李淵，覺得秦王世民功勞甚大，現行官制無法酬庸他，遂特創「天策上將」一官，位在王公之上，於此年十月拜世民爲天策上將。這時世民一身兼數職，正式官銜爲「天策上將・司徒・尙書令・陝東道大行台（管山東地區，大本營在洛陽）尙書令・西南行台（管四川，大本營在成都）尙書令・凉州總管（卽凉州軍區司令，大本營在甘肅武威）・左武候大將軍（相當於憲兵部隊總司令）・上柱國・秦王」。太宗後來追述，說「二十四歲卽平定天下」，蓋指此而言。自此以後，世民的權力有增無已，至武德七年（六二四），他更以上述身份兼領左、右武候大將軍（唐制憲兵分左、右兩個總司令部）、十二衞大將軍（全國武裝部隊分隸十二個總司令部），成爲全國最高統帥，一身掌握軍政的實際大權，這時才行年二十七歲。後來又兼爲中書令（負責擬定最高命令的宰相），權勢更是炙手可熱。

秦王世民意志堅強，性格剛烈，從小就沒有服從大哥支配的習慣，這時權勢之大，在一人之下，萬人之上，也不把身爲皇太子的長兄放在眼裏。武德四年以前，世民常年在外征伐，以後則在朝時間較多，所以兄弟磨擦的機會也多了。當初，皇帝李淵分付開建國家的責任給三個兒子，最初三兄弟的軍事責任是差不多的，後來建成因爲昇爲太子，所以留京協助父皇處理政事，元吉也從太原回朝，或協助政事，或統兵出征。建成瞧不慣二弟的態度，元吉也幫助大哥的忙，兄弟三人除太子外，均兼任親王宰相（元吉也擔任侍中及行台尚書令，封爲齊王），這種家族事業牽涉國家和家庭的各種關係，遂引發了糾纏不清的糾紛。唐高祖雖是雄才大略的人，但喪失了賢內助的幫忙，對此糾紛也莫能清理；兄弟三人各有集團，他們也互相協助其主勾心鬪角，甚至建議用武力解決對方，因此糾紛愈來愈嚴重。秦王曾一度想跑回洛陽，舉兵對抗太子；太子的重要助手魏徵等，也曾建議殺掉秦王，免除後患。

武德九年（六二六），剛烈的秦王按捺不住，與房玄齡、杜如晦、長孫無忌、高士廉、侯君集等人，決意發動兵變以求解決。該年六月四日清晨，事變爆發，太子及齊王兄弟在玄武門爲秦王所弒，東宮及齊府部隊反攻無望而解散（第六十八條對此略有記述），秦王掌握了監國權。同月七日，高祖立秦王爲皇太子，事無大小均由太子處分。延至八月九日，高祖以再當皇帝已沒有意思，下詔遜位，讓太子即位爲皇帝，是爲唐太宗。太宗這年二十九歲，將明年改年號爲「貞觀」——這是歷史上威名赫赫的貞觀時代的開始。太宗同年即册立長孫氏爲皇后，李承乾爲皇太子；皇后年二十六歲，太子年才八歲。

太宗當秦王時，王府中已有文學館的組織，用以招納文學之士，經常互相研討各種學問或政策等；登位之後，他又建立弘文館，性質、功能與目的和以前的秦府文學館差不多。換句話說，自從太宗當了首相和最高統帥之後，對先前的無師不學深自後悔，因此招致學者，利用公暇力學補救。因爲他深深知道，事業開創了還須要守得住（這是本書多次討論到「守創孰難」此命題的原因），馬上打天下卻不可以馬上治天下（參第六十六條及一七一條），守成與文治的完成，實是大須學問，不能靠武力和一時的勇氣計略來達成。

東突厥頡利和突利兩可汗，在太宗即位不久，突然統兵二十萬圍襲長安，逼使太宗作成「渭水之盟」（參第一五八條）。對好勝的太宗來說，不啻是平生之恥，成爲他發憤圖強的動機之一。但是就整個發憤向善的過程來看，外鑠（ㄕㄨㄛ）因素終究不如內在因素來得強。太宗的學識日漸增長，一方面足以使他瞭解前非（參第一一七、一一八、一一九條），產生改過向善之決心。另一方面則是正面的，太宗本來志氣即極高，又基於彌補既往之失的意識，因此決志學習去作一個聖君——要作一個超越近代（指秦漢以來）所有君主、可上比美堯舜的聖君（參第一五二條，他要上比堯舜的言論頗多，不贅引）。

基於這種決心和認識，太宗略爲收斂了自己過份沛盛的英武之氣，兢兢克己，以新的形象展現出來。他決意以德治仁政爲國策（參第一五四條），施政以人民爲本，優先內政諸問題。在政治上，他建立了良好的決策制度和諫諍制度，以適度制衡君權，格君之非；整頓了政府組織與編制，實行責任政治。在人事行政方面，他以人才主義爲基礎，選拔眞正的賢能之士，各以其才來任用，並讓他們有充份發揮才幹的機會；這些人或來自秦府系統，或來自原先的中立派，如李靖、李世勣、蕭瑀、陳叔達等，或來自原先的敵對派，如魏徵、王珪、韋挺、薛萬徹等。他們之間的人格交往是以誠爲本，政治行爲則是以法爲本；太宗克制自己，努力效法聖君，而同時也要求臣僚爲聖賢之臣（這方面的言論頗多，參第八十五條或可管窺全體）。最難得的是，君臣雙方對此遠大的抱負，大體上都能始終貫徹，互相勉勵，秉持着憂患意識，惟恐不逹。

在社會經濟方面，鑑於大亂之後，百業凋殘，太宗抱着「以民爲心」（參第四十九條）的原則，全力發展民生經濟，尤其優先考慮「民以食爲天」的農業。他的政策在與民休息、藏富於民（參第一四二及一五五條），率先躬行節儉之風，並痛懲隋朝以來的奢侈貪污的風氣。他推行類似今日的法治——律令政治，讓社會迅速安定而穩定，大家皆守法；進而又推行風俗的統一和改革，揚棄一些固陋的習慣（略參第六十四、六十五、九十五、一三六條）。他的法律以愼刑、寬平、簡約、統一爲主，從而建立了上訴、合議、死刑覆奏制、笞刑不可笞背及減少抽打數目等制度措施，一掃隋朝以來的嚴刑酷毒（略參第三十五、一四三、一四四條）。

在國防外交方面，除了東突厥、吐谷渾和高昌（參第三十七、八十三、一六六及「李靖傳」）因爲嚴重關繫國家的戰略安全，所以用武力撻伐，甚至佔領之外，對外的考慮，大體是以「先中國而後四夷」的原則作爲處理的基本態度。尤其在貞觀四年（六三〇）他成爲「天可汗」以後，對此考慮更是愼重。太宗是大唐皇帝，兼爲世界皇帝，有責任維持世界秩序。大體上他對外國的政策以覊縻懷柔爲主，對一些倔強的國家如薛延陀、高麗等，才用武力干預的政策，這也是在懷柔不成之後才如此（參第一六二及一六三條）。就戰略眼光看，國外世界的穩定才足以完成大唐的國家安全，太宗所以文武並重，適當對外用兵的考慮在此；大唐國內太平，開以下國內百年不見兵戈的基因也在此。這種選擇無疑是對的，談不上窮兵黷武。

唐太宗與羣臣經常討論各種問題，君臣之間的意見非常的溝通，上述的政策措施也通常由此談論中產生，從談論中修正及檢討得失。上自國策，下至私行，只要有涉及政治的可能，莫不廣被討論研究，成爲君臣的共識。由於這是一種共識，所以意志也是一致，貫徹的力量非常強大。從太宗卽位至平定東突厥的貞觀四年，國家已寖寖（ㄐㄧㄣˋ）然進入「貞觀之治」的盛世。原書曾對此加以描述：

太宗自卽位之始，霜旱爲災，米穀踴貴，突厥侵擾州縣。然，帝志在憂民，銳精爲政，崇尙節儉，大布恩德。是時自京師及河東（黃河以東，山西省一帶）、河南（黃河以南，今陝西省一帶）、隴右饑饉尤甚，一匹絹纔換得一斗米，百姓雖東西逐食，未嘗嗟怨，莫不自安；至貞觀三年，關中豐熟，大家都自動歸鄉，竟無一人逃散，其得民心如此。

加以從諫如流，雅好儒術，孜孜求士，務在擇官，改革舊弊，興復制度，每因一事，觸類爲善。當初，息隱、海陵（指建成、元吉）之黨共同謀害太宗者百千人，事情平定之後，卻把他們居爲左右近侍，心術豁然，不有疑阻，時論以爲能斷決大事，得帝王之體。

帝又深惡官吏貪濁，有枉法受財者，必無赦免；在京流外有犯贓者，皆遣執奏，隨其所犯，置以重法。因此官吏多清廉高潔。制馭王公、妃王之家，大姓、豪猾之伍，使他們都畏威屏跡，不敢侵欺細民。商旅野次，無復有盜賊之患，囹圄常空。

馬牛布野，戶外不閉。又頻致豐稔，米斗三、四錢，行旅自京師至嶺表（即嶺南），自山東至滄海，皆不必賫糧，可以直接取給於路。入山東村落，行客經過者，必厚加供待，或發時有贈遺，此皆古昔未有也。（見卷一「政體」篇（

唐太宗的後半生

自從平定東突厥，成爲天可汗以後，太宗不免意滿志驕。他原本是一個活潑外向的人，也極懂生活的享受和情趣，如今大患拔除、功成利就，不免有所鬆弛，不如以前的兢兢業業。他不時外出旅遊畋獵，親手格鬪野獸，樂此不疲；又曾多次修建行宮，以備遊幸之用，雖說與其氣疾的宿病需要高爽的環境來休養有關，但已頗流於奢逸，則又是事實。從儉入奢易，從奢入儉難，羣臣憂患他一旦放縱即不可收拾，紛紛而持續的交章上疏批評，不斷的警惕太宗。太宗對這類批評也曾有過惱怒，但是面對強直的諫諍，也知羣臣是要爲他好，所以也極力克制自己，避免了陷溺在更深的慾望陷阱中。

太宗原是反應敏捷，辯才極佳的人，以前爲了達成「高居玄默」、放手讓羣臣發揮才幹的理想君主形象，才一再委屈克制自己。中期以後，他已頗有驕意，對着論諫的臣子，往往當面辯論起來，而且容色凌厲，表現出他原有的英氣。對他這種態度，有的臣子就不敢多加辯論建議，幸有魏徵、馬周、劉洎、褚遂良諸人，猶敢面折廷爭，嚴加批評，使太宗常得自覺，黽勉努力，終能善始克終。

有人認爲太宗後半生的最大敗筆是親征高麗一事，甚至認爲他好大喜功，有窮兵黷武之嫌。筆者在前面對此已略有解釋，不以爲然。即使就整個戰役作檢討，他的戰略目的或許沒有完全達到，但卻也未完全失敗；就戰果而言，則更不能說是失敗的。唐太宗履行他的天可汗責任，其實具有正面的世界戰略意義的。倒是他的家變埋下了國家日後的隱憂，才眞是他後半生的不幸，對他的內聖外王之完美性構成損傷。

唐高祖共有二十二個兒子、十九個女兒，唐太宗有十四個兒子、二十一個女兒；另外兩人又各有一羣孫子，這些人是構造「王室」的成員。隋朝以來，王室子弟例封親王，經常發生繼承糾紛及權力鬪爭，太宗和建成太子的衝突，不過是時代風氣下又一個例子罷了。

「玄武門兵變」就政治看是一件不忠的叛亂案，就法律看，可說犯了十惡罪的謀反、惡逆、不道、大不敬、不孝、不睦、不義、內亂諸罪名，這些過失，在太宗人格上早已構成缺憾，我們欣賞太宗即位後的立志爲聖、改過向善，但是也只能評論他的整個人生功過皆有，談不上互相抵銷的。假如說太宗是聖賢之君，則更應該補充爲「一個犯過大錯的聖賢之君」，犯錯和聖賢二者都不該、也不必爲之隱諱，或刻意非難。他，擁有一個屬於他自己的理想和行爲，是一個眞實的人生。

「玄武門兵變」不論太宗如何解釋爲周公誅管、蔡，對李唐王室及一些臣民來說，一直是一個夢魘ㄧㄢˇ陰影。太宗晚年，這個家庭夢魘再度出現。

長孫皇后十三歲嫁與太宗，至貞觀十年（六三六）以三十六歲英年崩逝，自後太宗即倣效其父——不再續弦，然而宮中妃嬪、皇子、公主一大羣，卻缺少了一個主持內政的賢內助，遂成爲問題產生的淵源。

長孫皇后爲太宗生育了三男三女，即：長子李承乾、四子李泰、九子李治，及五女長樂公主、十九女晉陽公主、二十一女新城公主。其餘子女皆非她所生。太宗即位不久就立承乾爲皇太子，承乾在母后生前亦無敗壞的行爲出現。事實上，太宗在孜孜爲政之餘，對皇弟、皇子們的教育也甚重視（本書這方面的記載亦有不少），只是他最寵愛的厥爲次子李恪、四子李泰和十四子李明。李明的母親原爲太宗三弟齊王元吉之妃，他年紀尚幼，不足以構成問題。最先成爲問題的是李泰，他與李恪皆爲兄弟中最有賢名、最富才氣的皇子，尤其他是皇后所生的。皇后崩逝後，太宗寵李泰寵得過份了（本書對其兄弟問題記述頗多，不贅引），羣臣的勸說警告，均無法阻止這種父愛的流露發展，遂使李泰恃寵欲謀奪長兄的皇太子地位。太子承乾缺乏了父親的關愛，日漸沉迷於聲色犬馬，日益恐懼四弟之壓逼及父皇心意動搖的可能，遂使兄弟之爭，漸次提昇至武力鬬爭的階段。別的兄弟如第五子李祐瞧在眼裏，亦暗藏禍機。

「玄武門兵變」的啓示，終於在貞觀十七年（六四三）轉化爲實際的行動。素養死士的齊州都督。齊王李祐首先提早發難，據齊州（治今山東歷城縣）反叛。亂事幸被迅速平定，李祐被賜死。這種血腥氣味觸發了另一場大禍，太子承乾一黨決意在翌月發動宮廷兵變。事情未遂即被密告偵破，太宗遂發起大獄，痛懲太子之黨。連帶的，他也因事由李泰的競爭所引起，決意戢止此奪權不軌之風，對魏王（

李泰）之黨也加痛懲。此案牽連國戚皇親與當年「玄武門兵變」功臣及其子弟，人數不少，最後將太子和魏王兩廢之，並誅殺了一部份人，貶黜了不少人，另立第九子李治爲皇太子。這種處分，於情於法皆無不當。只是太宗立了李治後不久，尋因李治性格柔弱，不足以擔當大唐皇帝、世界天可汗的重任，遂有意廢立，另立李恪（參第五十九條）。此事雖因長孫無忌的勸阻而打消，然而他的倫理人情卻適足以招至王室的大禍。長孫無忌後來輔政於高宗李治，即率先對具有名望的王室子弟如李恪等加以政治逼害，不待武則天的崛起，國戚皇親遭到誅鋤的命運就早已出現。

第一次「玄武門兵變」啓示了以後許多次兵變，太宗及長孫無忌對王室及國戚的懲處逼害也啓示了日後的家變，由家庭變故衍發成國家動亂，終大唐一代不能釐止，誠爲太宗後半生最大的敗筆，而其基因導源於身不正，以至於家不齊，甚至國不治。

太宗的外王功業極爲彪炳，內聖修爲顯是最大的缺憾。但是聖人也有錯誤的時候，一個像唐太宗一樣的性格分明、有血有肉的人生，要求做到完美的境界是很難的。唐太宗在貞觀二十三年（六四九）五月二十六日病逝，享年五十二歲。終其一生，他一直在孜孜不倦的克己學習之中，他不能算是完美的聖君，但他知過能改、努力爲善，又有多少人能和他相比？我們不必苛求別人完美無缺，應該歌頌那些雖有過失、但不斷努力向善的人。若就此角度而言，太宗的人生仍是值得讚美的，他的成就毫無疑問是值得歌頌的。他的一生言行大多已記載於本書，鮮明清楚，栩栩如生，讀完之後，若謂唐太宗是三代以降第一號模範皇帝，誰說不宜？

第二章　貞觀名臣列傳

一、房玄齡

房玄齡（西元五七九年——六四八年）原名喬，字玄齡，先世本爲清河（清河郡治爲清河縣，在今河北省清河縣北）人氏，八世祖時始隨鮮卑慕容氏遷居於齊，自此即以齊州臨淄（今山東省臨淄縣）爲籍貫。房氏在地方上世爲著姓，屢世爲官，爲士族門第。玄齡的父親房彥謙，十八歲即出身做官，政績甚佳，隋文帝時曾一度名列天下考績第一，隋末去世時年齡已六十九歲。

房彥謙爲人正直，做事有原則，家產殷富而務存節儉，周恤親友則慷慨輸財，以此作爲子侄的身教。他曾告訴玄齡說：「人皆因祿富，我獨以官貧，所遺留給子孫的僅爲清白罷了！」在開皇時代，大家以爲太平將致，唯獨彥謙認爲文帝雄猜刻薄，皇子們則縱恣擅威，故天下雖安，卻正是危亂的開始。

玄齡生於北周靜帝大象元年（陳宣帝太建十一年），三歲時即遇到隋文帝篡位的變故，十一歲時隋朝消滅南方的陳朝，長達三百餘年的分裂局面終於結束，所以他的青少年時代是在著名的「開皇之治」中渡過的，壯年則在隋煬帝動盪的世局中生活。玄齡自幼聰敏，由於父教的關係，他像其父一般博覽經史，工於草書及隸書，也善於寫文章。而且，他對世局的預測，完全與其父脗合，使彥謙驚異不已。玄齡十八歲那年——隋文帝開皇十六年（五九六）——就被齊州舉爲進士，授任爲羽騎尉，當時的吏部侍郎高孝基（卽高構，以字知名於世）主管銓敍，見到玄齡，不由向人深相稱贊說：「僕（孝基自稱）閱人多矣，從未見過像這個郎君一樣的人才。他異日必能成爲偉人，但恨不能親眼看着他飛黃騰達罷了！」

玄齡在隋朝任官至隰（ㄒㄧˊ）城尉（隰城縣在今山西省，縣尉相當於縣警局局長）。煬帝弒父自立，其弟漢王楊諒據太原起兵，事敗，玄齡亦坐罪除名爲民，徙居於上郡（治今陝西鄜縣）。直至煬帝大業十三年（六一七），李淵也據太原起事，引軍西入關中，三十九歲的房玄齡遂杖策謁太原西路軍統帥李世民於軍門，世民的秘書溫彥博又大力薦進，二十歲的李世民乃接見他，兩人一見如故，世民便用他為渭北道行軍記室參軍（當時世民在渭北作戰，記室即為書記官）。

玄齡既遭知己，遂竭盡心力輔助李世民，知無不為。他對世民的最大貢獻，是在每次平定敵人之後，衆人皆競求珍寶財物，而他卻獨先為世民收攬人物，請他們作為世民的幕僚；如果朝中有甚麼謀臣猛將，他也為世民而和他們秘密結交，使他們為世民各盡死力。李世民的秦王府人才濟濟，後來有本錢兵變及推動「貞觀之治」，胥由於此。

秦王世民權勢地位愈來愈大，玄齡始終追隨在左右，一直擔任秦王府記室，稍後秦王兼任陝東道大行臺尚書令，他也兼任大行臺考功郎中，掌理考核工作。秦王的軍書表奏，常由他主筆撰寫。唐高祖對他的才識甚為贊賞，曾對侍臣說：「這人深識機宜，足堪委任，每為我兒陳述事情，必定暗合我心於千里之外，就像當面報告一樣！」這時，秦王和他的兄弟──皇太子李建成與齊王李元吉──衝突日益激烈，玄齡問秦王的大舅子長孫無忌說：「今日嫌隙已成，禍機即將爆發，一有變動，大亂卽起，不但禍及府朝（指秦王府），而且會危及社稷，這種際會，怎可不加深思！僕有一愚計：莫若效法周公模式（指周公誅其兄弟管叔和蔡叔），外寧中國，內安宗室，然後向今上（指唐高祖）申孝養之禮。古人說『爲國者不顧小節』，就是這種意思，總比家國淪亡、身名俱滅來得好吧！」

長孫無忌也是一個敢說敢做的人，回答玄齡說：「我久懷此謀，只是一直不敢披露罷了，公今天的建議，深合我的宿心！」於是入府向秦王報告。秦王召見玄齡面議，亦頗有此意，於是玄齡遂和杜如晦同心協助秦王。太子知道秦王用此二人爲心腹，遂設法將兩人驅離秦王府，不許兩人再進秦府一步。

唐高祖武德九年（六二六），秦王與東宮、齊府衝突已至白熱化，決意召二人秘密議事。二人乃穿着道士服，潛入王府，遂策定了六月四日「玄武門兵變」的計劃。事情依照計劃順利完成，秦王李世民取得監國權，成爲皇太子後，就提昇玄齡爲太子右庶子（右庶子在東宮系統的地位，相當於朝廷的中書令正宰相），並獲賜絹五千匹。翌月，皇太子李世民卽進拜玄齡爲中書令，展開了他的名相事業生涯。太宗卽位後論功行賞，列玄齡爲第一功臣，進爵爲邢（ㄒㄧㄥˊ）國公，實封一千三百戶。（參第四十六條）

貞觀三年（六二九）二月，玄齡又進拜爲尙書左僕射。尙書省正長官原爲尙書令，由於太宗自開國就一直擔任這一首相的官職，所以臣僚以後就不敢再當此官，左、右兩僕射實際上變成了首相。玄齡居此官，一直至貞觀十六年才卸下，總計擔任了十四年。他旣爲首揆，就更加孜孜不倦，所以王珪公開評論諸相，即推崇玄齡說：「孜孜奉國，知無不爲，臣不如玄齡。」（參第八條）。玄齡個性謙遜愼重，又明達吏治而能飾以文學，這是他一直擔任首相不倒的原因。並且，太宗是懂得分權責成的政治原則之人，所以玄齡能充份發揮其才，尤其太宗信任他，使他能放手提拔人才，不怕有所嫌疑（參第四十一、四十二及四十四條）。他最令人稱贊的地方，就是不以求備取人，不以己長格物，因人的才能而敍用，而不計較他們的出身是否貴賤，聽說別人有善就像自己有一樣，不妬忌抑壓別人的功勞。這種寬弘的氣度事實上才足以擔當首相的大任，所以他在生前即被推許爲良相。史書上記載了許多貞觀名臣的豐功茂迹和嘉謀良策，反而玄齡當了宰相後卻甚少有所表現，讓同僚部下把風頭給搶去了，有些人因此而懷疑玄齡是否浪得虛名。其實這才是玄齡偉大的地方，他的高度的政治家風範和政治藝術，由此最能顯示出來。

貞觀十三年（六三九），太宗要玄齡加任太子少師，以輔導太子李承乾。玄齡想法剛好相反，他認爲自己位高權重，執政太長久，因此反過來請求遜讓左僕射之位。太宗力加挽留，竟至下詔責備他說：「選賢的原則以無私爲本，奉上之道以當仁不讓爲貴，……公竟忘彼大體而從茲小節，雖受任敎諭東宮之職，卻希望辭去機衡之務，豈是所謂『弼予一人，共安海內』的態度啊！」玄齡不得已，乃以本官就職，但卻深自卑損，不敢接受太子的拜禮。有識者莫不推重他的崇讓。

貞觀十六年七月，玄齡已經六十四歲，自忖爲相已長達十七年，居首揆之任亦將屆十五年了，加上兒女均與王室通婚（參第七十八條），實顯貴已極，故頻頻上表辭職。當時他的官職全銜爲「開府儀同三司•太子少師•尙書左僕射」，是朝廷最高階級的首相及太子師傅。太宗優詔挽留，拒絕他的退休請求，反而策拜他爲司空，仍然綜理朝政。玄齡抗表陳議，太宗乃派人到他家請求他說：「從前張良讓位，竇融辭榮，自懼盈滿，知進能退，爲前代所稱美。公想效法往哲，志實可嘉！但是國家久相委任，一朝忽無良相，就如失去兩手一樣。公若筋力不衰，請無煩此讓！如果自知衰謝，就應當另外奏聞。」玄齡因而不便再提。

貞觀十七年四月，太子承乾被廢，太宗沒有怪責玄齡。及至新太子李治冊立後，更請玄齡擔任太子太傅，仍然掌理門下省事。太宗親征高麗，命令玄齡留守京師，頒手詔給他說：「公當蕭何之任，朕無西顧之憂矣！軍戎器械、戰士糧廪，並委令處分。」事實上，玄齡極爲反對征伐高麗，前後多次議論對高麗作戰的不宜，臨死仍上奏章批評此事（參第一六三條）。他在貞觀二十二年七月二十五日逝世於玉華宮太宗別墅，享壽七十歲。太宗爲他舉哀三天，追爲「太尉・幷州都督」，贈諡爲「文昭」，陪葬於昭陵（太宗的陵寢）。

房玄齡是一個孝子，性格謙虛，行爲謹愼，雖然有過和太宗的小衝突，甚至被勒令回家思過的紀錄，但是他與太宗之交，確實如魚得水。他的謙沖個性，適足以配合太宗的英氣，君臣相得益彰。他是生前即被太宗圖形於凌煙閣的「凌煙閣功臣」之一，褚遂良比他作伊尹、呂望、蕭何、王導。

他一直以首相監修國史（指唐史，參第一三三條），撰成高祖及太宗的實錄（皇帝的實錄是編年史，國史的底本），稍後又領導重撰晉書一百三十卷，由於太宗也參與撰寫其中的四段評論，所以才不用玄齡之名掛銜，而題爲「御撰」。此外，他又領導宰相及文學之臣完成了編撰文思博要此部一千二百卷的大書，對整理文化頗有貢獻。

至於家庭的教育，似乎比不上乃父。他的女兒爲韓王妃，次子遺愛則尙太宗女高陽公主。他也曾告誡子弟不可驕奢沉溺，不可以門第欺人，但是諸子似乎並不聽受教訓。他的國公爵位由長子房遺直繼承。但高宗初期，房遺愛和公主夫婦恃寵謀奪其兄長的爵位，上書誣告遺直。高宗命令長孫無忌偵辦，結果發現了他們聯同其他公主、駙馬謀反的陰謀。遺愛被處斬，公主賜自盡，遺直因父功而被貶，其弟遺則是太宗弟荆王元景之婿，亦涉案被流放嶺南；連帶牽累亡父玄齡，被判停止配享於太宗廟廷，可謂家門不幸了。大概他們想效法父親當年兵變立功之事吧。

二、杜如晦

杜如晦（西元五八五年——六三〇年），字克明，京兆杜陵（今陝西長安縣東南）人氏，晉朝開國名將兼名經學家杜預，即是其先人，世爲高門著姓。如晦的叔祖杜果（周書作杜杲）在周、隋做大官，擅長外交，最爲知名；祖父杜徽、父親杜吒亦官至一州的長官及上佐。

如晦生於隋文帝開皇五年，比房玄齡少六歲，比唐太宗大十四歲。他個性英爽，臨機果斷，喜讀書及談論文史，以風流自命。隋煬帝大業年間入京預選，吏部侍郎高孝基對他極爲器重，當面稱贊他說：「君有應變之才，當爲棟樑之用，希望能保持令德。今天君想俯就卑職，可惜俸祿少了一點！」於是提拔他爲滏（ㄈㄨˇ）陽（今河北磁縣）尉。孝基能夠識拔房玄齡和杜如晦這兩個人物，後來遂被人稱贊佩服；杜如晦感激孝基的知人，做了宰相後遂爲他建立神道碑，以紀念孝基之德。

不久，世局大亂，如晦棄官而歸。李淵攻入長安，秦王世民遂引爲秦王府兵曹參軍（主管兵籍等事的幕僚，比玄齡的記室參軍低一品），成爲秦王的幕僚。俄而，如晦還調爲陝州總管府長史（卽陝州軍區參謀長，陝州治今河南陝縣）。房玄齡遂急向秦王說：「王府幕僚多被遷調，雖然他們都是人才，但是離開了也不足可惜，只有杜如晦這人，聰明達識，是王佐之才；如果大王滿足於秦王的官爵，循規蹈矩不想別的念頭，則用不上這人，如果必欲經營四方，則非此人不可！」秦王世民聞言大驚，說：「要不是你的提醒，幾乎失去此人！」於是上奏朝廷，留他在秦府繼續工作。以後秦王一系列的東征西討，如晦均隨同出征，參謀帷幄。這時正當軍國多事之秋，如晦對事情剖析決斷，如同流水一般明暢順利，故深爲時輩所佩服。

秦王奉詔全權處分山東戰地，兼任陝東道大行臺尚書令，玄齡與如晦分別兼任行臺的司功及司勳郎中，玄齡主理考核，如晦則主理勳賞，共同掌握人事權力，協力襄助秦王世民。後來秦王在王府建立文學館，招納學者文才，作爲諮詢討論之用，二人皆是十八學士之一。當時的人羨慕秦王府文學館學士之職，認爲得任學士，簡直就如登瀛洲，而杜如晦即爲十八學士之首。十八學士後來均被畫像於丹青，太宗命令學士之一的褚亮（褚遂良之父），爲如晦題贊詞說：「建平文雅，休有烈光；懷忠履義，身立名揚。」他被時人的見重竟至如此。

秦王發動「玄武門兵變」前，即曾密召房、杜二人潛入秦府計謀。事成，名列第一功臣，進拜太子左庶子，再昇爲兵部尚書，封蔡國公，實封一千三百戶。貞觀二年（六二八）正月，如晦加兼「檢校侍中．攝吏部尚書」，兼掌門下省及全國人事權，並且仍舊總監東宮兵馬。這時房玄齡也以中書令本官攝太子詹事（東宮總管）兼禮部尚書，兩人皆爲身兼數職、炙手可熱的新貴，所以被御史上書諷刺（參第一一五條）。翌年二月，他與房玄齡同時進拜爲左、右僕射，他並且仍然掌管全國人事權。兩人共掌朝政，同任首相，所以同心協力，創立了大唐的臺閣規模及典章文物，當時卽被人共譽爲良相，合稱「房杜」。如晦和玄齡的性格不同，如晦英爽而果決，玄齡則謙恭而善謀。玄齡常與太宗謀議，必定說「此事非如晦不能籌決」；及至如晦來到，則必然用玄齡的策劃，兩人深相瞭解，所以才能同心合作，匡扶太宗。

如晦進拜右僕射的同年多天卽遇疾生病。十二月，自知病重不起，遂上表懇請解職。太宗允許，但特別批准他待遇仍舊，並頻遣使慰問，令名醫前往診治。貞觀四年，如晦病危，太宗命令太子前往慰問，並親往其宅，撫之流涕。就在此年三月，李靖大破東突厥，西北各國上太宗「天可汗」稱號之時，如晦終於病逝，享年四十六歲。太宗舉哀三日，哭之甚慟，追贈司空，賜諡爲「成」，又手詔虞世南說：「朕與如晦，君臣義重，不幸奄從物化，追念勳舊，痛悼于懷！卿體吾此意，爲制碑文也。」後來太宗經常悼念如晦，甚至夢見其人，每次皆欷歔泫然。如晦週年忌日，太宗又派內宮到杜宅慰問杜夫人及其兒子，他的國官府佐（如晦死前已改封萊國公）並不撤銷，始終給予恩遇照顧。

如晦英年而逝，兩子一弟皆已成人。長子杜構承襲爵位，官至刺史。次子杜荷則以功臣之子，選尙城陽公主，官至尙乘奉御（管理皇帝車駕），封爲郡公。貞觀十七年，杜荷建議太子承乾兵變，坐謀反罪被斬，公主改嫁，而杜構亦因牽連，貶死於嶺南。所以如晦的直系家屬，一如房玄齡般衰沒。

如晦之弟杜楚客，原本隱居於嵩山。貞觀四年乃兄亡歿，太宗憶念其兄，所以命令他出山爲官，繼承亡兄遺志。楚客頗有政績，後來由魏王府長史，昇遷爲工部尙書攝魏王府事。他瞭解魏王李泰是太宗最寵之子，所以協助李泰陰謀奪取皇位繼承權，爲魏王主持結交權貴的公共關係事務。案發之後，太宗原要處以死刑，但念其兄有佐命之功，故免死而廢爲平民。後來再度起用爲縣令，死於任上。

如晦叔父杜淹，亦因玄齡推薦，用爲天策上將府兵曹參軍，兼秦王府文學館學士。太宗卽位，進拜御史大夫（相當於監察院長），稍後參預朝政，叔侄同時成爲宰相。杜淹長於制度典故，所以才被拜相，但他的聲譽向來不佳，又素與如晦兄弟不睦，與長孫無忌也不和，故爲時論所譏。他死於貞觀二年十月，三子後來皆任官，直系子孫之中，一共出了杜元穎、杜審權、杜讓能等三個宰相，家道較如晦鼎盛多了。

三、魏徵

魏徵（西元五八〇年——六四三年），字玄成，鉅鹿曲城（今山東掖縣東北）人氏。他的家族在地方上稍有門第，父親魏長賢曾在北齊做縣令。魏徵生於北周靜帝大象二年，比房玄齡少一歲，大唐太宗十八歲，少年孤貧，但落拓有大志，不事生產，不爲生計發愁，因此出家爲道士。他喜愛讀書，學問多所通涉，眼見天下漸亂，遂特別注意縱橫家的學說。

隋煬帝大業十三年（六一七），李密起兵攻破興洛倉，開倉任人取給，山東各路人馬先後來附，遂自號「魏公」，兵力至三十餘萬，成爲羣雄的盟主，李淵也基於戰略考慮而推戴他。李密集團盤桓於洛陽外圍，與王世充的洛陽政府軍爭峙不下，放棄了西入關中的機會。這時，武陽郡（治今河北大名縣東）丞元寶藏舉兵響應李密，召魏徵來助，使典書記。李密每次看到元寶藏呈來的公文都加以稱贊，後來聞知是魏徵所撰，遂立刻召見魏徵。魏徵向李密獻十策，李密雖奇之而不能用。不久，王世充大舉來攻，魏徵分析戰局，認爲世充軍缺乏糧食而前來死戰，我軍則宜採取持久戰，如此則可破世充大軍。李密的幕僚長譏笑他的戰略說：「這是老生常談罷了！」魏徵憤然道：「這是奇謀深策，何謂常談！」因而拂衣而去。其後，李密被王世充大敗，率殘部西奔，投靠李淵，魏徵也追隨入關，這年他三十九歲。

魏徵在長安久不見知，遂自我請命前赴山東招輯羣雄。李淵同意，乃授他爲秘書丞，讓他有名義前往。當時，李密手下大將徐世勣（卽後來的名將李世勣）正收拾殘兵，爲李密守住黎陽（今河南濬縣東北）。魏徵說服世勣歸降唐朝，並運糧支援在山東作戰的唐將淮安王李神通。自從李密失敗後，河北的竇建德卽成爲最大的集團，他自稱夏王，建立夏國，又與東突厥有軍事同盟關係，兵鋒甚盛。武德二年（六一九），竇建德大擧南下，連破唐朝的城池，並將李神通、李世勣、魏徵等一千人俘虜了。魏徵被竇建德用爲起居舍人，一種低級的侍從官。直至武德四年，秦王平定王世充及竇建德，魏徵才再度西行入關。

魏徵的背景相當複雜，可說與唐朝淵源不深，所以秦王平定夏國，並沒有注意到此人。倒是魏徵二度入關後，皇太子建成聞其名，引爲太子洗馬（洗馬是東宮圖書館館長），對他甚爲禮遇。魏徵眼看秦王勳位日隆，每勸太子先下手爲強，及早解決秦王問題。及至秦王兵變成功，責備魏徵說：「你離間我兄弟，爲甚麼?!」

秦王左右皆爲魏徵擔心，魏徵卻慷慨自若地答：「皇太子殿下早從我言，必不死於今日之禍！」

秦王聞言，爲之斂容加禮，赦免魏徵之罪。及至秦王成爲皇太子，魏徵受任爲詹事主簿，主管東宮公文的稽核。待太子受禪爲皇帝，他則被擢任爲給事中（門下省基層決策審核官），俄而進爲諫議大夫（門下省的諫官），封鉅鹿縣男。這時他已經四十七歲，自此展開與唐太宗合作的生涯。

唐太宗新即位，勵精圖治，多次引魏徵進入臥內商議，魏徵雅有經國之才，個性又抗直不屈，每次討論，太宗皆欣然接納，魏徵亦喜逢知己之主，遂竭思其用，知無不言。太宗曾爲此慰勞魏徵說：「卿所陳諫，前後共有二百餘事之多，非卿至誠奉國，何能如此！」

此期間，魏徵最大的貢獻厥爲協助太宗制定國策（參第十二條，其他有關以民爲本的原則解釋頗多，不贅引），抑制太宗好戰喜功之心（如第一五六、一五九條），引導政府偃武修文。同時，他又開導太宗信任羣臣，揚棄猜忌政治，選拔良臣以共創君聖臣賢之局（這方面的言論甚多，第二十八條略可作代表）。至於隨時壓抑太宗的私慾私心，糾正他的過失，則更是魏徵長期執着的職志。他的行爲，連太宗最親密的心腹或皇后也不敢如此，無怪皇后對他贊歎萬分（參第八十六條）；而另一名諫兼名相王珪，也推崇說：「每以諫諍爲己任，恥君不及堯舜，臣不如魏徵！」（參第八條）他一生直批天子的逆鱗，遂成爲中國歷史上最佳的模範諫臣，本書收錄他的言論最多，讀者自可細閱。

貞觀元年（六二七），他進爲尙書右丞（相當於行政院秘書長）仍兼諫職，這一兩年間，左、右兩僕射空缺無人，魏徵和左丞戴冑二人，處繁理劇，甚爲稱職，爲人所推重（參第四十二條）。魏徵多方面的才華，至此已逐漸發揮，故太宗乃在三年二月，拜他爲秘書監・參預朝政，與房、杜等人同日成爲宰相，右丞遺缺則由魏徵推薦杜正倫繼任。魏徵參與大唐最高決策，深謀遠算，弘益更多。

某日，太宗曾謂魏徵說：「從前管仲協助公子糾回國爲君，對齊桓公加以暗殺，射中他的帶鉤。卿罪重於中鉤，但是我任用卿則超過了齊桓公任用管仲；近代君臣相得，難道還有比得上我之與卿的嗎?!」後來，君臣又同遊九成宮，飲宴於丹霄樓。酒酣，長孫無忌說：「王珪、魏徵從前是息隱（指故太子李建成，此時建成被追封爲息隱王）的智囊，臣見之若讎，沒想到今天一同在此宴樂。」太宗說：「兩人從前盡心爲東宮做事，當時誠然可惡，實爲我眼中的讎人。但是，他們盡忠於所事的行爲，確實有足嘉佩之處，所以朕擢而用之，朕這種做法何愧於古人?!魏徵常犯顏切諫，不許我爲非，我所以敬重他啊！」魏徵聞言，卽席再拜說：「陛下啓導臣說話，臣所以敢說話；如果陛下不接受臣的意見，臣亦怎敢犯龍鱗、觸忌諱哩！」太宗哈哈大笑道：「人說魏徵擧動疎慢，我但覺他嫵媚不過！」太宗和魏徵至誠相交，於此可見。

貞觀七年，侍中王珪坐罪降貶，魏徵正授侍中之缺，成爲正宰相，以後又累封爲鄭國公。魏徵自以無功於國，徒以辯說而至宰相，故深懼滿盈。當了侍中三年之後，乃藉口眼睛有病，頻表辭職，這時他才五十七歲而已。太宗說：「朕拔卿於讎虜之中，任卿以樞要之職，見朕之非，未嘗不諫。公獨不見金之在礦有何足貴?但經良工鍛而爲器，便爲世人所珍寶；朕方自比於金，以公爲良工啊！」魏徵只好打消退意。不過，同年稍後，魏徵又當面請求遜位，意志甚堅。太宗無奈，只好讓他遜侍中之位，卻另拜他爲特進（正二品的文散官，原本不負任何職事），仍然主理門下省事。亦卽讓他辭去正宰相之位，但仍挽留他掌握正宰相之權，位遜而職不能辭。

太宗君臣常常討論「創業與守成孰難」此一問題，魏徵認爲守成難，所以殷切地希望太宗能做到既能開創也能守成，而他自己則為協助太宗做到，確實費盡了心力。太宗對魏徵的貢獻是非常瞭解的，他不能長期與魏徵相離（如參第七十五條）。因此，太宗在皇孫誕宴，與公卿暢飲極歡之時，曾公開說：「貞觀以前，從我平定天下，周旋艱險，玄齡之功，無所與讓。貞觀之後，盡心於我，獻納忠讜（ㄉㄤˇ），安國利民，成我今日功業，為天下所稱者，惟魏徵而已。古之名臣，何以加也！」並親解佩刀以賜二人。這時房玄齡任左僕射，右僕射溫彥博則薨逝將屆一年，迄未決定繼任人選，太宗有意册拜魏徵為右僕射，因魏徵堅持讓賢而止。

皇太子李承乾愈來愈縱恣，魏王李泰則日益見寵，內外羣僚為此並有疑義。太宗聞而惡之，向侍臣說：「當今朝臣之中，沒有人比得上魏徵的忠謇（ㄐㄧㄢˇ），我請他作為太子的師傅，可以杜絕天下的謠言和魏王等人的希望。」於是在貞觀十六年（六四二）九月，拜魏徵為太子太師．知門下省事。房玄齡原本以左僕射兼太子少師，這時正頻頻上表請求辭職，太宗命令右僕射高士廉兼攝太子少師之職。魏徵正拜為太子太師，超越了首相所兼的少師之職，可見太宗懇切的心意。任命發表之時，魏徵正在生病，待疾稍癒，遂至朝堂上表請辭。太宗手詔批答說：「周幽王和晉獻公皆因廢嫡立庶以致危國亡家，漢高祖幾廢太子，幸四皓出山輔佐而後獲安。

我之所以有賴於公，正是這種意思。太子是宗廟社稷之本，必須要有師傅來輔導，所以選擇中正的人來擔任輔弼的任務，朕知公有疾病，但是仍可臥護太子呀！」魏徵乃就職。時年六十三歲。

魏徵從這年起，幾乎是長年臥疾於家。他雖然前後蒙賜絹帛黃金等甚多次，但是家庭經濟並不見得豐裕，這與他的個性有關。魏宅沒有正堂，太宗派遣內使探視魏徵，得知此事，剛好太宗正準備要蓋一座小殿，乃下詔輟減建殿的建材，先為魏徵營建正堂。正堂在五日內完工，太宗又派內使帶着素被素褥前去贈送給魏徵，以成全他的儉約心意。翌年正月，魏徵病重，太宗遣使問訊，賜以藥餌，相望於道；又派中郎將李安儼住在魏宅，一有動靜立刻奏聞，而太宗和太子也一再親臨探病。幾天之後，太宗夜夢魏徵，及旦，官員即來奏魏徵薨逝之訊。

太宗聞訊大慟，親臨痛哭，廢朝舉哀五天，追贈魏徵為司空•相州都督，賜謚稱為「文貞」，下詔給予豐富的賻贈及舉行隆重的葬禮，陪葬於昭陵。大殮之日，魏夫人裴氏婉拒葬儀，說：「先夫生平儉約樸素，今天特贈以一品官的禮儀來送葬，羽儀甚盛，不合亡者之志。」竟以布車載柩而葬。太宗親登御苑西樓，望葬而哭（古代天子於禮不送葬），詔令百官送出郊外，親自撰寫碑文，並親筆書於碑石之上。稍後，臨朝對侍臣說：「以銅為鏡，可以正衣冠。以古為鏡，可以知興替。以人為鏡，可以明得失。朕常保此三鏡，以防己過。今魏徵殂逝，遂亡一鏡矣！」因而泣下。翌月又下詔圖形於凌煙閣，太宗多次登閣懷念他。

魏徵有四子。叔玉是長子，繼承鄭國公之爵位。魏徵病危，太宗有意將衡山公主嫁給叔玉為妻，遂帶公主一同來探病，告訴魏徵說：「公振作一點，起來看看新婦吧！」魏徵病危到不能致謝。由於魏徵之喪，所以叔玉和公主也未便立即結婚。這年四月，太子李承乾案爆發，太宗原無意責怪生病中勉強接受太子太師之官的魏徵。但是，魏徵生前推薦的杜正倫和侯君集均牽涉太子之案，正倫坐罪貶出，君集是宰相，坐罪被斬，遂使太宗懷疑魏徵阿黨此二人。加上魏徵生前經常抄錄諫諍的言論，展示給史官褚遂良看。此事已被太宗知道了，更為不悅，於是手詔停婚，並仆倒所寫的碑。貞觀十九年，太宗親征高麗，沒有達成目的而還，悵然告訴侍臣說：「魏徵若在，我會有此行嗎?!」隨即召見魏徵家人，賜勞裴氏，又命以少牢祭祀魏徵之墓，將仆倒之碑重新樹立，恩禮有加。然而公主始終未嫁給魏叔玉。

叔玉及叔瑜均任官，叔琬不詳，叔璘則官至禮部侍郎（教育部副部長），為武則天的酷吏所殺害。魏徵的五世孫魏謩，爲唐宣宗的宰相，爲人也是讜切無所廻畏的。宣宗曾稱贊他說：「魏謩是名臣之孫，有乃祖之風，朕內心頗畏憚他！」

魏徵的學問博雅，以儒家爲主，以縱橫家爲用，家中以藏書豐富出名。任侍中時，太宗詔令修撰五代史(卽北周、北齊、梁、陳、隋)，諸臣分撰，魏徵則總加撰定。他對諸史多所損益，務存簡正，對梁、陳、齊諸史各爲總論，而隋書的序論，更是魏徵所親撰，故隋書遂由魏徵領銜，當時有良史之稱。後來又以禮記編次不倫，遂研精覃（ㄊㄢˊ）思數年，重新編訂及綜合作註，完成類禮二十卷。魏徵其他的小著作、諫疏及別人記錄他的言論，後來被人編爲魏公故事一書，凡數十萬言之鉅。

魏徵的次子叔瑜，善於草書及隸書，其子魏華加以研習，尤爲精進，以善書擅名於世。魏徵的女兒嫁與大門第兼文學世家的薛仁偉（仁偉的曾祖卽隋朝文豪薛道衡，叔祖薛收和從父薛元敬皆爲秦王府學士，皆太宗的心腹秘書，薛收之子元超更以文學成爲唐高宗的宰相）。仁偉之子薛稷亦以文學知名，成爲中宗的宰相，自少從外祖父魏徵家中學得書法，尤擅長草書，與魏華齊名。表兄弟二人皆以書法冠於當世，世稱善書者「前有虞（世南）、褚（遂良），後有薛、魏」云云。

四、王珪

王珪（西元五七一年—六三九年），字叔玠，太原祁縣（今山西祁縣東南）人氏，系出太原王氏的高門。北魏時，王珪先祖曾任護烏丸校尉（烏丸即烏桓，東胡別種，漢末被曹操所破，遺裔遂居嫩江之北；護烏丸校尉乃監護烏丸的長官），因號「烏丸王氏」。王珪曾祖王神念，在梁武帝時率子王僧辯投奔南朝，遂遷居南方。武帝末，侯景兵變（五四八—五五二），僧辯起兵勤王，遂成爲最具權力的宰相，主宰梁朝政局。由於權勢太盛，遂爲陳霸先所推翻（五五五），兩年之後，霸先得以建立陳朝。王僧辯父子被害之前，他的長子王顗奉命督師於荊州以禦西魏，兵敗撤入北齊，用爲樂陵（治今山東樂陵縣西南）郡守。王顗（ㄧˇ）即王珪的父親。

王珪少孤，家計貧窮。他的季叔王頍，素有通儒之稱，善於評鑒人物，認爲「我家門戶所寄唯在此兒耳」。事實上，王珪自少即個性雅澹，沒有甚麼嗜慾，而且志量沉深，能安於貧賤，體道履正，交不苟合，所以王頍看好他。隋文帝開皇十三年（五九三），王珪二十三歲，應詔進入秘書內省校定羣書，任爲太常治禮郎的小官職。十一年之後，文帝駕崩，隋煬帝即位，皇弟漢王楊諒挾太原勁兵反對煬帝，王頍當時爲楊諒的諮議參軍，是他的謀主，協助楊諒起兵。楊諒兵敗，王頍被誅，王珪應當連坐，乃亡命於南山（王珪這時住在陝西郿縣，南山當卽終南山），時年三十四歲。王珪在南山隱居十餘年，其間只和房玄齡、杜如晦等少數朋友相善；玄齡少他八歲，如晦少他十四歲。某天，王母李氏建議王珪說：「你將來必定貴顯，但是不知你的朋友究竟是那一類人，不妨帶他們來家裏坐坐。」玄齡等來到，李氏窺見他們，大爲吃驚，趕緊張羅酒食，竟日盡歡。事後李氏向王珪說：「房、杜兩位客人都是公輔之才，你日後的貴顯不必懷疑了！」

煬帝大業十三年（六一七），李淵自太原攻入關中，擁立代王楊侑爲皇帝，自爲大丞相。丞相府司錄——李淵的重要幕僚李綱，向丞相推薦王珪，稱贊他貞諒有器識，李淵遂任用他爲世子府（李建成時爲世子）諮議參軍，成爲建成的重要顧問，他這時已經四十七、八歲了。不久，李淵稱帝，建成被册爲太子，王珪累昇爲太子中允（東宮左春坊的重要機要官，相當於朝廷的門下侍郎），遂全力輔助皇太子。這時，他的摯友房玄齡和杜如晦，卻全力輔助秦王李世民，可謂各爲其主了。太子與秦王衝突日烈，至武德七年（六二四）六月，爆發了所謂皇太子謀反案（卽慶州刺史楊文幹兵變，謠傳此事和太子有關），東宮和秦府各有重要幕僚遭到處罰，王珪被流放於雋州（治今四川西昌縣），直至兩年後才被召回。

「玄武門兵變」爆發，秦王世民即皇帝位，這時玄齡、如晦均以第一功臣出任宰相大臣的要職，而太宗亦素知王珪之才，於是將他從雋州召還京師，提拔爲諫議大夫，與魏徵同在門下省爲侍臣，這時他已五十六歲，魏徵則爲四十七歲。兩人盡心竭力，由太宗的仇敵，變成太宗的兩員模範諫臣。

王珪在太宗初期，由諫議大夫昇遷爲黃門侍郎（門下省副長官）兼太子右庶子，他的最大貢獻是協助並促使唐太宗重整中書、門下兩省的職權，與及建立諫官入閤的制度；這些制度的重建，使到國家大政的決策更愼重、更合理化，避免了隋朝的亂政有重演的可能（參第七條及十五條）。王珪的諫臣風範不像魏徵一般抗直激切，但卻是雅正而不屈的。例如他批評太宗收納廬江王妃爲侍妾，婉轉地申述殺人之夫而取人之妻的不當（參第二十一條）。又如太宗命令名音律家祖孝孫敎宮人聲樂，卻感不滿意而加責備。王珪和溫彥博爲此上諫，爲孝孫作解釋，並批評太宗命雅士敎女樂爲不對。太宗大怒說：「卿等都是我的心腹，應當進忠獻直，怎麼反而附下罔上，爲孝孫開說呀」彥博畏懼而謝罪。王珪不但不謝罪，反而正色地說：

「臣本是前宮（指太子建成）的人，罪已當死，陛下矜恕性命，不以不肖而置之樞近，以忠直責成於臣。如今懷疑臣有私，是陛下負臣，臣不負陛下！」太宗爲之默然，翌日遂向房玄齡等表示悔意，認爲錯怪王、溫二人。所以王珪擔任諫官之時，太宗就曾因他推誠盡節、多所建議而嘉慰他說：「卿所議論皆擊中朕的過失。自古人君莫不希望社稷永安，然而不能達到，其原因主要是人君不聞己過，或聞而不能改罷了。如今朕有所失，卿能直言，朕又聞過能改，何慮社稷的不安哩！」而且也曾推崇他說：「卿如果常任諫官，朕必永無過失！」因此，太宗對王珪日益親厚。

王珪爲黃門侍郎時，長官卽爲高士廉。他是皇后的舅舅，五個玄武門兵變第一功臣之一。貞觀二年（六二八）十二月，王珪有密表要透過士廉呈奏，士廉將它抑壓而不言，遂坐罪貶出爲都督，侍中遺缺由王珪守任，王珪遂成爲宰相，年齡已五十八歲。兩年後，王珪正拜爲侍中，溫彥博、戴胄等也同時加入宰相團，加上原來的房玄齡、李靖、魏徵三相，遂組成了大唐陣容最堅強的宰相團。太宗知道王珪有乃叔之風，精於評鑒人物，就請他評鑒各宰相，並作自我比較。王珪說完諸相優點後，遂自謂「激濁揚清，嫉惡好善」方面，亦可與諸相爭一日之長（參第八條），太宗和諸相皆認爲確論。事實上正因爲王珪的優點在此，所以才能完美的發揮了侍中應有的職權，而成爲名宰相。不過，三年以後，他卻因洩漏禁中機密談話，坐罪貶出爲同州（治今陝西大荔縣）刺史，結束了宰相生涯。

貞觀八年正月，王珪被貶後十個月，太宗懷念此年已六十四歲的名臣，遂再度徵回京師，拜任尚書省的禮部尚書（相當於教育部長）。他奉詔與諸儒正定五禮，於十一年工作完成後，獲得太宗的封賞，並於此年兼任魏王師。相州都督・魏王李泰這時是王室子弟之中，最得太宗寵愛的人，也是授任地方長官而不需赴任的人，早就有人認爲太宗對他太過寵溺，恐怕日後會生是非，因而進諫。太宗也瞭解這問題，所以特請王珪兼爲魏王師（參第四十九及五十五條）。王珪是體道履正的人，既堅持開創公主拜見舅姑的規矩，因而也以師道自居，接受魏王的禮拜。他一方面敎魏王以忠孝之道，一方面則從建立國家禮制上壓抑魏王的氣勢(參第一三五條)，因而頗獲好評。可惜的是，王珪兼任魏王師的時間不長，實際上尙未滿兩年（貞觀十一年三月—十三年正月），就病逝於任上。他的逝世，無異對日後魏王競爭繼承權，是有相當大的影響的。

王珪生於南北朝晚期，至貞觀十三年即屆六十九歲，這年初春遇疾病倒，且在短時間內急轉直下。太宗勅令南平公主就第省視，又派民部尙書唐儉監督醫治他的搶救工作，皆無效果，仍於正月病逝。太宗剛謁獻陵（唐高祖陵）而回，聞訊即素服舉哀於別次，詔令魏王率領百官親往臨哭，追贈爲吏部尙書，諡爲「懿」，永寧公的爵位由王珪長子崇基繼襲。

王珪自少孤貧，親友對他有所贈送皆不推卻。及至貴顯以後，皆一一還以厚報，即使贈送人已死，亦必回報其妻子和兒女。王珪只有兄弟兩人，兄長王珌生平不詳，但王珪事寡嫂盡禮，撫養孤侄王閔亦恩義隆厚；宗親、姻戚若有困匱，王珪也多所周卹。所以王珪的家庭經濟未必豐裕，日常自奉甚儉。依照法令，三品以上大臣必須建立家廟，以祭祀三代祖先。王珪通顯已久，迄未建造家廟，四時祭祀只在寢堂進行，因而曾被法司所彈劾。太宗對他優容，對此不加責罰，特令官方爲他建造家廟，以愧其心罷了。時論對此則看法不同，認爲王珪儉而不合禮，對他頗有貶議。

王珪生有兩子，王崇基襲爵爲官；王敬直則尙太宗第三女南平公主，因而拜駙馬都尉。**貞觀十七年**——王珪死後四年——皇太子承乾謀反案爆發，敬直坐與太子交結，流放於嶺南；南平公主亦隨同流放，後改嫁給劉玄意。王珪的直系子孫表現多不出色，曾孫之中尤其出了一個王旭，被新唐書列入「酷吏列傳」之中。

五、李靖

李靖（西元五七一—六四九年），字藥師，京兆三原縣（今陝西三原縣東北三十里）人氏。李靖系出隴西李氏，與唐朝王室同一系統。隴西李氏在西漢出了一位名將，此卽「飛將軍」李廣。由李廣之子李敢一脈下傳，至十二世孫李倫，才分出爲「丹陽房」；倫弟李柔的後裔則分出爲「西涼房」。前者卽李靖的直系，後者卽唐太宗李世民的直系。如果依照世次排列，李靖應與大唐的高祖皇帝同輩份，較太宗皇帝高一輩；他比高祖少五歲，大太宗二十七歲。他和太宗同在貞觀二十三年逝世，他死於五月十七日，享壽七十九歲；太宗則死於同月二十六日，相差僅九天。

李靖的五世祖李文度，因在西涼任官，遂遷居於京兆，子孫屢任地方長官，至玄孫李詮，娶隋朝名將韓擒虎之妹爲妻，李靖卽其夫婦的次子。隴西李氏原是將門子弟，韓擒虎又是隋朝三大名將之一（另二將爲楊素和史萬歲），所以李靖可說在軍事閥閱的家庭中長大的，韓擒虎生前卽曾誇贊李靖說：「可以一塊兒討論孫吳兵法的人，只有這個孩子了！」

少年時代的李靖，生得魁偉的身材，擁有英俊的外表和姿儀。由於家世的關係，他早就博覽羣書，務通精義，而不是一個讀死書的人，故曾豪邁地對人說：「大丈夫若遇主逢時，必當立大功做大事，以取富貴，何至作一個章句之儒！」因此，雖然身爲將門子弟，三個舅舅（擒虎、僧壽和韓洪）尤爲勇將，李靖卻不是那種莽夫型的將領，後來王珪聲稱「才兼文武，出將入相，臣不如李靖」（參第八條），即可想見其人。隋朝最能鑒賞人才的吏部尚書牛弘，曾經稱贊他有「王佐才」；連素以恃才矜貴、輕侮公卿見著的楊素，也曾撫着自己的左僕射位子說：「卿終當坐此！」

李靖雖然豪邁志弘，但是他的行爲卻是老成早熟型的。他待人寬容，能包含別人之短，謀事則從久遠處思考，策劃則變化多端。後來他立下不世之功，身居首揆之位，所爲仍然如此，難怪能享大名。十六歲那年（陳至德四年，隋開皇六年，西元五八六年），李靖擔任長安縣功曹參軍事。十九歲時，隋軍南征陳朝，統一中國，李靖自後歷任汲縣、安陽縣，乃至本籍所在的三原縣縣令，而且考績連連名列前茅。由於基層行政成績卓越，約在三十一歲那年（隋文帝仁壽元年，六〇一年），遂被昇遷為尚書省兵部駕部司的員外郎（相當於國防部交通司的副司長）。就在這年年初，他的三舅父韓洪率領他的長兄李端（字藥王），與突厥大兵團展開激烈而著名的恒安鎮之戰（今山西懷仁縣西南五十里），以兵寡無援而敗，舅甥兩人均除名為民。

四十六歲時，李靖出任馬邑郡（治今山西朔縣）丞。馬邑乃是隋朝對抗突厥的前線重地，朝廷用他為郡丞，實有借重之處。李靖在郡，以德安邊，合境無塵，然而大患卻自後方起。他在翌年，暗中觀察到太原留守李淵陰有異志，稍後且已確知此事果真，於是緊急離開任所，自我鎖着奔赴京師告變。他這一揭發行動，幾乎壞了李淵的大事。李淵只得提前起事，西攻入關。及至李淵平定關中，捕得李靖，將斬之。靖大聲呼道：「公起義兵，本為天下除暴亂，如今不想成就大事，而想挾私怨殺害壯士嗎?!」李淵壯其言，李世民又從旁固請，李靖遂被釋放。李靖以布衣閒居於京師，稍後才被世民引入幕府，擢為開府（卽後來的中郎將，統率三衞；三衞乃權貴子弟所組成的部隊），這時他已四十九歲。

武德二年（六一九），李靖奉命統率八百壯士南下經略蕭銑。蕭銑乃梁朝帝裔，隋末復國於長江中游，兵力達四十餘萬，論領土和兵力，連李密、李淵也比不上他，是江南最大的集團。李靖兵力雖少，但卻是首次離開秦王而獨立作戰，展開他後半生的戎馬生涯，得到了發揮才華的良機。

李靖在川豫之間作戰，連敗強大的對手，一再救援唐朝在此作戰的李瑗、李孝恭和許紹兵團。唐高祖原先有密令，要許紹借機殺害李靖，以雪告變之仇。許紹見李靖人才，不忍下手，及至連連克捷，高祖大喜，對侍臣說：「朕前有密勅命令許紹斬殺李靖，幸許紹愛惜英才，爲之請命。朕因許紹是幼時同學摯友，不便過份固執，不料李靖今日果立大功。朕聽說『使功不如使過』，這話果然靈驗。」於是璽書慰勞李靖說：「卿竭誠盡力，功效特彰，遠覽至誠，極以嘉賞，勿憂富貴也！」使者宣讀璽書後，交給李靖一份手勅，上面寫道：「既往不咎。舊事，吾久忘之矣！」李靖大喜，知道朝廷從此以後眞的不記仇於他了，乃放心留在信州（治今四川奉節縣東北），協助年僅二十九歲的山南道招慰大使·信州總管·趙郡公李孝恭，一方面處理戰地政務，一方面籌備東征。

大唐經略潼關以東，將之開闢爲兩個戰場，黃河流域是北線，由李神通主持，李世勣、魏徵等協助；南線則由李孝恭指揮，李瑗、許紹等協助。當李靖南下時，南線幾乎處於被動受困的狀態，北線則兵敗如山倒，神通、世勣、魏徵等均為竇建德所俘。李靖在南線作戰兩年，戰局因而大定；北線此時也由秦王世民親自出馬，再度東攻了。武德四年，世民經過多次劇烈的大會戰，終於平定了竇建德和王世充兩大集團，晉册為天策上將。這年，李靖也透過李孝恭提出平梁十策，正式東出。孝恭為統帥，李靖則為其中一個兵團的司令官兼統帥部參謀長，這是由於唐高祖認為孝恭未更戎旅，所以將軍政一委李靖，使他成為十二個兵團的實際統帥。李靖指揮大軍，僅一個月即消滅了梁朝，因而進拜為檢校（署理）荆州刺史・上柱國・永康縣公。黃河及長江中游，同年皆告平定。稍後，李靖奉命為嶺南安撫大使，全力對付嶺南。翌年九月，李靖兵不双血，使嶺南悉定，使唐朝增加了九十六郡，六十餘萬戶的版圖。

武德六年八月，杜伏威留在長江下游的集團，在輔公祏領導下兵變，他們原是江南反隋的第二大集團。朝廷任命李孝恭為統帥，由荆州會合李世勣等七個兵團聯合進討；而李靖則奉詔急馳入朝，討論方略後，任命為副統帥，實際指揮七兵團作戰。翌年三月，唐軍突破叛軍各路防線，攻入丹楊，擒輔公祏，盪平其殘部，使江南完全平定。朝廷決定建立東南道行台，任命孝恭為右僕射，李靖為行台兵部尚書。自此，潼關以東，黃河流域由陝東道大行台統治，秦王爲長官，屈突通爲助手；長江流域及五嶺南北則由東南道行台統治，由孝恭作長官，實際則由李靖主持。李靖不僅成爲方面大員，而且獲得朝廷無比的嘉許，唐高祖甚至推崇他說：「古之名將，韓（信）、白（起）、衞（青）、霍（去病），豈能及也！」他獲得平定半個中國的功勞，和如日中天的聲譽時，年齡已經五十四歲。這種功名，乃在他五年奮鬪之下獲得。

武德八年，李靖奉詔統兵北至幷州防禦突厥。當時突厥頻頻入侵，諸軍多敗，唯李靖兵團獨能保持完整，故加授安州大都督，支援今晉陝一帶的各兵團作戰。秦王爲爭取繼承權而兵變，遣使問計於他，他對這種事情加以拒絕。「玄武門兵變」終於發生了，李靖對此事略無貢獻，太宗也沒有把他視爲兵變的功臣。直至頡利和突利兩可汗突襲長安，情勢危險，李靖立即率部尾追，在邠（ㄅㄧㄣ）州（今陝西邠縣一帶）壓敵歸路，對來襲敵軍構成戰略威脅。隨後不久，太宗密遣長孫無忌馳至，命他交出指揮權火速入京謀議軍事。李靖入覲，勸太宗在不惜一戰的基礎上運用賄和之策，逼使突厥得到物質利益後懼戰而退，此即「渭水之盟」奏效的原因（參第一五八條），所以太宗後來論功行賞，列他爲第八等功臣。貞觀元年（六二七）八月，侍中高士廉坐寢抑王珪的表奏之罪，外放爲安州大都督，李靖卽解除軍職，奉調入京爲刑部尙書（法務部長），尋兼行太子左衞率（東宮第一武官）。翌年，五十九歲的他又以本官檢校中書令，成爲宰相。李靖在隋朝常任文職地方官佐，在唐朝卻以軍人姿態出現，至此因軍功而拜相，這與李靖的軍事才華有關，也和太宗準備在適當時機報復「渭水之恥」的構想有關，所以不久卽遷李靖爲兵部尙書，仍檢校中書令，付以全國軍政大權。

貞觀四年，李靖進入六十歲，由於時機已成熟（參第一五六條），遂出任定襄道行軍大總管，指揮李世勣、李道宗、柴紹、衞孝節、薛萬淑等五個兵團，連他的直隸兵團，分成六路進攻東突厥。這年正月，李靖親統直隸兵團中的輕騎兵一萬人，隨飛雪、逾陰山，長程直襲東突厥的定襄大本營，頡利可汗大敗而逃，退至鐵山和大沙漠邊緣，重整軍備，並遣使入唐要求議和內附，意圖爭取喘息的時間。太宗批准內附的請求，遣使北上商議。李靖的看法並不如此，認爲突厥休息後仍會爲患，不如一勞永逸的征服他們，遂以「將在外，軍令有所不受，以利國家」的負責精神，決定不顧朝廷的特使團正在和談，統兵再次攻擊，另命李世勣兵團擔任封鎖沙漠通道的任務，以免頡利越漠而去。結果不出意料之外，獲得徹底性的成功，連頡利可汗也被俘虜，送至長安。唐太宗對此大喜說：「從前李陵提步兵五千人與匈奴作戰，不免身降節屈，可是還能名留青史。卿以三千輕騎深入虜庭，克復定襄，威震北狄，立古今所未有的蓋世功勳，足以為朕報當年渭水之恥了！」

此役，李靖不但消滅了東突厥所扶植的隋朝流亡政權（參第九條），兼且徹底滅亡了東亞最強大的霸權——東突厥。北方各國為此震動驚愕，入唐推戴大唐皇帝兼為「天可汗」——元首中的元首、帝王上的帝王。中國史及世界史，從此展開新頁。太宗為此晉封李靖為代國公，食邑加至三千戶；他原封的永康縣公封爵，則加恩保留，封給他的大哥李端；李端並因二弟此功而授任為刺史。至此，李靖的權位才能和太宗其他重要功臣看齊；尤其在同年八月，李靖遷拜為右僕射，成為首揆，更是超越其他宰相功臣，而和房玄齡平起平坐了。當年楊素的預言，已告應驗。

李靖執政穩重無私，每次和諸相會議，總是恂恂然似不能言。房玄齡與他同年齡，房精於吏治，李長於軍政，兩人皆以愼謀謙退著稱，同樣得到太宗的親信和敬重，也得到羣臣的佩服。貞觀八年，太宗欲派重臣分巡全國，畿內道的人選非魏徵即李靖，結果由李靖出巡（參第七十五條）。這年李靖已經六十四歲，事業、權位皆達顛峯，遂思謙退讓賢。十月，他上表以足疾爲理由要求辭職。太宗剛從九成宮回來，挽留不果，特命中書侍郎岑文本至邸慰諭——文本是李靖得自蕭銑，而向太宗薦用的人才。文本向李靖宣示太宗手書說：「朕觀自古以來，身居富貴而能知足者甚少。世人不論賢愚，多不能自知，才雖不堪也強要當官，身已老疾而仍想任職，絕不放棄權位。公能知大體，深足可嘉！朕如今不但要成全公的雅志，而且更想因公而樹立新的形象，作爲一代楷模，所以勉強同意公的辭呈。」於是頒達制命，推崇李靖的功業和人格，昇遷他爲正二品的文散官——特進，命令他足疾好一點後，即可每三兩天至宰相議事廳議事；若不能前往，亦可任意在家休養，一切政府待遇仍舊不變。

李靖其實位退而不能休息，因爲同年底，討伐吐谷渾（在今青海一帶）的軍事行動無效，太宗一者希望徹底解決此幾百年來難以解決的問題，一者又難於統帥無人勝任，想請有足疾而剛退休的李靖勉爲其難，又不好意思出口。李靖聞訊，遂自請出征。十二月，李靖被任爲西海道行軍大總管，指揮宰相侯君集、名將李道宗、李大亮、李道彥、高甑（ㄗㄥ）生、突厥兵團執失思力、鐵勒兵團契苾（ㄅㄧˋ）何力等各軍，前赴高原作戰。翌年五月，李靖奇兵作戰，迅速地征服了吐谷渾全國，兵鋒直薄至黃河發源地的星宿海，另立新王而還。吐谷渾是南北朝以來長期纏戰的頑敵，也步東突厥的後塵，在四五個月之內，即被李靖所解決。至此，大唐近鄰，可說已無強敵。吐蕃、回紇等崛起，乃是以後的事了。

當年征服東突厥回朝後，李靖曾被宰臣蕭瑀彈劾，說他御軍無法。太宗制止了彈劾案，但對李靖也加以責備及警告。李靖頓首謝罪，不作一言以自辯。事後，太宗也頗知對李靖有點過份了。這次遠征而回，李靖又被部下高甑生誣告造反（參一四五條）。調查結果證明李靖無罪，反處高氏以誣罔罪名。但是，深知謙退的李靖，自後遂杜門謝客，學習道術，不再從事公開活動，完全從權力圈中退卻下來。

李靖不像魏徵那樣退而不休，他自政壇退下來後，即絕少參加政治的活動。貞觀十一年，朝廷欲推行世襲刺史制度，李靖是十四個受封功臣之一，也是唯一已退休的大臣。他改封爲衞國公，世襲濮州（治今山東濮縣東二十里）刺史（參第四十七條）。十四年，他的夫人病逝。太宗爲了推崇她的丈夫的功勳，並安慰那七十高齡的名將，特詔舉行異乎尋常的葬禮，准其依照漢朝名將衞靑和霍去病的故事，爲衞國夫人依突厥境內的鐵山和吐谷渾境內的積石山兩座山形來修建墳墓，這是婦女葬禮的空前之舉。三年之後，李靖入選爲圖形於凌煙閣的二十四功臣之一。貞觀十七年，太子承乾案爆發，吏部尙書・參預朝政侯君集——李靖的學生——被處斬，李靖的長子李德謇時任將作少監（工程執行部副部長），因與太子友善而坐罪，判決流放於嶺南。但是，太宗體念七十三歲的李靖，特詔改配於吳。這種情況與魏徵不同，顯示了太宗對兩人具有不同的態度。

貞觀十八年，李靖進階爲最高級的文散官——開府儀同三司。這時，太宗欲親征高麗，朝廷爲此而生主和、主戰兩種意見，爭論劇烈。太宗訪問於李靖，說：「公南平吳會，北清沙漠，西定慕容（指吐谷渾），唯有東方的高麗未服。公對此有何高見？」七十四歲的李靖表示以往憑藉天威而已，如今殘年朽骨，但仍想代替天子統兵東征。太宗憫其老弱，不許。及至無功而班師，太宗檢討全局，請教於李靖。李靖說：「江夏王（李道宗）曉得。」江夏王道宗乃李靖的老部下，是此役陸軍方面的副統帥，他指出安市之戰是勝負的關鍵，假如當時敵軍主力前來會戰，他別帶一軍奇襲平壤，戰爭應當早就結果。太宗後悔當時否決了李道宗的戰略，坐貪戰果而失去機會，遂改變了以後對付高麗的戰略（參第七十七及一六三條）。

貞觀二十三年五月，李靖病重，太宗這時亦生病，扶疾前往探視，流涕慰問，不久李靖就疾薨於邸。太宗當時也已病重，難以至邸悼弔了，只得下詔追贈他爲司徒・幷州都督，謚爲「景武」。他的飾終大典之隆重，乃是開國以來與高士廉、房玄齡二人平等，是武將中的第一人，舊部賓僚聞耗驚愕，皆譽他爲宗匠，悲慟不已。

李靖生前的武功太高，直至宋人仍稱他爲近代名將之最，加上他的人格風範亦高，因而使當時，乃至後人都對他產生敬仰和膜拜。唐人常將他的事跡加以神化，撰寫成傳奇小說，宋元以後更提昇爲著名的托塔天王，而他的舅舅韓擒虎則成爲十殿閻王中之孚濟王。唐宋之世，有不少道家方術的著作，亦假他的名義而刊行，認爲他精於這些道術。事實上，李靖極有政治家的風範，尤長於軍事，唐朝中期建立武廟，他自始卽成爲武廟十哲之一。唐太宗命令他敎授高級將領以兵法，確切可知是他的學生的，乃有第一功臣及宰相身份的侯君集，除他以外，連與他齊名的英國公李世勣及其以下各名將，大多均曾進隨李靖作戰，是李靖的部下，這是他在唐朝地位所以凸出的重要因素。他生前或死後不久，世間卽流傳他的軍事著作——「大唐衞公李靖兵法」；今日坊間流行的「唐李衞公問對」一書，記載太宗和李靖談論國防軍事的語錄，爲後人所輯，自宋朝卽列爲「武經七書」之一。李靖的成就，最重大的就是運用武力提昇中國進入世界權力之顚峯，改寫了世界史的發展。唐朝

「貞觀之治」因之更顯得顯赫，甚至超越了著名的漢朝「文景之治」、「光武、明、章之治」，和隋朝的「開皇之治」的聲勢。

由於李靖的性格，他的家教算是相當成功的。長子李德謇雖因與太子承乾友善而坐罪，事實上他並無驕逸不法或參預兵變的行爲，只是連帶受累罷了。以李靖的聲勢，他和二弟李德奬，應在朝廷更爲活躍或更易昇遷爲大官，事實不然，兄弟二人皆未出任大臣，德奬尤爲聲迹淹滅，可能與謙退的家風有關。倒是李靖叔父李偉節一家，其中出了一個甚有聲望的監察長官李乾祐（偉節子，靖之從兄弟），和一個在則天朝最有權勢的宰相李昭德（乾祐子），都對唐朝的政局具有貢獻。至於衞國公夫人，唐世即盛傳姓張氏，是「虬髯客傳」中的女主角——紅拂女，此則缺乏證據可考了。

下篇　問題討論的展開

第一章 統治問題的討論

一、論怎樣作一個統治者

大唐武德九年（西元六二六年）六月四日，天策上將．尚書令．秦王（相當於三軍總司令兼行政院院長）李世民發動玄武門兵變，掌握了統治大權。他的父皇唐高祖李淵，無意再眷戀帝位，於是在八月九日讓位給他。

唐太宗即位後，政局猶未完全穩定，尋即發生東突厥頡利可汗統兵二十萬，突襲大唐，長驅直下，壓逼京城長安之擧。太宗被逼作城下之盟——歷史上著名的「渭水之耻」——希望透過賄賂手段，使敵軍不戰自退，以換取從容時間，全力安內，以後再徐圖雪恥。

敵軍退後，當時最大的問題就是要迅速安定國家，發展經濟，以重建自隋末以來大亂的社會，否則動亂兵變仍會循環出現，頻仍不已的。

隋朝的兩個皇帝——文帝和煬帝——就才幹學問來說，不但不是庸劣之主，而且還算得上是歷史上第一流的皇帝。唐太宗的文采風流未必比得上煬帝，他後來完成的「貞觀之治」也比不上文帝「開皇之治」的富盛，然而隋朝卻亡於國富兵強。對太宗君臣來說，這眞是近代史上極值重視的大問題，而且也極值得大家討論，作爲啓示和鑒戒。

(1)怎樣才能做好一個統治者呢？這是太宗君臣長期思考的重要問題。貞觀初年的某一天，太宗和侍臣們聊天。

「作爲一個君主的要道，必須先要讓百姓能夠生存。」

太宗先下了一個結論，跟着作補充說明：

「如果爲了自我享受而傷害百姓，就如同割股充饑一樣，肚子飽是飽了，但身體也就完了。若要安定天下，就必須先端正其身，沒有身子正而影子彎、領導人精於治理而幹部們胡作非爲的事。朕（皇帝的自稱）常常想，傷害自己的不是外面的東西，全是由於自己內心慾望，所以造成了大禍，像耽嗜滋味啦，玩悅聲色啦，慾望既然多了，傷害也就大了，不但妨碍政事，且又騷擾生民；而且，有時發出一些不合道理的言論，導致萬衆爲之解體。怨讟（ㄉㄨˊ）既然出現了，叛亂也就跟着會發生。朕常常想到這個道理，所以不敢放縱享樂。」

「是呀，」諫議大夫魏徵在旁附和：「古代聖哲的君主，都能夠就近先從本身做起，所以能夠推己及遠地體察其他萬物。從前楚王禮聘隱者詹何，向他請敎治國之道。詹何答以脩身的方法。楚王仍未領悟，再次追問如何治國。詹何只回答說：『臣沒有聽說過有身治而國亂的事呀！』如此說來，陛下（臣民稱呼皇帝的專稱）剛才所說明的道理，實質上和古人的道理相同啊！」

(2)好的統治者被稱爲明君——賢明之君，相反就被稱爲暗君——昏暗之君。太宗當然想做一個明君。但是，明君需要多方聽取臣下的意見，而暗君事實上也常常聽取別人的意見，這兩種君主的差異究竟何在？

太宗想不出它的所以然，於是在貞觀二年（六二八）的正月，不耻下問於魏徵：「何謂明君，何謂暗君？」

去年底，魏徵被人說讒，太宗幾乎誤會他行爲不檢點（詳第二十八條），所以魏徵聽後，馬上回答說：

「人君之所以明是由於兼聽，人君之所以暗是由於偏信。詩云：『先民有言，詢于芻蕘（ㄖㄠˊ）。』」

詩經這句話的意思，是指爲人君者應該廣泛的聽取意見，卽使意見來自砍柴的人也不要放過。魏徵引用這詩句，目的在確切地界定兼聽的意義，表明兼聽與只專門聽取一些人的意見不同，後者只能稱爲偏信。

爲了讓三十一歲的青年皇帝更瞭解二者的差異，魏徵進一步舉例說明：

「從前堯、舜治天下，闢四門，明四目，達四聽，擴充自己的視野，所以消息靈通，無不洞照，共工、伯鯀之徒不能加以蔽塞，言行不一致的事也不能矇惑他們。秦二世則不是這樣，他只聽取趙高的意見，每天藏身於禁宮之中，把自己孤立起來，與臣民隔絕；由於偏信趙高，所以及至天下潰叛也不知道。梁武帝偏信朱异，而侯景擧兵造反，攻入宮闕，武帝竟然一點兒也不知道。隋煬帝也是，他偏信虞世基，及至天下大亂，盜賊在各地攻城刼邑也不得而知。因此，人君兼聽而察納下言，那些權貴大臣就不得蔽塞下情，而下情也就必得向上溝通啊。」

「甚是，甚是！」太宗聽得頻頻點頭，頓然領悟。

(3)貞觀中期以後，天下已臻太平，物阜民豐，萬國來朝，蒸蒸然已進入「貞觀之治」的時代。

貞觀十年(六三六)的某一天，年屆四十，半生勵精圖治的太宗皇帝，在與侍臣們聚會的時候，突然提出了一個千古爭辯不休，迄今仍爲人們辯論題目之一的問題。

「卿等談談看，」太宗提議說：「帝王的事業，開創和守成哪一種比較艱難？」

「世界混亂昏暗，群雄競起角逐，力量大的攻破力量小的，小的就投降；戰勝了，對方就消滅。就此而言，開創確實艱難！」尙書左僕射（相當於行政院副院長，但當時長期無人當院長，故唐初左僕射相當於代理院長，是首相之職）房玄齡似乎有所感慨地回答。

「不然，不然！」魏徵反對說：「帝王的興起，必定承受了世界衰亂的機會，打倒那些昏狡之徒，百姓一定樂於擁護，四海歸命，天授人與，那裏算得上難！但是既得天下之後，志趣驕逸，百姓想安靜休息而徭役不休，百姓凋殘困苦而奢侈的事情沒有停息，國家的衰弊，常常因此而發生。這樣看來，守成實在難呀！」

太宗聽了兩人的辯論，就作了一個結論說：「玄齡從前追隨我平定天下，備嚐艱苦，出萬死而遇一生，所以看見開創事業之難。魏徵與我安定天下，憂慮產生驕逸之端，如此則必定踏上危亡之地，所以看見守成之難啊！現在，開創之難既然已經過去了，至於守成之難，應該和公等（指宰相侍臣們）愼重努力才是。」

玄齡等聽後，禮拜着說：「陛下能夠說出這樣子的話，眞是四海之福啊！」

(4)中期以後，太宗目睹太平之盛，國威之遠，心志不免慢慢鬆懈下來，而且言行也不免有所驕奢，不像以前一般察納雅言、從善如流了。有時臣下向他進諫，他竟然常常和諫者面對面地劇辯不休。太宗口才好、學識豐、地位尊，諫者被他面折，常陷於既窘又懼的困境中。

他和房玄齡、魏徵討論過「創業與守成孰難」這一命題以後，有一天，又想到創業既然已經完成，守成尙須愼重努力，但是，現在國家已經進入太平有年，而且蒸蒸日上，守成到底有多難呢？百思不得其解。於是，又問侍臣說：

「守天下究竟是難呢？還是容易？」

「甚難。」魏徵馬上回答。

「任用賢能而又能接受諫諍就可以了，爲甚麼說甚難？」太宗緊追着問。

「臣觀自古以來的帝王，在憂危的時候則任賢受諫，及至安樂，就必定產生懈怠之心，因此提議論諫的臣子，只有戰戰兢兢，困懼不已。這樣子日復一日，慢慢衰懈，以至於危亡。」魏徵申述說：「聖人所以居安思危，正是爲此啊！安樂之中而能保持憂患意識，豈不是很難嗎？」

(5)貞觀十年（六三六）六月，侍中（門下省長官，宰相）魏徵因爲眼睛有毛病，屢次上表請求遜位。太宗認爲他的年齡僅五十七歲，退休言之過早，因此每次均揮硃筆否決。魏徵堅持再三，太宗無奈，遂升他爲正二品的文散官——特進，但特詔命令他仍然代行門下省長官的職權。同月，長孫皇后駕崩（古時皇帝及皇后死均稱爲駕崩），三十九歲的太宗悲悼不已。年底隆重埋葬了皇后以後，就想到東都洛陽住一段時間，以沖淡睹物思人的傷感。

十一年（六三七）春正月，太宗下詔建造飛山宮於洛陽，以備臨幸（天子降臨）。翌月，大駕遂浩浩蕩蕩出發東行。三月到達洛陽，下詔將洛州改名爲洛陽宮，一直住到翌年二月才西還京城（唐人稱長安爲京城），整整住在洛陽宮一年之久。除了留守人員之外，京城大多數官員，此次均隨太宗東行。

三月十五日，太宗召宴重要隨行官員於洛陽宮西苑，泛舟積翠池上。這是他即位以來首次遊幸洛陽，回想十多年前，這裏的池樹臺閣仍然屬於隋煬帝所有，自己親統大軍將之攻下，變爲大唐所有。十年來人事幾番更新，太宗內心頗有感觸，因此回頭看着侍臣，徐徐道：

「煬帝作此宮苑，結怨於百姓，如今這一切悉爲我所有，正由宇文述、虞世基、裴蘊之徒（三人皆爲隋朝權貴，煬帝親信），向內諂諛君主，對外蹤蔽視聽的緣故，大家怎樣可以不引作炯戒哩！」（談話詳細內容參考第一六八條）

魏徵聽了，宴罷回去，思考一番，不久卽奏上一疏(臣下向天子提出的奏章)，說：

「臣觀自古創業守成之君，都想德配天地，明同日月，子孫百世，傳祚無窮。然而，能夠貫徹始終的人很少，多是敗亡相繼之例，究竟是甚麼緣故呢？這是因爲他們追求目的的手段迷失了正道的緣故啊！殷鑒不遠，可以得而言之。

從前隋朝統一天下，武力強銳，三十餘年風行萬里，威動殊俗；一旦舉而棄之，盡爲他人所有。那煬帝豈是厭惡天下能治安，不想社稷能長久，故實行暴虐之政以自取滅亡的呢？只是他憑恃富強，不慮後患，驅使天下以滿足個人慾望，罄盡萬物以自我享受，選採國中的子女，追求遠方的奇異，裝飾宮苑，崇建臺榭，徭役無時，干戈不止，外表示人以尊嚴莊重，內心卻多奸險猜忌，讒邪的人必受福賜，忠正的人生命難保，上下互相矇蔽，君臣互相隔絕，人民痛苦不堪，全國分崩破裂，於是以四海之尊，殞命於匹夫之手，子孫殄絕，爲天下所笑，可不痛哉！

聖哲（指太宗）乘機而起，拯救危溺，扶正天下，重建秩序，迅速即能達至治安太平。現在，宮觀臺榭，陛下盡居之了；奇珍異物，陛下盡收之了；宮姬淑女，已經全部伺候於陛下身側了；四海九州，已經全部成爲陛下的臣民了。如果能夠吸收亡隋失敗的教訓，體念我之所以成功，日愼一日，雖休勿休，焚棄那些寶衣廣殿，在峻偉的殿宇中保持憂患意識，在卑小的宮室裏常思安恬而處，則神化潛通，無爲而治。這是德之上啊！

如果成功不毀，留用那些舊物，取消不急之務，再三節儉自奉，住在雜有茅茨土階的宮殿之中，讓百姓樂意地接受役使而不竭盡他們的力量，常念居住的人安逸而工作的人勞苦，那麼，億兆人民就會像兒子依慕父親一般來歸，羣生也能仰承陛下的德澤而安樂。這是德之次啊！

雖然是聖人，但是不體念萬物，不能貫徹始終，忘記締搆的艱難，以爲天命可以憑恃，忽視恭儉而進求靡麗，增廣現有的基礎，增加現有的裝飾，觸類而長，不知止足。人民看不到他的德澤，而勞役卻頻頻聽到，這就是下等了。譬如負薪救火、揚湯止沸，以暴易亂之舉，事實上與亂相同，不可效法啊！這樣做，後代子孫有何足觀的呢？事情無可觀則人怨，人怨則神怒而災害必生，災害既生則禍亂必作，禍亂既作而能保全身體和令名的人，世界上非常的少。

順天革命的領袖，將能興隆七百年的國祚，併將之傳給子孫萬葉。天下難得而易失，怎可不常加體念哩！」

魏徵這份表疏，有人稱之爲「諫作飛山宮疏」，意謂魏徵認爲洛陽宮室已宏偉壯麗，不必勞民傷財以建飛山宮。就在這一年的七月，突然大雨連緜，洛陽附近的穀水和洛水大漲，倒灌入洛陽宮，水深達四尺，破壞宮寺民房甚多，沖走了六百家，溺死達六千餘人。際此天災，太宗下詔百官上書，極言得失。百官交章上書，就在水災後十九日，太宗徵求極言後十二日，遂再度下詔，命令廢止明德宮（水災前太宗剛好移居於東都苑的明德宮）和飛山宮的玄圃院工程，送給水難百姓作重建家園之用。

不過，魏徵此疏固然反對營建宮殿，但是飛山宮是小行宮，太宗也沒有像煬帝一般大造宮闕，因此魏徵疏中一字不提飛山宮三個字。尋思魏徵的本意，大概是他害怕太宗由此興起奢靡之心，因而借題發揮，申論君德的等第，盼望太宗做個上德的聖君。魏徵立志「置君堯舜上」，透過這份表疏就很容易瞭解，所以這份表疏視為「論君德疏」似乎更合適。

事實上，魏徵在這幾個月之間，曾多次上疏給太宗，其中最為世人所熟知的「十思疏」，就是繼「論君德疏」之後，同月所上進的。

「十思疏」是這樣寫的：

「臣聽說冀求樹木長大的辦法是必須先固植它的根本，希望水流長遠的措施必須先浚濬它的泉源，殷盼國家安定的途徑必須先累積德義。泉源不深而希望水流長遠，根本不固而冀求樹木長大，德澤不厚而殷盼國家治理，臣雖然是下愚的人，也知道絕不可能做到，何況明哲的人呢！

人君當神器（指帝位）之重，居域中之大，將崇極天的高峻，永保無疆的福祉，不念居安思危，戒奢以儉；德不處其厚，情不勝其欲，這也是喪害根本以冀求樹木茂盛，堵塞泉源而希望水流長遠的方式啊！凡百元首，承受上天的大命，無不因爲殷憂而道爲之彰明，功成而德爲之衰退，有善始的帝王實多，能善終的帝王卻少，豈不是進取容易而守成艱難嗎？從前進取而有餘，如今守成而不足，這是甚麼道理呢？

臣的意思是，人君在殷憂的時期，必定竭誠以待下；等到得志以後，則變得縱情以傲物。竭誠則胡越（指南北不同民族的人）可以成爲一體，傲物則骨肉變成路人，雖然用嚴刑來督責，用威怒來恐嚇，終究只是心存苟免而不懷仁德，外表恭順而內心不服。怨憤不在大小，值得可怕的因爲怨憤者是人；人民如同水一般，可以載舟，也可以覆舟，理應留意戒愼！用腐朽的繩索套住飛馳中的馬車，危險性可以忽視嗎？

統治人民的君主，如果眞能做到產生慾望則思知足以自我警惕，想有所興作則思知止以安定人民，想到位高勢危則思謙沖而自我修養，害怕滿溢則思江海所以下於百川，樂於遊獵則思包圍三面以免殺絕（卽留下一面以作生路，以免趕盡殺絕，有傷好生之德），憂慮懈怠則思愼始而敬終，憂慮矇蔽則思虛心以納下，意念讒邪則思正身以黜惡，恩澤所加則思無因個人的喜歡以謬賞，懲罰所及則思無因個人的憤怒而濫刑，總此十思，弘那九德（指寬而栗、柔而立、愿而恭、亂而敬、擾而毅、直而溫、簡而廉、剛而塞、強而義），簡拔賢能而任用，選擇至善而順從，則智者盡能發揮他們的計謀，勇者盡能發揮他們的力量，仁者傳播他們的恩惠，信者貢獻他們的忠誠，文武爭着效力，君臣因而無事，可以盡情享受豫遊之樂，可以修養松喬（指古仙人赤松、王喬）一般的長壽，鳴琴垂拱，不言而化。何必勞神苦思，代替部下處理公務，致使勞役聰明的耳目，虧損無爲的大道哩！」

太宗收到魏徵多份表疏，尤其看到這「十思疏」，不禁感動，親手寫了一份答詔，說：

「知道頻頻抗表上疏，誠極忠款，言窮切至，使朕披讀忘倦，每達夜半。若非公（指魏徵）體國情深，開導義重，豈能以良圖見示，匡扶朕的不及！

朕聽說晉武帝自從平定吳國以後，務在驕奢，不再留心於政治。他的太傅何曾某天退朝，告訴兒子何劭說：『我每次進見主上，不見主上討論經國的遠圖，只是談談平生常語罷了，這不是傳於子孫之道。你們或許可以避免大禍，但是孫子輩必定遭遇動亂。』及至何曾之孫何綏，果然死於八王之亂。先前的史書對此事引以爲美談，說何曾有先見之明。朕的意思絕不以爲然，認爲何曾不忠，罪可大了。因爲人臣理當進思盡忠，退思補過，順從君主之美，匡救君主之惡，以此態度共同治理天下。何曾位極人臣，名器崇重，應當直辭正諫，論道佐時，然而他卻退有後言，進無廷諍，這種行爲以爲是明智之舉，不也荒謬嗎?!危險而不扶持，何必用他當宰相。公的批評，朕聞過了！朕要將它放在几案上經常閱讀，希望晚年能得善終，不讓堯、舜的良政專美於往日，不讓劉備、孔明的交情高出於當今。等待公再報朕以嘉謀，無妨有所冒犯而不必隱諱！朕將要虛襟靜志，敬佇德音。」

二、論政治的重要原則

(6)唐太宗精於射箭，他所用的弓和箭，都比正常的弓箭大上一倍，是一個著名的射手。甚至在即位後第二個月，爲了將來洗雪「渭水之耻」，遂經常親自訓練軍隊於顯德殿，砥礪將士們的戰技。太宗每天抽調數百戰士，在殿庭教導他們射擊。學習完畢，他就躬親主持考試，射中多的則賞以弓、刀和縑帛，將帥級的軍官則打上等考績。因此人思自勵，數年之間，全部成爲精銳的勁旅，奠定了重振中國聲威，獲得世界元首——天可汗——尊號的武力基礎。

貞觀元年閏三月二十日，太宗告訴太子少師蕭瑀說：

「朕少年時代就愛好弓箭，自以爲盡得其妙。近日獲得良弓十幾張，拿出來給弓匠看，怎知道弓匠竟然說：『這些全部不是良材。』朕驚問其故。公知道弓匠怎樣回答嗎？」

太宗接着說：「他批評道：『木心不正則脈理皆邪，這些弓雖然剛勁，然而發箭的軌道不會正直，所以不是良弓。』朕聽了立刻領悟。朕以弓箭平定四方，用過的弓可以說太多了，但是仍然不知道這道理，何況朕得天下之日尚淺，瞭解治理的意義原就比不上瞭解弓箭。對弓的瞭解尚有所失，何況於治理天下的政治原理哩！」

自此以後，太宗下令五品以上京官，輪番進入禁中的中書內省值班，以備顧問。每次召見他們，太宗都賜坐好，然後才談話，詢問他們外面的事務，務必要瞭解百姓的利益和弊病，知道政治和教化的得失。

中國經過衰亂以後，迅速即能進入「貞觀之治」，這一點是值得注意的。

(7)唐朝中央政府主要由三個宰相機關組成：尚書是總領百官、施行大政的機關。門下省和中書省兩省則兼爲皇帝侍從供奉機關，前者掌握審決權，後者掌握擬定權，即是聖旨，也須經中書擬定和門下審決，通過兩省的同意和副署，才得以頒發下來。三省的建立，原本有互相制衡的意義，尤以門下、中書兩省爲然。但是從隋朝以來，由於人爲的因素，制衡的精神已日漸褪色，影響到大政的合理決定。太宗亟謀重整，希望將之回復原貌以長期實行。

貞觀元年（六二七）某日，太宗對黃門侍郎（後來改稱門下侍郎，是門下省副長官）王珪指示說：

「中書省所擬定的詔勑（聖旨），送到門下省審議，卿等有因爲意見不同，或者因爲原旨錯失而加以駁正的事嗎？設立中書、門下兩省的原意，本來是假定兩省能互相制衡而防範過失錯誤的。

人的意見常常有所不同，有所是非，本來只是爲了公事。或許有些人護短，忌聞自己的過失，別人對他批評，就因此銜以爲怨。或許也有些人避忌私人恩怨、互相珍惜顏面，知道內容和政事無關，因此就馬上同意施行。難於拒絕一官的小情誼，立刻就變成了萬人的大弊病，這實在是亡國之政，卿等特須在意防範啊！」

跟着又作解釋與要求說：

「隋朝當日，內外百官依違於政事，而導致了禍亂。大家都不能深思這道理，當時都以爲禍不及身，所以當面順從而背後批評，不以爲憂患。後來大亂一起，家國俱喪，雖然有些人幸得脫身，即使不遭到嚴刑和殺害，但也都辛苦而倖免，因此甚爲輿論所批判。卿等特須滅私徇公，堅守直道，使事情能夠互相反映啓示，萬勿上下雷同一響啊！」

兩年以後，太宗又嚴厲的批評了兩省作風，正色的要求他們充份履行這制度。太宗對兩省侍臣說：「中書、門下兩省，是國家機要的機關。兩省官員全都提拔才俊來出任，委任實在很重，因此詔敕如有不妥當，就必須執論而不通過。近來，朕只覺得兩省官員僅是阿諛聖旨而順水作人情，唯唯諾諾地希望避免過錯，就連一句話也沒有諫諍過。難道這就是正當的道理了嗎？如果你們只會副署聖旨、奉行公文，那麼誰不能擔任這些官職？何必廝廝煩煩的簡擇人才，付以重任？自今以後，詔勅如有不妥當，就必須執言，不得妄有畏懼，知而不言。」

太宗重建合理的制度，期望之殷切，決心之堅定，由此可知。

(8)貞觀二年（六二八），太宗經常和侍臣們討論古今帝王，尤其嚴厲的批評桀、紂和隋煬帝等暴君。有一天，他問黃門侍郎王珪：

「近代君臣治國多比古代惡劣，這是甚麼原因呢？」

「古代帝王爲政，都以清靜無爲、不干擾人民爲職念，以百姓之心爲心。」王珪跟着說：「近代的帝王，只有傷害百姓來滿足他們的慾望，所任用的大臣也不再是經術之士。從前漢家宰相，無不精通一種經術，如果朝廷遇到疑惑難決的大事，他們都援引經義來作決定，因此人識禮教，治致太平。近代則重武輕儒，或者參以法家的規律來治國，儒家的行爲既已受到虧損，所以淳厚的風尚就大壞了。」

太宗聽了王珪的解釋，深深地同意他的說法。從此以後，百官中有學業優長、兼識政體的人，太宗都對他們非常注意，多提昇他們的官階，並且屢次昇遷他們的官職。同年的十二月，太宗也進拜王珪爲門下省長官——侍中，正式任命他爲宰相。王珪因此成爲歷史上的名宰相。

貞觀四年（六三〇），可以說是東亞歷史上的轉捩點。這年，大唐消滅最強大的東突厥帝國，取代之而爲最強大的國家，有些國家甚至尊大唐天子爲「天可汗」。

在內政方面，大唐自此也進入太平時期。這些成就，當然是唐朝全體君臣努力的結果，尤其以宰相團的才幹最爲重要。貞觀一朝的宰相，幾乎都是歷史上的名相。單就個人才幹和聲望而言，當然首推房玄齡與杜如晦，若就宰相團陣容之強而言，可以說當數貞觀四年的宰相團了。

這年秋、冬之間的某天，太宗召宴所有的宰相。酒酣，太宗忽然給王珪出了一道難題，說：

「卿精通識鑒之術，尤其善於談論。宰相們自玄齡（房玄齡爲二品首相左僕射，唐代慣例，天子對二品以上官不能連名帶姓的稱呼，只可稱其名）以下，都請加以評鑒一番如何？而且，卿又不妨自我比較，看看自己與諸位相公，到底是誰最賢能？」

這時，房玄齡、李靖分別爲左、右僕射，他自己爲侍中，溫彥博爲中書令，戴冑爲戶部尚書（相當於內政部部長）參預朝政，魏徵以秘書監（相當於文化部長）參預朝政。六名宰相共同在政事堂，經常會議國家政務，王珪和他們都很熟悉。太宗的問題難以答覆，主要在不便於宴樂之中，公開評論誰好誰壞，以免有損團隊精神；至於自我與諸相比優劣，更是不好幹的差事。事實上，這些宰相們，全都是學業優長，或兼識政體的人物，所以才被擢拜爲宰相的。

「孜孜奉國，知無不爲，臣（王珪自稱）不如玄齡。才兼文武，出將入相，臣不如李靖。敷奏詳明，出納惟允（指處理公文，起草及口頭報告聖旨），臣不如溫彥博。處繁理劇，衆務必舉（指處理繁重的政務而一定能完成），臣不如戴冑。每以諫諍爲己任，耻君不及堯舜，臣不如魏徵。」王珪不愧急智敏捷，滔滔地、從容地隨即回答，而且跟着說：

「至於激濁揚清，嫉惡好善（指薦進忠良，批評邪惡），臣與數子（指宰相們）比較，也有一日之長！」

太宗聽了王珪這不亢不卑之答，鼓掌深表同意。宰相們亦各以爲王珪之論，恰能說出他們心裏的話，所以大家都認爲這是確論。

貞觀一朝人才濟濟，名臣如雲，似乎上天把人才都集中生在這二、三十年了。事實上，人才各代皆有，君主能識拔他們的則不多。太宗自始至終，都非常留意於此，知道自己成就要大，則愈是需要識拔人才；識拔的人才愈好愈多，則自己的成就會愈大，人才乃是治世之本。所以，貞觀晚期，他約在五十歲左右，有一天對待臣們說：

「朕觀古來帝王，因爲驕傲自矜而導致敗亡的，不可勝數。遠的不談，就以晉武帝平吳而統一原來三分的天下，隋文帝平陳而統一大江南北而言，他們此後的心理就愈來愈驕傲和奢侈，自大而矜持，使臣下不再敢說話，政治因此而弛紊。朕自從平定突厥，打敗高麗以後，跟着兼併漠北的鐵勒，席捲沙漠以爲州縣，夷狄遠服，聲威和教化益加廣大。朕卻恐怕變得驕矜起來，常常自我警惕和克制，日旰（ㄍㄢˋ）（日落時）而食，坐以待晨，每思臣下有讜言直諫、可以施於政教者，都拭目以師友之禮來待他；這樣子做，大概才可以把國家躋至太平盛世。」

太宗大抵上一直能克制自己，識拔人才，並禮遇他們。誠如魏徵之言，人君待以國士，則人臣當以國士報之。一代盛世先從人才盛起，思太宗君臣的談話就可以知道。（太宗親評晚期宰相，可參第二十六條）

(9)貞觀四年(六三〇)正月，遠征軍統帥李靖，親率驍騎三千夜襲東突厥頡利可汗的定襄(在今綏遠清水河境)大本營。可汗不意李靖猝至，混亂中逃至磧口（入大沙漠至漠北的道口），他的親信康蘇密帶着隋煬帝的蕭皇后和其孫楊政道來投降。

蕭皇后是一個賢淑的婦人，是以前南朝梁明帝的公主，後來嫁給了煬帝。江都兵變後，兵變集團擁着她和楊政道西歸。中途爲竇建德集團所破，遂落入竇建德手中。當時，竇建德稱臣於東突厥，東突厥前任可汗將蕭后及楊政道迎入國內，後來立政道爲隋王，在定襄城讓他建立傀儡的流亡政權，中國人逃入突厥的，都全部移交給他統治。十年來，隋朝流亡政權頗對中國政治有所影響；有些人因此暗通於它。所以，蕭后及政道被俘後，有官員要求太宗追究暗通之罪，向蕭后及政道查證那些不忠的臣民。太宗拒絕，說：「天下未定，突厥方強，無知的愚民或許有這種事。如今天下已安，既往之罪，何必再問哩！」

總之，楊隋流亡政權的摧毀，是值得唐朝君臣心中放下一塊大石的事。及至戰事完全結束，七月初一那天，剛好出現日蝕。古代認爲日蝕是代表上天垂示譴責，所以太宗接見宰相侍臣，和他們討論政治。

太宗問左僕射房玄齡和御史大夫・參議朝政蕭瑀：

「隋文帝究竟是怎樣的君主？」

蕭瑀是蕭后的弟弟，隋煬帝的小舅子，與楊家關係密切，也曾在隋朝出任機要官職。唐高祖時代，他早就拜爲宰相，而且兩度出任僕射。只是他爲人剛介，不易與人相處，所以一再罷相，這時已是第三度參政。他見太宗有此一問，於是就回答說：

「文帝克己復禮，勤勞思政，每一坐朝，甚至到了日昃（ㄗㄜ，過了正午，太陽偏西）才退；五品以上官員，常被引坐論事，害得衞士儀隊不能解散，只好立駐着傳飧而食。所以他的個性雖然不是仁厚，卻也是一位勵精之主。」

「公（指蕭瑀）但知其一，未知其二。公知道他爲甚麼會這樣的嗎？」太宗不表同意，繼續說：

「此人個性極爲精察而內心卻昏暗不明，內心昏暗則識照有所不通，過於精察則對人多所猜忌。又欺人孤兒寡婦以得天下（指文帝篡北周靜帝的事），常常恐懼羣臣內懷不服，所以不肯信任百官，每樣事情都親自決斷。他雖然勞神苦形，但是所作所爲不能完全合理。朝臣揣知他的心意，也不敢公然直言，宰相以下，只有惟諾承順罷了。」

太宗作了一番心理分析，接着檢討自己，指出爲政之道說：

「朕的意思絕不以他爲然。以天下之廣，四海之衆，千端萬緒的事情，必須綜合而變通。這種情況，朕都要委任百官商量斟酌，然後呈給宰相籌畫，及至事情穩當方便，才可以向朕奏行，豈得以一日萬機，獨斷於一人的思慮啊！而且，每天決斷十件事而有五件不中，決斷對了的固然好，但是那些不中的又如何？以日繼月，乃至累積經年，乖謬的事既然多了，不亡何待？怎麼比得上廣任賢良，高居深視，法令嚴肅，這樣誰敢為非？」

於是，太宗下令各有關機關：「如果詔勅頒下而有未穩便的，則必須執奏，不得順旨。令到立即施行，務盡臣下之意！」可知太宗君臣經常保持意見的溝通，不僅只是出於太宗的個人要求，而且確實將此管道製成法令，使之成為有法令基礎的政治行為。貞觀朝百官經常提出意見，避免了不少不必要的錯誤，顯然不是純由人治所能做到的。

⑽太宗鑒於隋朝之亡，在於君主獨裁而羣臣不言，使君主洞察不明，變成孤立。他也瞭解君臣何以如此隔絕的原因：在君主而言，是自以為權位已安定，所以無所忌憚；在羣臣而言，則是害怕言之有罪，身家不保。怎樣解決這些問題呢？太宗君臣有兩次會談值得注意。

第一次在貞觀五年（六三一）。那年國勢日盛。年底，林邑國（在今越南）呈獻五色鸚鵡，新羅國（在今韓國）呈獻美女二人，倭國（日本）遣使入貢，太僕官員李世南新開拓了黨項（在今青海、甘肅一帶）之地共十六州、四十七縣，跟着，康國（在今新疆北境及俄領中亞細亞一帶）也遠道而來，要求內附。雖然太宗婉卻了呈獻及內附的要求，但是這些成就，在國防和外交上都值得大書特書；對一個君主來說，也實在值得令人驕傲的了。

太宗對這些成就的態度是怎樣的呢？某天他對侍臣們說：

「治國的道理與養病無異啊，病人正漸漸痊癒的時候，就更需要細心的調護；如果稍有差錯，必定導致喪命。治國也是如此，天下稍安則尤須兢愼，若是因此而驕逸，也必定導致喪敗。如今天下的安危，繫於朕一人的身上，所以日愼一日，雖休勿休。然而，朕的耳目股肱，寄托於卿輩的身上，君臣義均一體，理應協力同心，所以如果遇到有不妥當的事情，卽須極言無隱，假如君臣互相猜疑，不能推心置腹，實爲國家的大害啊！」

魏徵馬上跟着說：「如今內外治安，臣不以爲喜；只有陛下居安思危，才是值得可喜的事啊！

第二次發生在翌年。這年開始，太宗言行頗有驕矜之色，有時會怪責講話的臣子，大臣如中書令溫彥博等，已不客氣的提出了批評，太宗也因此而常加檢討。

有一天，太宗對侍臣說：

「古人說：『危而不持，顚而不扶，焉用彼相。』（意思指危困時不來幫助，則何必用他們來作宰相）君臣之義，能夠不盡忠匡救嗎？朕讀書讀到夏桀殺關龍逄（ㄆㄤˊ）漢景帝殺鼂（ㄔㄠˊ）錯，未曾不停下歎息。公等只要能正詞直諫，裨益於政教，朕終究不會以犯顏忤旨的罪名，妄加誅殺和怪責。朕近來臨朝斷決事情，也有違背法令的地方，但是公等以爲那是小事，所以就不再執言反對。凡大事都起於小事，小事不論，則大事又將不可救，社稷傾危，莫不由此。隋朝的君主殘暴不仁，所以身死於匹夫之手中，天下蒼生，極少聽說有人爲他嗟痛的。公等爲朕思考隋朝滅亡的事，朕爲公等思考龍逄、鼂錯之誅，君臣互相保全，豈不美呀！」

以太宗當時的聲望成就，能不斷地自我檢討，也能爲羣臣設身處地的想，顯然眞是一位不可多得的賢君。

⑾民本主義是儒家政治理論中的基礎，他們認爲人民是國家的根本，根本穩固

了，國家就會安寧。太宗君臣經常以儒家理論作切磋，因此也常常討論到這原理，因而對此非常熟悉。

貞觀六年（六三二）的某天，太宗和侍臣從君主要兼聽，談到民本主義對政權的影響，因而提出爲政的大原則必須順從民意。

太宗說：「朕看古代的帝王有興有衰，就如同朝之有暮一樣，這都是由於耳目受到了矇蔽，不再知悉時政的得失；忠正的人不敢說話，奸邪諂媚的人則每天進用。君主既然看不見自己的過失，所以造成了滅亡的大禍。朕既然深居九重之內（君門有九重），不能盡見天下的事，所以寄托於卿等，作爲朕之耳目。不要以爲天下無事，四海安寧，就漫不經心，不再留意！須知『可愛非君，可畏非民』（舜告禹之辭，意謂君可愛而民可畏），作爲天子嘛，有道則受人民推戴而爲君主，無道則被人民背棄而不再擁護，眞是可畏呀！」

「自古失國之主，大都因爲居安忘危，處治忘亂，所以不能長久。」魏徵順着而發揮：「如今陛下富有四海，內外清平，能夠留心治道，常常懷着臨深履薄（指走近深淵，行上薄冰）的戒懼心情，則國家的壽祚自然靈長。臣又聽聞古語說：『君主如舟，人民如水，水能載舟，也能覆舟。』陛下以爲可畏，完全和聖旨（指前面有道、無道之說）相同。」

到了貞觀九年（六三五），大唐消滅了建國以來第一個難纏的敵國，位於今日青海高原的吐谷渾；也將戶等按照資產由三等劃分爲九等，改革了稅政制度，使人民負擔賦稅更爲合理。內外形勢，更勝於昔。

有一天，太宗又向侍臣重申民本主義的觀念。他說：

「當年初平京師（長安）的時候，宮中美女珍玩，無院不滿；但是隋煬帝意猶不足，徵求不止，而且又東征西討，窮兵黷武。百姓不堪生活，就導致了隋朝的亡滅。這些全都是朕所親眼看見到的。所以朕夙夜孜孜，惟欲清淨，使天下無事。後來果然使得徭役不興，年穀豐稔，百姓安樂。」

接着他對此作了一個結論說：「治國嘛就像栽樹一樣，本根穩固而不動搖，則它的枝葉就必然會茂盛。君主能夠清淨，百姓那得不安樂呢?!」

太宗的意思是，人民爲國家的根本，根本穩固了，國家就能安寧。不過，人民因爲福和樂利而安穩，爲他們謀福利的則是君主；因此君主必須先清淨，然後人民才能安穩的擁護他的政權。這是爲政最基本的原則。

⑿貞觀七年（六三三）三月，侍中王珪洩漏禁中機密談話，坐罪貶出爲同州（治今陝西大荔縣）刺史。當時魏徵已以秘書監本官檢校侍中（門下省侍中有兩員，檢校爲署理職），所以在王珪貶後第三日，卽正除爲侍中，成爲正宰相。在這件事情發生前，大宗對羣臣提起當年一次大辯論；這次辯論事關國策的決定，所以太宗特別提起。

那是太宗初卽位時候的事了，那時右僕射封德彝還未死（他死於貞觀元年六月）。某天，太宗與群臣從容討論自古政治得失。談着談着，太宗突然疑惑地說：「當今承接大亂之後，恐怕人民急劇之間，不易接受教化，以達至治世吧！」

「不然，」魏徵當時擔任諫議大夫，表示反對說：「凡人在危困時則憂死亡，憂死亡則思治安，思治安則易教化。依照這個道理，那麼亂後易教，就像饑餓的人易於被餵飽一樣。」

「善人治理國家，尚需百年之後，然後可以勝殘去殺，做出一些成績來。大亂之後就想求至治，那裏可以迅速見功而有希望呢？」太宗不以爲然，緊接着追問。

「陛下之言，只是根據常人而言，」魏徵侃侃而談：「並不針對聖哲而論。如果聖哲施展敎化，上下同心，人民響應，那麼就能不疾而速。期月而可以奏效，眞的不是難事；至於三年才能成功，臣猶嫌它來得晚了。」

太宗深深以爲然。不過封德彝在旁，厲聲反對，並指責說：

「三代以後，民風日益淺薄虛僞，所以秦朝專用刑法，漢朝雜以霸道，兩皆希望國家治理而不能做到，難道這兩個王朝能夠致治而不想致治嗎？魏徵書生，未識時務，如果信從他所說的空虛之論，恐怕會貶亂國家！」

「五帝、三王並沒有改換了人民，而能夠達到至治的成就。所以，實行帝道則帝，實行王道則王，關鍵在於當時的政治敎化罷了。」魏徵無懼於封德彝是元老宰相，一反駁卽肯定自己的觀點，跟着援用歷史例證質詢封德彝之說：

「就根據書本記載來印證吧，可得而知的是：從前黃帝和蚩尤七十餘戰，世界混亂極了，獲勝之後，就能達致太平；九黎亂德，顓頊征之，勝利之後，不失其治；夏桀亂虐，而商湯放之，在湯生前卽致太平；紂王無道，武王伐之，到了成王時代亦致太平。這些聖王都能及身而致太平，難道不是承大亂之後嗎?!如果說古人淳朴，後世日漸淺薄虛僞，那麼降至今天，早該全部化爲鬼魅了，難道尚可得而敎化他們不成?!」

封德彝和他的附和者，對着這滔滔之論，感到無以反駁，但是全都堅持以爲不可。太宗最後採用魏徵的意見，決定承接大亂之後，領導全國實行王政。由於太宗力行不倦，貫徹始終，所以數年之間，便達至海內康寧，並消滅了最強大的東突厥。

太宗回憶這個片斷，因而向羣臣說：

「貞觀初年，人皆議論說：『當今必不可實行帝道、王道。』只有魏徵勸我實行。我採用他的意見，不過數年，就使得華夏安寧，遠戎賓服。突厥自古以來常爲中國勁敵，如今他們的酋長變成我的帶刀侍衞，部落人民則襲用中國衣冠。使我所以能達到這樣的成就，都是魏徵之力啊！」

接着顧謂魏徵說：「寶玉雖有美質，在於石頭之間，如果沒有遇到良工琢磨，就如瓦礫一般沒有區別；如果遇到良工，即可變爲萬代之寶。朕雖無美質爲公所切磋，但是勞公約朕以仁義，弘朕以道德，使朕功業至此，公亦足以爲良工啊！」

這年，太宗正拜魏徵爲宰相，雖說爲了酬庸功勞，其實與魏徵是良工，具有治國平天下的大才有關。

⒀貞觀八年（六三四）正月，太宗當了八年皇帝，第一次想派使節四出，代天巡狩，以瞭解民間疾苦，觀察各地風俗。於是，李靖等大臣，同時受命出使，分道巡視全國。

某日，太宗和侍臣們聊天，談到了人民的財產問題，他說：

「隋朝時代，百姓縱有財物又那裏能夠保得住。自從朕有天下以來，存心撫養他們，不派給他們科差，使人人皆得營生，守住資財，此即與朕所賞賜無異。要是朕一向科徵使喚不已，那麼雖然屢次賞賜，也不如不得。」

「堯舜統治的時代，百姓也說耕田而食，飲足飯飽之餘，鼓腹高歌：『帝力於我何加焉！』現在陛下如此含養百姓，眞可以說日用堯舜之道而不知啊。」不運用政治力量干擾民生，讓百姓自然發展、休息養生，是魏徵政治主張之一，所以他順着太宗之言而稱美這種觀念。

接着，魏徵又向太宗說了一個故事：

「從前，春秋五霸之一的晉文公，打獵時追逐野獸而脫離了隊伍，在大澤中迷了途。他看見澤中有一漁者，就告訴他說：『我就是你的君主，道路怎樣走才能出去？告訴了我，將會厚厚的賞賜給你！』

漁者回答說：『臣倒願意有些話奉告。』於是把文公帶出了大澤。

這時文公問他：『現在先生有甚麼話要賜敎給寡人（文公自稱）嗎？我願意接受它！』

漁者說：『鴻鵠住於河海，厭倦了而飛至小澤，於是就有被人射擊之憂；大龜住在深淵，厭倦了而來到淺渚（ㄓㄨˇ），於是就必有被人釣射之憂。如今國君離隊至此，走得何太遠啊。』

『善哉！』文公吩咐隨從將漁者姓名記下，準備厚賜給他。

結果漁者竟然推辭，說：『君爲甚麼稱爲君？他如果尊天事地，敬社稷，保四國，慈愛萬民，薄賦斂，輕租稅，臣（漁者自稱）也就能得到福利了。如果君不尊天，不事地，不敬社稷，不固四海，外則失禮於諸侯，內則違反人心，這樣就會一國流亡。漁者雖得厚賜，又哪裏能夠保得住哩！』」

太宗一點卽通，連稱：「卿言甚是！」

⒁貞觀十七年（六四三）正月，魏徵逝世。死前一個月，太宗和他還與其他侍臣聚會。這次聚會，太宗提出了一個中國傳統政治的重大論題，與魏徵辯論了一

次。

開始時，太宗原本是將此論題提給衆侍臣辯論。他說：「君主亂於上而臣子治於下，或者臣子亂於下而君主治於上，兩者比較，何者比較好？」

這個大問題引起紛紛意見。但是，魏徵卻說：

「君主有心求治，則能照見臣下的非法胡爲，那時殺一儆百，誰敢不畏威盡力?!如果君主昏暴，不從忠諫，雖有百里奚和伍子胥，國家也不能挽救敗亡之禍。」

「如果這是必然的後果，」太宗質問：「那麼，北齊文宣帝是昏暴之主，他的宰相楊遵彥以正道扶助他，卻能得到治理之局，這是甚麼理由?」

魏徵馬上分析文宣帝之例，與臣子亂於下而君主治於上的情況，二者有所差異。他說：「楊遵彥彌縫暴主之過，救治蒼生之命，只能使局面勉強免於禍亂，卻也已很危險和辛苦了。這與人主嚴明，臣下畏法，直言正諫都見信用的情況，實在不可同日而語啊！」

關於這問題，太宗與魏徵僅論至此，但是千餘年來，仍有不少人一再提出討論。

第二章　論怎樣求諫和納諫

一、求得諫諍的談論

青年時代的太宗皇帝，就已統兵作戰，南征北討，即位時也不過二十九歲罷了。而且，自從大唐創建以來，太宗除了一直擔任首相（尚書令）之外，同時也兼爲最高統帥（天策上將）、軍區司令官、討伐軍統帥等重要官職。崇高的威望、顯著的功勳、嚴肅的軍政生涯，在在磨煉着他的人品性格。二十幾歲的他，言行顯然與一般青年有所不同了。

⒂貞觀元年（六二七），年屆三十而立的太宗，一向容貌威武，言行嚴肅，使進見他的百官，全皆舉措失所。太宗也知道這種情形，意識到事情的嚴重性，因此努力克制自己——每次見人奏事，必定和顏悅色，希望聽到諫諍，俾知政教得失。

有一天，他勸勉公卿大臣說：

「人想自照就必須明鏡，君主想知道過失，就必須藉着忠臣的幫助。君主如果努力想作賢君，而臣下卻不匡扶和糾正他，想不危險和敗亡，豈可得啊！要知君主喪失了他的國家，人臣也不可能獨自保全他們的家園。像隋煬帝的暴虐，使臣下鉗（ㄑㄧㄢˊ）口不敢說話，結果使自己不聞其過，最後因此而滅亡；至於他的宰輔虞世基等，不久也跟着被誅殺。前事不遠，所以公等若看到不利於人民的事，必須極言規諫！」

太宗這次指示，鼓舞了臣下率直發言的風氣，開啓了一個踴躍諫諍的時代。後來吳兢編貞觀政要，就把這段話列於「求諫」類作第一條。

事後諫諍雖然可作得失檢討，但總不及事前諫諍般具有事前防範的功能。所以，太宗同年一方面指示中書、門下兩省執奏他的聖旨，重新恢復兩省的功能；（

參第七條）另一方面則創立了諫官入閣預聞機務的制度，使得君主和宰相在作成決策前，即已得到某些忠告。這個制度是因爲一次會話而創立的。

元年正月的一天，太宗向侍臣勉勵說：

「正主（端正的君主）任用邪臣不能致治，正臣効力邪主也不能致治，只有君臣相遇，有同如魚得水，然後海內才可平安。朕雖然不明，幸賴諸公數相匡救，希望憑藉公等的直言鯁議，以致天下太平！」

當時擔任諫議大夫的王珪回答說：「臣聽說『木從繩則正，后從諫則聖』（語出書經，意謂木頭被繩子衡量才能正直，人君聽從諫諍才能成聖君），所以古代的聖主，必有諍臣七人，如果言而不用，他們則相繼以死。陛下開張聖慮，採納下民之言，愚臣處於這種言論開放的朝廷，實願罄（ㄑㄧㄥ）其狂瞽（ㄍㄨˇ），盡力獻言。」

太宗稱善，並正式頒制（制是正式的聖旨）命令自後宰相大臣入閤（入便殿）討論政事，一定要諫官隨同進入，有失輒諫。諫官在這種情況下進諫，太宗常常是虛己接納的。

太宗有求諫之心，而又屢有指示勉勵，自已又盡量克制地聽納，原本就足以招致諍言。不過，他又革新了這兩種防範決策錯誤的制度，實爲人治與法治兼行的措施，無怪嘉言美論，如潮般湧至了。

⒃上述的指示和措施，雖然能鼓勵群臣的諫諍，但是效力還未必能充份發揮的。因爲諫諍必定有所批評，甚至是直接而又率直的批評，萬一弄得不好，言者可能因而獲罪，乃至殞身亡家。古來這種事例所在不少，隋煬帝時代，皇帝不喜諫諍，群臣不敢說實話的例子，殷鑒未遠，對群臣有很大的敎訓意義。

消除群臣此內心最大的恐懼，必須要有一套辦法和行動才成；否則縱有美意良法，群臣終究是不敢言。太宗的基本措施是：一再保證言者無罪，無論批評恰當與否，自己皆作反省警惕。

貞觀二年（六二八），太宗與魏徵討論明君和暗君那一年（見第二條），似乎意猶未盡，又向侍臣提出問題：

「明主思考自己的短處，因而愈來愈好；暗主則不然，他們一向護短，因而他們永遠愚昧。隋煬帝好自矜誇，護短拒諫，臣下實在也不敢冒犯。虞世基不敢直言，或許不能深深怪罪於他。從前箕子被紂王拒諫，就假裝瘋狂來自我保護，孔子也稱贊他的仁。這樣說來，當煬帝被殺時，虞世基合該一同受死嗎？」

「天子如果有諍臣，雖然無道，也不會失掉天下。孔子稱贊生前進諫被拒、死後猶以尸諫的史魚說：『直哉！史魚。邦有道如矢，邦無道如矢。』（意謂國家有道時是那麼直，無道時仍是那麼直）虞世基豈得以煬帝無道，不納諫諍，就杜口無言？偷安重位而又不能辭職請退，這與箕子佯狂而去，事理完全不同。」

宰相杜如晦回答。他反對太宗寬恕虞世基的觀念，援着又舉歷史為例證，以申述身為一個宰相大臣，應該負有怎樣的政治責任。他說：

「從前晉惠帝和賈皇后要廢愍懷太子，司空（三公之一，張華時為宰相）張華竟不能苦爭，只是阿意順從，盼能苟免於難。及至趙王倫（晉朝八王之亂主角之一）舉兵廢后，派人逮捕張華。張華自我辯護道：『將廢太子的時候，我不是無言，只是那時我的說話大概不被採用，所以不言罷了。』逮捕的官員嚴辭質詢說：『公身為三公，太子無罪被廢，公的意見既然不被採納，為何卻不引身而退！』張華無辭以對。遂被斬首，夷及三族。古人有云：『危而不持，顛而不扶，則將焉用彼相。』所以君子臨大節而不可奪啊。張華既然抗直而不能成節，遜言而不足全身，大臣之節早就喪失了。虞世基位居宰輔，在得言之地（世基為煬帝的機要秘書，所以說在得言之地），竟然連一言也沒有諫諍，眞是該死。」

「公言是也！」太宗同意如晦的說法，跟着保證說：「人君必須忠良輔弼，然後才得以身安國寧。煬帝豈不是以下無忠臣，身不聞過，惡積禍盈的原因弄到滅亡嗎！如果人主所作所爲不當，臣下又無匡諫，反而以阿順爲苟安，每事皆歌頌，是則君爲暗主，臣爲諛臣。君暗臣諛，那就離危亡不遠了。朕如今立志要君臣上下各盡至公，共同互相切磋，以完成治道。公等各宜務盡忠讜，匡救朕的過錯，朕終不會以公等直言冒犯而輒相責怒。」

到了貞觀八年（六三四），太宗以天下已定，有時頗有驕奢之色，群臣爲此上奏章諫諍的也不少。太宗有一次作了自我檢討後，向侍臣說：「朕每閒居靜坐，則作一番自我反省，常常恐怕上不稱天心，下爲百姓所怨，所以只盼正人君子來匡諫，希望自己瞭解外面，使人民無所怨滯。」

說到這裏，他又提到最近的事情，說：「又近來看見前來奏事的人，他們大多心有恐懼，所以連說話也顚三倒四的。普通奏事的情況猶且如此，何況想來諫諍的人?!諫諍的人必定害怕冒犯於朕。所以，每次有人諫諍，縱然不合朕的心意，朕也不以爲冒犯；如果馬上加以嗔責，朕深恐人懷戰懼，豈肯再來諫諍。」

貞觀十五年（六四一）的某一天，太宗和魏徵談到近來論事的人愈來愈少，遂問：「近來朝臣都不論事，是甚麼原因？」

魏徵答道：「陛下虛心採納，大家的確應該有所建言。但是古人說：『未信而諫則以為謗己，信而不諫則謂之尸祿。』然而人的才幹器識各有不同，懦弱的人則心懷忠直而不能進言，疏遠的人耽心不被信任而不得進言，做官只關心前途的人，則憂慮說話不便於自己，所以不敢進言，因此大家都互相緘默，俯仰度日。」

「確實如卿所言，」太宗承認，並且勉勵侍從們：「朕也常常想這問題。試想人臣想進諫，卻動輒恐懼死亡之禍，這樣則與赴鼎鑊（ㄏㄨㄛ）、冒白刃有甚麼差異呢？所以忠貞之臣並非不想竭誠；要竭誠呀，眞是極難之事。從前禹拜昌言，豈不是為此嗎?!朕如今開放胸懷，抱納諫諍，卿等不要因為恐懼，就不敢極言！」

唐太宗雖然偶有不耐諫諍的行為，大體上看，他的虛心求諫，仍然始終一貫；而且瞭解在心理建設上先要破除群臣的恐懼感，乃是首要之務。因此，他一再向群臣作這種類似心理治療方式的講話和保證，希望取得群臣的信賴感與合作。

⒄上述措施以外，對進諫者給予明顯的物質或精神獎勵，也是求諫有效的方式。

貞觀三年（六二九），太宗對司空裴寂說：「近來有些奏章列述的條數甚多，一下子難以充份瞭解，朕總將它黏在牆壁上，出入觀省。朕之所以孜孜不倦，目的在希望盡臣下之情；每一想到政治，有時就弄到三更才睡。朕也盼望公等用心不倦，以副朕的理想。」

又在貞觀五年（六三一），太宗提示左僕射房玄齡等說：「自古帝王多任情喜怒，喜則濫賞無功，怒則濫殺無罪，天下喪亂，莫不由此。朕如今夙夜未嘗不以此作爲警惕，常想公等盡情極諫！公等也必須接受別人的諫語，豈得因爲人言不同己意，便即護短而不接納？若不能受諫，又怎麼能諫人?!」

太宗表示率身爲榜樣以孜孜求諫，希望以此感召宰相大臣，變成一種團體精神。

⒅貞觀六年（六三二），太宗以韋挺、杜正倫、虞世南、姚思廉等人上書論

事，能夠符稱自己的意旨，於是設宴召見他們，表示嘉獎之意。

「朕遍閱自古人臣建立忠貞的事蹟，如果遇到明主，他們就該盡誠規諫；至於像關龍逄和比干，他們遇到暗主，則不免被殺。爲君不易，爲臣極難啊！」太宗在宴會開始，講了這麼一段開場白，以解釋這次招待的原因。

他繼續說：「朕又聽說龍可以馴養，不過喉下有逆鱗，觸之則龍怒，容易發生不測之禍。卿等就是不避觸犯，各進封事（奏章用封套封好，稱爲封事）來言事，常能如此，朕豈會憂慮國家的傾敗！每想卿等此用意，令人不能暫忘，所以設宴爲樂罷了。」

說完，太宗依照他們的官職，各賜贈縑絹若干匹，以表獎勵，然後才飲宴作樂。

這些被太宗特宴招待的人，世南和思廉是名學者，正倫是魏徵所薦用的，韋挺則是王珪所薦用的。王珪與韋挺都是太宗第一號政敵——故太子李建成——的東宮重要幕僚，韋挺更是東宮首席武官，爲建成所親重，他人莫及。這年他已官拜御史大夫（相當於監察院院長）。

十幾年後，韋挺轉爲太常卿（首席庶務部長，主管執行文敎政策）。他又曾經上書陳述得失，太宗極爲嘉賞，於是寫了一封信給他，說：

「所上意見，極是讜言，辭理可觀，甚以爲慰！從前齊境之難，管仲有射鉤之罪（指管仲欲擁護公子糾爲齊君，行刺公子小白——齊桓公——之事）；蒲城之役，勃鞮爲斬袂之仇（晉獻公命勃鞮行刺公子重耳——晉文公，文公翻牆逃走，勃鞮追逐，斬其衣袂事），事後小白用管仲爲相而不以爲疑，重耳見勃鞮而待之如舊，豈不是犬隻各爲其主而吠人，志在專一而無二嗎？卿的深厚誠意，可見於此了，如能永遠保全這氣節，則可永保令名；如果忽怠了，可不值得惋惜嗎！希望卿勉勵始終，垂範將來，當使後之視今，亦猶今之視古，不也傳爲千古美談嗎?!朕近來沒有聽到及看到自己的過失，賴卿竭盡忠懇，幾次上進嘉言，使朕懷得以啓發，多麼令人贊美啊！」

太宗借齊桓公、晉文公寬恕仇敵，管仲等盡忠回報的歷史事實，黽勉於韋挺，大有盼望自己和韋挺，成爲今之齊桓、管仲的意思。這是一種極高的期待，也是極感人的精神鼓勵。

⒆貞觀十七年（六四三）正月，魏徵逝世。太宗思念不已，感嘆地告訴侍臣

說：

「人以銅爲鏡，可以正衣冠；以古爲鏡，可以見興替；以人爲鏡，可以知得失。魏徵亡歿，朕亡一鏡了！」

過了一段日子，他又向房玄齡等說：

「所謂『自知者明』，確爲難以做到的事，像那些舞文弄墨之士、歌藝巧技之徒，都自以爲自己比別人好，如果讓名工大匠稍加批評，於是蕪詞拙跡就露出來了。由此言之，人君必須要得到匡諫之臣，經常糾舉他的過失才成。要不然一日萬機，由一人來聽斷，雖然憂思勞苦，哪能完全做到盡善盡美？常念魏徵隨事諫正，多中朕失，就如明鏡照形一般，美惡必見。」

說罷，太宗因而舉杯賜玄齡等飲，並一再切勉他們。太宗對魏徵如此推崇追思，對後來者實有甚大的鼓勵作用。

⒇魏徵死後第二個月，大約在一次宴會間玩賞食器，突然想起一個問題，問諫議大夫褚遂良說：「從前舜造漆器，禹在食皿上雕鏤花飾，引起諫諍者多達十餘人。食器之間，何必爲此苦苦諫諍？」

「雕琢會妨害農事，纂綉則妨碍女工，這些美麗悅目的花巧，將會首開奢淫危亡之漸；當漆用器皿不已而不能滿足，最後則必然用金來雕飾，當金鑄器皿不已而不能滿足，則必然用玉來雕飾。所以諫臣必定在剛開始的時候就提出諫諍，及至發展得過份了，就不再進諫。」褚遂良答。

「卿言是呀！」太宗領悟地說：「朕的所作所爲，如有不當，或者開始萌發，或者已經快要結束，都應該加以進諫。近來讀歷史，看到有些臣子進諫，作皇帝的就批答說『已經做了』，或者『已經同意做了』，竟然不爲之暫停和修改。這眞是危亡之禍，可以反手而待啊！」

是則太宗求諫，不但鼓勵群臣在事前進諫，而且也要求他們在事情進行中或快將結束時，都必須進諫，以避免錯誤愈來愈大。

二、納諫的行爲和言論

(21)玄武門兵變造成羣臣心理的不安，及至太宗下令赦免太子及齊王集團的人物，始稍告安定。但是，從前親附太子李建成的大臣，終究在心裏仍然留下了權力鬪爭的陰影。

幽州（治今河北大興縣西南）都督·盧江王李瑗，擁兵十萬。是建成的親信，也是太宗的堂兄。六月四日兵變發生後，太宗召李瑗回京。李瑗不安，遂在六月二十五日舉兵造反，尋卽被反兵變行動所殺。太宗下令將他的身份廢除，降爲庶民，家人也賜給領導反兵變的將領王君廓，以作爲懲罰。

兩年多以後，太宗和黃門侍郎王珪閒居宴談。太宗指着侍側的美人，告訴王珪說：「她本來是盧江王妃。李瑗叛逆身死，她依照法例沒入宮中做工。本來她也有丈夫，盧江不道，賊殺其夫，而將她強納爲妻。像他那樣暴虐，焉有不亡的道理？」

王珪一怔，馬上避席而反問道：「陛下以爲盧江這樣納她爲姬，究竟是對呢，還是不對呢？」

「哪有殺人而強取人妻的道理，」太宗回答，然後反問：「卿這樣問朕是非，爲甚麼？」

王珪答道：「臣聽聞管子說，齊桓公到郭國，問其父老說：『郭國何故滅亡？』父老答：『由於郭公善善而惡惡啊』桓公又問：『像你們所說，郭公明明是賢君啊，爲甚麼把國家給亡了呢？』父老應聲說：『不是，郭公愛好善人而不能用，厭惡惡人而不能去，所以亡了。』如今，這個婦人還在陛下左右，臣以爲陛下的心意認爲這樣做是對的。陛下如果認爲不對，那就不該這樣做，知道不對而照樣做，這就是所謂『知惡而不去』啊！」

太宗大悅，連稱極善，馬上下令把美人放還她的親族。

(22)貞觀四年（六三〇）六月，太宗平定東突厥，報了渭水之耻後，就想到要巡幸久未重臨的洛陽，於是下詔徵調士卒，修建洛陽的乾元殿，準備居住的地方。

給事中（門下省屬官，職掌審駁）張玄素上書諫阻，大意說：

「陛下得天下，各方面都無不得心應手。微臣竊思秦始皇作皇帝，想將天下傳給萬代子孫，然而卻僅及二世而亡。這是由於放縱嗜慾、逆天害人的緣故。所以，天下不可以力勝，神祇不可以親恃，只有弘儉約、薄賦歛、愼始終，才可以國家永固。」

接着切直指出如今巡幸洛陽極不適宜，理由有五點：「如今乘戰亂凋弊之餘，陛下必須率先節之以禮制，東都還沒有決定巡幸的日期，就已經下令先作補葺；王子們長大了要離開宮內，又須在外建造王府，徵用民力過多，令人民疲累失望，這是第一不可。

陛下初平東都的時候，曾下令拆毀所有的層樓廣殿，天下觀感爲之一新，同心傾仰，豈有當初厭惡它的侈靡，現在就因襲它的雕麗呢？這是第二不可。

每次請示巡幸日期都未有音訊，因此修建乾元殿，無異是事不急之務，成虛費之勞。如今國家積儲不多，用於修建，勞役過度，將會導致怨讟（ㄉㄨˊ）大起。這是第三不可。

百姓承亂離之後，生計粗安罷了，恐怕三五年之間都不能回復隋朝盛時之舊，故不應營建未幸之都以奪民力。這是第四不可。

東都形勝不如西京，陛下的敎化，爲日尙淺，未甚淳和，斟酌事宜，不可幸東都。這是第五不可。」

末了，他向太宗提出警告：「臣曾見隋朝建造這乾元殿，楹棟宏壯，所用的大木材都不是附近生產的，而是採自豫章（今江西南昌一帶）。運送的方法則是：二千人拽一根柱，下面施以生鐵造的轂，因爲用木造則動輒摩擦出火；如此拽行一二里，鐵轂輒破，另外派數百人帶着鐵轂隨而換易。總計一條大木，平均每天只能拽行二、三十里，運到東都，已用數十萬之多；其他費用尚未計算，它們都是以過倍的情況來花費。臣聞『阿房成，秦人散；章華就，楚衆離；乾元畢工，隋人解體』（阿房、章華皆爲宮名，分指秦、楚、隋三國亡於修建）。陛下今日所爲，恐怕遠甚於隋煬帝啊！深願陛下三思，無爲識者所笑，則天下幸甚了！」

「卿以爲我不如隋煬帝，那麼，和桀紂比較又如何？」太宗閱讀後，召見張玄素。

「如果乾元殿最後仍然興工，那就是所謂同歸於亂！」

「我不思量，竟至於此！」太宗嗟嘆，顧謂房玄齡說：「如今玄素上表，洛陽實亦未宜修造，以後在事在理都必須東巡，露天而坐亦復何苦?!所有工作及差役，即日停止。不過，以卑干尊，古來不易，要不是他忠直，又怎能如此！而且古語有云：『衆人之唯唯，不如一士之諤諤。』可賜給他五百匹絹，以示獎勵。」

魏徵聽後，贊嘆說：「張公就有這種回天之力，可謂『仁人之言，其利博哉』！」魏徵大概也爲此進過諫，可能不被太宗所接納。七年之後，太宗下令修建洛陽飛山宮，魏徵的諫言似乎也不被接納（見第五條）。

想魏徵等宰相不爲建造宮殿而一再極諫，原因可能有二：第一，乾元殿是東都正殿，太宗爲秦王時攻下東都，下令摧殿它，但是帝王以後要巡幸東都，必須有大殿以作朝會之用，所以魏徵等宰相不再極諫。事實上經張玄素此諫，太宗即終身無意復建乾元殿，寧願作飛山宮等小宮殿爲居止之地。飛山宮僅是小行宮，魏徵等不諫止修建，這是原因之一。

第二，魏徵等宰相一直與太宗關係親密，日夕侍從，深知太宗自青年時代即染上氣疾（可能是哮喘病），每年炎暑即感不暢，所以需在地勢高、氣候好的地方修建小行宮，作避暑之用。因此，他們也就不一再對此事直言極諫。而太宗爲身體着想，也不一定會接納。

貞觀七年（六三三）春天，就發生如下一例：

太宗經常到九成宮（隋文帝建，在陝西麟遊縣西）避暑，這年春正月，又下詔將幸九成宮。散騎常侍（門下省侍從官）姚思廉進諫說：

「陛下高居紫極，寧濟蒼生，必須以欲從人（抑制慾望以順從人民），不可以人從欲。那麼，離宮的遊幸，是秦始皇、漢武帝做的事情，不是堯舜禹湯之所爲啊！」

思廉言甚切直。太宗不得不曉諭他說：「朕有氣疾，天氣一熱便更加劇烈，並不是爲了情好遊幸而去的呀！甚嘉卿意！」

九成宮還是在三月去了，不過爲了嘉慰諫者之意，太宗於是賜給思廉五十段帛。

㉓太宗如果不是皇帝，那他必然是一位名將，飛鷹馳馬，乃是他的專長之一，所以他很喜愛馴養鷹馬。

貞觀三年（六二九）冬十一月，朝廷派使者來到涼州（治今甘肅武威縣）都督區。使者見甘青一帶有名鷹，遂暗示都督李大亮呈獻給皇帝。李大亮是一位富有文武才幹、性格端正的名臣，於是秘密呈上一份密表，大意說：

「陛下久絕畋獵而使者求鷹，如果這是出於陛下的主意，則陛下深深違背了初衷；如果是使者擅自出主意，那就是陛下用人不當。」

太宗閱密表，對侍臣說：「李大亮可謂忠直呀！」於是親自撰寫詔書，賜給大亮說：

「以卿兼資文武，志懷貞確，所以委以方面重任。近來卿在地方上聲績遠播，念此忠勤，寤寐豈能相忘！使者暗示獻鷹，卿絕不曲順其意，論今引古，遠獻直言，披露腹心，非常懇切。朕閱覽之後，不禁嘉歎不已。有臣若此，朕復何憂?!盼望能繼續守此誠心，始終如一。詩云：『靖恭爾位，好是正直，神之聽之，介爾景福。』（意謂虔敬地做好你的職位，愛好正直，神會知道，而降福給你）古人又說：『一言之重，侔（比的意思）於千金。』卿之所言，深足以珍貴啊！

如今賜給卿金壺缾、金碗各一，雖無千金之重，但卻是朕自用之物。卿的性格和做事，常能勝任朕的要任，朕將要大加任用，以申重寄。卿在公事之餘，應多讀點書籍，現在兼賜荀悅所著的漢紀一部給卿。這部書敍述簡要，議論深博，極盡爲政之體和君臣之義。今以賜卿，宜多加思考閱讀。」

太宗不因小事而忽略了別人的批評，反而爲了這點小事一再表現出他的納諫態度，不但使諫者感激圖報，抑且也使旁人受到鼓勵。五年之後，李靖奉詔擔任討伐吐谷渾的遠征軍統帥，太宗就徵調他爲遠征軍且末道兵團司令官，立下了大功。戰事平定後，遠征軍各兵團班師回國，太宗獨留李大亮兵團一部份，就近監護敗亡後的青海地區，實踐了大加任用、以申重寄的預期。不久，即入調爲右衞大將軍（中央十二個軍事總部的第二總部總司令）。

長孫無忌的妹妹十幾歲就嫁給了李世民。世民即位，立她爲后，成爲歷史上標準皇后之一。她曾經爲馬匹之事，進諫過唐太宗。

那是某年的某一天，太宗最愛的駿馬無病而暴死了。這匹馬由於是太宗最愛的駿馬之一，所以特別留在宮中飼養，既然無緣無故死了，太宗大爲震怒，將要殺掉養馬的宮人。

長孫皇后進諫說：「從前齊景公也爲了愛馬之死而殺人，晏子請求先數飼養者之罪，然後才推出去斬首。晏子數說其罪道：『你養馬而養到死，這是你第一條罪。你使得國君因此而殺人，百姓聞知，必怨吾君，這是你第二條罪。諸侯聽到了這個消息，必然因此輕視我國，這是你第三條罪。……』景公頓悟，於是釋放了飼養的人。陛下曾經讀書，讀過這段記載，難道忘記了嗎？」

太宗聽了，怒意也消解了，而且又向房玄齡贊歎說：「皇后事事相啓發，極有利益啊！」

貞觀十五年（六四一），由於西突厥內亂有年，國家分裂爲南、北兩政權，北面稱爲北庭，南面稱爲南庭，大體以伊犂河爲界，互攻不已。南庭可汗親唐，數次遣使入貢，希望得到唐朝的承認與支持。這年七月，太宗派遣將軍張大師前往南庭册封可汗，表示正式承認。

使節團尚未回國，太宗又派另一個使節團，多帶金帛，到南庭所屬各國（當時龜玆、焉耆等天山南路諸國臣屬於南庭）去買馬。宰相魏徵諫道：

「如今發使以立可汗爲名，可汗還沒立定，就到各國去買馬，他必以爲我國意在買馬，而不是爲了專立可汗。可汗得立則不很感激，不得立則必生深怨，其他蕃國知道了，也不再看重中國。只要他們的國家因此安寧，則各國的馬匹將會不求自至。

從前有人獻千里馬給漢文帝，文帝說：『我參加慶典，騎馬的速度是每日三十里，出兵行師，也不過五十里而已，統帥旗引導在前，大隊人馬跟隨在後，現在我獨乘千里馬，要到哪裏去呀？』於是計算旅途花費，償賜給獻馬人，命令他牽馬回去。又有人獻千里馬及寶劍給漢光武帝，光武帝將馬用來駕車，劍以賜騎士。如今陛下凡所施爲，都超過了三王之上，奈何這件事想屈於孝文、光武之下呢？

又魏文帝下令求買西域大珠，蘇則勸告他說：『如果陛下惠及四海，則大珠不求自至；求而得之，不足貴啊！』陛下縱然不能效法漢文帝的高行，也不警惕於蘇則的正言嗎？」

太宗欣然接納，立刻下令取消買馬之事。

㉔貞觀六年（六三二）底，太宗有一次與侍臣討論安危之本。中書令溫彥博說：「伏願陛下常如貞觀初則善了。」

「朕近來怠於爲政嗎？」太宗詫異地問。

「貞觀之初，陛下志在節儉，求諫不倦。近來營造頗多，進諫的人頗有冒犯聖上的意旨，這就是前後的差異所在了！」魏徵搶先回答。

「確有此事，確有此事！」太宗鼓掌大笑，承認魏徵的批評。

一年多後，有一個小小縣丞皇甫德參上書批評時政，竟然大膽地說：「修建洛陽宮，勞民傷財；徵收地租，無異厚歛；現在社會上以高髻爲時髦，大概是宮中首先創導的歪風。」

太宗勃然大怒，告訴房玄齡等說：「皇甫德參想國家不役一人，不收斗租，宮人皆無頭髮，然後才稱心如意吧！」於是想治他訕謗之罪。

「從前賈誼上書給漢文帝，聲稱『可為痛哭者一，可為長歎息者六』，」侍中魏徵隨即進言：「自古上書率多激切；若不激切，則不能動人主之心。激切即似訕謗，請陛下詳察！」

「非公無能道此！」太宗頓悟說：「朕怪罪此人，則誰敢再說話。」下令賜給德參絹帛二十匹。

他日，魏徵又奏道：「陛下近日不好直言，雖然勉強包涵，已經不像往日那麼豁如虛心了。」

太宗一再稱謝，對德參更加優賜，甚至超昇他為監察御史。

(25)高季輔自少文武雙全，又以孝著稱於鄉里。貞觀初年，太宗昇他為監察御史。他多所彈糾，不避權貴，所以又昇為中書舍人（中書省侍臣，職掌撰寫聖旨）。其間，他曾經上書批評時政，竟然直指太宗、王室及宰相大臣。太宗不怒，反而稱善不已。

十七年（六四三）四月，太宗廢了太子，另立王子李治為太子，安排季輔為右庶子（東宮撰寫公文的機要官）以輔導他。鑒於他上疏忠直，遂特賜鍾乳一劑，勉勵他說：「卿進藥石之言，所以用藥石相報！」鍾乳在中醫上，有通氣生胃的功效。太宗特賜此物，用意頗深。後來太宗也拜他爲宰相。

充當新太子的東宮師傅和侍臣，連高季輔在內，皆爲一時之選，這些人在當時或後來，都全部成爲宰相。由他們來輔導太子，加上太宗平常也親自教育兒子，所以李治當時的表現也不太壞。

有一次，太宗發怒於苑西監（掌理宮苑的官）穆裕，下令於朝堂處斬。太子李治立卽犯顏進諫，使太宗怒意化解。長孫無忌（太子的親舅舅）在旁贊美說：「自古太子進諫，大多等到天子怒解，然後從容而言。如今陛下發天威之怒，太子申犯顏之諫，眞是古今所未有！」

「人與人相處時間久了，自然互相薰染學習。」太宗頗爲得意地說：「自從朕御天下，虛心正直，卽有魏徵朝夕進諫；自徵逝世，又有劉洎、岑文本、馬周、褚遂良等繼之。皇太子幼在朕膝，常常看到朕心悅諫者，於是薰染以成性，所以才有今日之諫。」

㉖若以貞觀十七年（六四三）魏徵之死爲界限，以前代表以魏徵、王珪爲主，以後則以前面太宗所提及的劉洎等爲主，則太宗一朝前、後期的諫風有所差異，宰相侍臣的陣容也不相同。

魏徵、王珪等諫臣，在前期或婉言諷喻，或面折廷爭。由於他們與太宗同輩，又是開國人物，且太宗當時亦爲樹立形象，孜孜求諫，所以諫者的言論，大都被太宗所採納。因此，前期宰相百官，大多能知無不言，不惜犯顏批逆鱗。魏徵當諫議大夫時，卽曾上書諫諍達二百餘次之多，王珪也多所建言，皆不時有直接批評太宗本人之擧。

貞觀中期以後，自魏徵以下，已常有言論批評太宗求諫不及初期，強辯而不虛心，太宗也往往爲之謝過。自從魏徵死後，開國人物存者已不多，侍從諫臣如劉洎輩，大都是第二代人物，太宗頗以子侄輩視之。加上太宗功成名就，心態頗有不同於往日，所以他們的諫言，太宗不一定虛心採納。這些人也知道太宗的性格，因此也不像魏徵、王珪等，不惜直攻太宗的不是。這種轉變，造成了貞觀晚期一些重大政策決定錯誤的原因。下面有兩件事情，足以窺見轉變的端倪。

貞觀十八年（六四四），魏徵死後才一年。這年四月，太宗繼遊幸鍾官城（在今陝西鄠縣東北）、驪山溫泉宮（在今陝西臨潼縣東南，後改稱華清宮，楊貴妃春寒賜浴華清池即在此）等地之後，又要幸九成宮避暑。

太宗一行中途來到太平宮（隋建，在鄠縣東南），安頓完畢，與宰相侍臣閒遊。

「人臣之對帝王，大多順從而不抗逆，甘言美辭以討好君主。」太宗忽然建議說：「朕現在發問，卿等不得有所隱諱。卿等試依次說說朕的過失，讓朕自聞其失吧！」

侍臣之中，以司徒・同中書門下三品（司徒是三公之一，即以司徒兼宰相職）長孫無忌地位最高，他和民部尚書（後來改稱戶部，主管財政）唐儉等，都歌頌說：「陛下聖化，道致太平，以臣觀之，不見其失！」

散騎常侍劉洎不完全同意，批評太宗說：「陛下撥亂創業，實功高萬古，誠如無忌等所說。不過，近來有人上書，辭理有所不稱旨，陛下或至面對面窮加詰責，使人無不慚懼而退。這種態度恐怕不是獎勵進言，廣開言路的方式。」

太宗聽後爲之動容，立即說：「此言甚是，朕當爲卿改之！」

輪到左庶子•中書侍郎（東宮機要官兼中書省副長官）馬周。他也婉轉地說：「陛下近來賞罰，頗以個人喜怒而有所高下，此外不見有過失。」

換句話說，太宗虛心求諫不及既往，又時以個人喜怒來作賞罰，已經成爲他的顯著缺點。第二年，劉洎就是以宰相身份，因太宗一時之怒而被賜死的。該年太宗讓聲名衝昏了頭腦，親統大軍東伐高麗，拒絕了宰相大臣一切反對的意見。結果無功而回，讓太宗頗感丟臉和後悔，曾感慨說：「魏徵如果尚在，絕不會讓朕有此行！」是的，魏徵等尚在的話，太宗晚期不致於頻有錯失的，顯見後期的宰相侍臣，已經不及當年王珪、魏徵等人的說話威力。

十八年的八月，那時太宗還在九成宮避暑，他曾一度評論了當時的宰相侍臣，把他對他們的觀感表達出來了。這次評論是這樣發生及進行的：

有一天，太宗又建議長孫無忌等人：「人苦不自知過，卿等可對朕明白地批評一番！」

「陛下武功文德之高，臣等追隨順從還來不及，又哪有過失可言！」無忌等回答。

「朕問公等我有什麼過失，公等竟然曲相諛悅，」太宗不大高興侍臣的態度和說話，當面加以批評；接着提議說：「朕想當面列擧公等得失，希望大家互相警惕勉勵而改正過來，怎樣？」

大家起來拜謝。

太宗於是逐一評論說：「長孫無忌善於避免嫌疑，反應敏捷迅速，決斷事理，古人未必能及；至於統率軍隊指揮作戰，就不是他的所長。高士廉（當時爲開府儀同三司・同中書門下三品，元老宰相）涉獵古今，心術明達，臨難不改節，當官無朋黨；他的缺點僅在缺乏骨鯁規諫罷了。唐儉言辭辯捷，善於調解別人；但是事朕三十年，就是沒有對我諫諍。楊師道（前任宰相，現任吏部尚書，主管人事行政）性行純和，自然不會犯大錯；但是他情實怯懦，危急時不可得力。岑文本（現任中書侍郎）性質敦厚，文章華美；至於持論則常有經遠之意，自當不負於物望。劉洎性最堅貞，對國家有利益；但是他意尚然諾，私於朋友（指他重然諾、重交情）。馬周見事敏速，性甚貞正，評論人物能直道而言，朕最近差遣他做事，多能稱意。褚遂良（現任諫議大夫）學問稍有長進，性亦堅正，常常表露忠誠，親附於朕，譬如飛鳥依人，人也自然憐愛它。」

太宗娓娓道來，只評論隨行人員，對於像留守京師的元老宰相房玄齡等，並未提及。王珪以前在貞觀四年評論各宰相（參第八條），除了房玄齡仍然健在之外，其餘皆已作古。王珪所論諸宰相的才幹和性格，與此時太宗所論諸人比較，陣容和聲勢上後者顯然差於前者了。因爲太宗評論後不久，即提拔劉洎、岑文本、馬周、褚遂良四人爲宰相了。

三、直諫

唐制諫諍權原由諫官行使，但是其他官員也可以進諫。諫諍權行使方式有五種，即：諷諫、順諫、規諫、致諫和直諫。直諫，是指諫者直接針對問題所作切直不隱的諫諍。諫者行使這種方式時，往往與被諫者針鋒相對，所以威力甚大，常能挽回人主之心。這一節就是列舉了一些直諫之例，以證太宗君臣進諫和納諫的實況。

⑵大唐武德九年八月九日，李世民歷經兵變，於此日正式即位於東宮顯德殿，下詔大赦天下，並寬免京師附近各州的租稅兩年，全國其他各州則寬免一年。

不久，有敕更改命令：現已服勞役與已納租稅的地方，照常辦完服役輸租的程序，等待下年度才折算寬免。

給事中（門下省基層審駁官）魏徵在門下省接到敕旨——敕旨依法須由中書省發出，呈給天子畫敕（簽署）後，移交至門下省。門下省依法先經給事中審駁，然後才呈交侍郎（副長官）及侍中（正長官）審核。手續完成，加蓋大印，始成爲正式的詔書——隨即將它壓下，緊急上書說：

「伏見八月九日詔書，全國寬免租稅，使老幼相歡，且歌且舞。又聞有敕下令改正，國人咸感失望，以爲國家追悔前言，二三其德。臣竊聞天之所輔者，仁；人之所助者，信。今陛下初登大位，億兆歡德，不料第一次發佈命令，便有二言。這樣必使天下生疑，而對人民失信。縱然國家有倒懸之急，猶且必不能如此做，何況以泰山之安而輒行此事？爲陛下出此主意者，於財利小有補益，於德義則大有虧損。臣智識淺短，竊爲陛下可惜！伏願稍覽臣的意見，詳擇利益而決定。冒昧之罪，臣所甘心！」

魏徵原是太宗的政敵。太宗即位即提拔他爲侍從審駁官；而他也甚爲稱職，馬上就給太宗顏色看——封駁了太宗的勑旨，並上書批評他失信，請他重新考慮。這時，太宗和魏徵的關係，並不像以後那麼親密，這就更難能可貴了。

過了不久，由於東突厥入侵至京師，首都戒嚴，太宗被逼作了「渭水之盟」。事後，太宗極思雪耻，精簡部隊，親自訓練。

右僕射封德彝奉命充當簡點使，實行「可汗大點兵」。封德彝的計劃是：除了選擇丁男（成年男子）外，中男自十八歲以上，一併加以簡點服役，使兵源充盛。太宗同意，發勑三四次，皆被魏徵執奏以爲不可，加以封駁否決。德彝不同意門下省的否決，亦一再重奏，並向太宗報告說：「今見點兵官說，中男之內大有強壯的人在。」

太宗聽了，爲之大怒，再次發勑說：「中男以上，雖然未滿十八歲，只要身體壯大，亦得徵服兵役。」

魏徵堅決不從命，不肯副署勑旨。

太宗召見魏徵和諫議大夫王珪，作色以待，一見面即責怪說：「中男如果瘦小，自然不徵點服役；如果壯大，也就可以簡取。君等對這事有何嫌疑，竟然作得如此過份?!」

「臣聞竭澤取魚，不是不能得到魚，只是明年也就無魚；焚林而畋，不是不能獲得野獸，只是明年也就無野獸。」魏徵也向太宗正色地答，並大肆批評太宗說：

「如果中男以上全部徵召入軍，那麼租稅雜徭將向哪裏徵收?而且近年國家的衞士（唐人稱軍人爲衞士）不堪攻戰，豈是因爲數量少的關係?只因待遇不當，遂使人無鬭志罷了。如果多加點取，他們下番後仍然充當雜差使，那麼數量雖衆，終是無用。如果精簡壯健，待之以禮，屆時人百其勇，何必在多?!

陛下每次都說：『我當君主，以誠信待物，欲使官人百姓皆無矯僞之心。』但是從登基以來，大事三數件，皆是沒有信用的，用甚麼取信於人?!」

「所謂沒有信用，是甚麼事呀?」太宗愕然。

「陛下初即位，下詔原免一切逃負官方的債務，立即命令有關機關開列事條，但是欠秦王府的卻不算是官方債務。陛下自秦王成爲天子，秦王府的債務不算官債，不得原免，試問還有其他機關算是官方的嗎?即位那天下詔寬免全國賦稅，尋即更改爲已徵收的照樣徵收，等待來年才準折，這是散還以後再徵收的手段，百姓之心不能無怪。既然已經徵收，這時又再徵召當兵，來年才得準折不徵收、不徵召，何以取信於民？又治理天下委托於刺史（州長）縣令，平常課徵賦稅，完全委托他們執行，至於簡點人民服兵役，即懷疑他們有詐僞，不委托他們執行。這樣子盼望臣下誠信，不是很難嗎？」魏徵侃侃而言，一一臚列。

太宗略一思想，立刻謝罪說：「我見君固執不已，懷疑君對此事有所不明。如今縱論國家失信，乃是人情不通的緣故。我不思索這件事，過失也太大了，行事往往如此錯失，如何可以致治！」於是下敕停止徵召中男，並賜魏徵金甕一口，賜王珪絹帛五十四。

⑵⑻貞觀元年（六二七），魏徵由於表現出色，遂被擢昇爲諫議大夫，不久又由諫議大夫昇爲尙書右丞（相當於行政院秘書長），但仍兼諫議大夫。

這時候的魏徵，身兼皇帝侍從諫官及尙書省秘書長兩職，繁忙而淸貴，足以充份發揮他的才幹。魏徵原就是一個敢說敢做、落拓豁達的人，不甚拘泥小節。於是就任一年左右，有人告他阿黨親戚。

太宗得到投訴，指使御史大夫溫彥博調查其事。彥博調查結果，判斷是投訴者不對，魏徵並無其事；然而他卻向太宗覆奏說：「魏徵既然被人投訴，說他壞話，表示他雖然無私，但也有可責之處。」太宗因此命令彥博去見魏徵，傳達他的意思作爲警告說：「你諫正我數百條之多，難道因此小事情便損害自己的美好形象？自今以後，需得檢點自己！」

過了兩天，太宗詢問魏徵：「昨來在外面有沒有聽聞批評我的不是？」

「前日陛下命令彥博宣敕，警告臣爲何不檢點。此言大不是！」這天大概是魏徵輪值之日，得以侍從太宗。他不但不接受太宗的警告，兼且反過來批評太宗警告的不對：「臣聞君臣同氣，義均一體，未聞不存公道，僅知自我檢點。如果君臣上下大家都這樣做，則邦國的興喪，實未可知。」

「前天說了這些話，朕隨即就很後悔，實在是大不是！公也不得因此而有所隱避。」太宗矍然改容，謝罪說。

魏徵拜舞而說：「臣以身許國，直道而行，必不敢有所欺君負國！但願陛下使臣爲良臣，不要使臣爲忠臣。」

「忠和良有差異嗎？」太宗訝問。

「良臣使自己身獲美名，君主得到顯赫的名號，子孫傳世，福祿無疆。」魏徵分析說：「忠臣使自己身受誅夷，君主陷於大惡之名，家國並喪，徒然獨有其名。以此而言，兩者相去就太遠了。」

「卿但莫違背此言，我必不忘社稷之計。」太宗領悟了忠臣與良臣的區別，勉勵地說；並且下令賜給魏徵絹帛五百匹。到了貞觀三年就拜他為宰相。

(29)御史臺（相當於監察院）有兩個御史——權萬紀和李仁發——都喜歡彈劾別人，而且通常都是以告訐（ㄐㄧㄝ）譖毀的方式，進行彈劾的，連宰相房玄齡和王珪，也被權萬紀誣告彈劾過。太宗雖知房、王等大臣無過，但也不懲罰他們，反而以為他們「不阿貴近」（不討好權貴），多次召見。太宗這種態度，無異鼓勵了二人之心。所以兩人也愈發意氣風發，隨心彈射，肆其欺罔。百官無以自安，心知不可如此胡為，而莫能論諍。

貞觀五年（六三一）八月，宰相魏徵實在忍不住了，乃上奏章正色而諫：

「權萬紀、李仁發並是小人，不識大體，以譖毀為是，以告訐為直，凡所彈射，皆非有罪。陛下為他們掩飾短處，鼓勵他們的行為，遂使他們得以騁其奸計，附下罔上，多行無禮，以博取強直之名。誣告房玄齡，斥退張亮，並沒有收到肅厲的效果，徒然損害了主上的聖明，而且導致道路之人，皆興起謗議。

臣猜度聖心，必不以他們是謀慮深長、可委以棟梁之任的人，只是想利用他們無所忌憚的行爲，作爲羣臣的警惕諷厲。如果陛下昵信邪狎之人，猶且不可以利用小人以計算大臣，何況羣臣素無矯僞，空使他們產生離心哩?!以玄齡、張亮等人，要申訴他們的枉直猶且不可得，其餘疏遠位卑的臣子，就更難免於被欺罔了。伏願陛下留意再思，自從陛下運用兩人以來，如果有一弘益，臣即甘心斧鉞，受不忠之罪！陛下縱然不能舉善以崇德，豈可就進奸而自損呢？」

魏徵言辭淩厲，太宗爲之默然，不得已把權萬紀調職，而免掉李仁發，並賜魏徵絹帛五百匹。朝廷爲此，咸相慶賀。

(30)自從貞觀四年（六三〇），消滅東突厥，國家內外躋入昇平以後，第二年正月，各州施政報告的特使（通常由州長或州政府重要僚佐充任，稱爲考使或朝集使，參第一三七條）會集京城。大家認爲四夷咸服，天下太平，於是共同上疏，請求天子封禪——一種國家最高儀式，由天子在泰山向上天報告成功。太宗謙虛，手詔不允。

六年正月，文武百官二度請求行封禪禮，聲言「稱述功德，時不可失，天不可違，如今行禮尚嫌其晚」云云。太宗遜詞答道：「卿等皆以爲封禪乃是帝王的盛事，朕意則不然。如果天下乂安，家給人足，雖不封禪，對我豈有傷害啊！從前秦始皇封禪而漢文帝不封，後世豈以爲文帝之賢，比不上始皇呢?!而且事天掃地而祭，何必一定要登泰山之巔，封數尺之土，然後才可以表達誠意呢！」羣臣不同意，固請不已，獨魏徵不表贊成，力排衆議。

太宗覺得奇怪，問道：「朕想得到卿的直言，不要有所隱諱！卿不願朕封禪，以爲朕功不高嗎？」

「高呀！」徵答。

「德未厚嗎？」

「厚呀！」

「中國未安嗎？」

「安啦！」

「遠夷未服嗎？」

「服啦！」

「符瑞未至嗎？」（古人相信天下太平則有祥符出現）

「至啦！」

「年穀未登（豐收）嗎？」

「登了！」

「那麼爲甚麼不可以封禪？」

「陛下功高而人民未懷惠，德厚而恩澤未旁流，中國已安而未足以供應耗費的典禮，遠夷雖服而無以滿足他們的需求，符瑞雖至而網羅猶密，積歲豐稔而倉廩尚虛，臣所以切謂不可。」魏徵接着說：

「臣未能遠譬，且借一個近喻吧。譬如有人長患疼痛，醫好後僅存皮包骨，就想背負一石米而日行百里，一定是不可以的事。隋末之亂不止十年，陛下充當良醫，除其疾苦。天下雖已乂安，但未甚充實，對於告成功於天地這事，臣竊有疑。

而且陛下東封泰山，萬國咸會，荒遙之外的君長，莫不奔馳而來扈從。如今自伊洛以東，至於泰山，灌莽巨澤，茫茫千里，人煙斷絕，鷄犬不聞，道路蕭條，進退難阻，怎可招引那些戎狄到來，讓他們看到虛弱的腹地？況且行禮之後，竭財以賞而不一定能滿足遠來客人的慾望，連年寬免而不足以補償百姓的辛勞，萬一遇到天災地變，庸夫邪議，悔不可追。這種想法豈是臣獨有的想法，輿論也是如此啊！」

太宗連連稱善，於是封禪之意因此停止。當羣臣歌功頌德之時，魏徵能夠否認天子已經完全成功，並冷靜地分析國家內外的隱憂，阻止了國家最隆重大禮的舉行，確是直諫的典型。太宗不陶醉於歌頌聲中，毅然聽取魏徵那些反調，也是納諫的榜樣。

(31) 貞觀七年六三三那年，蜀王——太宗第六子李愔（一ㄣ）——王妃之父楊譽，在尚書省爭奴婢。都官郎中（尚書省刑部都官司的司長，主管配役囚奴等政務）薛仁方看他不像話，於是將他拘留查問。都官司尚未判決，楊譽之子當時擔任千牛衞士（皇帝的帶刀侍衞），在殿庭向太宗投訴說：「依照法律，五品以上官員若非反逆，不能加以拘留。臣父因為是國戚，所以節外生枝，又不肯判決，淹留歲月。」

太宗大怒：「知道是我的親戚，所以故意如此刁難嗎?!」即令杖薛仁方一百下，免除所任官職。

門下省依法有監督及覆判刑部的案件之權，侍中魏徵認爲太宗做得過份了，於是進諫說：

「城狐社鼠都是微物，所以不能清除，就是因爲他們有所憑恃，何況世家貴戚，自來就號稱難理，漢晋以來不能禁抑。武德年間，貴戚驕縱，陛下登極，方始蕭條。仁方既是職責所在，能爲國家守法，豈可枉加刑罰，以徇外戚之私？此源一開，以後萬端爭起，後悔莫及。自古能禁斷此事，只有陛下一人，預先防範以備不虞，是治國的常道，豈可以水未橫流，便欲自毀隄防！臣私下思考，認爲不可。」

勑令在門下省被侍中否決，太宗就知道難以通過，但是怒意未消，而仁方卻也有所不是，所以太宗只好修改勑令；杖他二十下，而特免再作追究。他說：「誠如公言，嚮來沒有想過，但是仁方動輒拘禁官員，也不向上級報告一聲，頗爲專權。雖然不合處以重罪，也該稍加懲肅吧！」

(32)貞觀八年（六三四）左右，另外發生了一件有關法律的事件，魏徵諫回重議，逼使改正過來的。

鄭仁基曾在隋朝任官，有一女年方十六七，容色絕妹，當時莫及。長孫皇后訪求得之，乃建議三十七歲的太宗任用她當內官（妃嬪之官），以備嬪御。太宗於是聘鄭氏爲充華（妃嬪位號）。

詔書通過中書、門下兩省，已經頒發出來，只是策拜的使節尚未出發。魏徵忽然聽聞鄭氏先前早已許配給陸爽，於是緊急上表諫阻，說：

「陛下爲人父母，撫愛百姓，當憂其所憂，樂其所樂。自古有道之主，以百姓之心爲心，所以君主居住於臺榭，則想百姓有棟宇之安；食用膏粱，則想人民無饑寒之患；顧御妃嬪，則想人民有家室之歡；這是人主的常道。如今鄭氏之女早已許人，陛下取之不疑，無所顧問，若播之四海，豈是爲民父母之道呢？臣根據傳聞，未必一定確實，但是恐怕虧損聖德，情不敢隱。人君舉動皆有史官記錄下來，願陛下特別留意！」

太宗大吃一驚，親手寫答詔給魏徵，以表深自責備；並停止册封，命令將鄭氏還給她的舊夫。

册封的詔書已經公佈，突然取消，滿朝文武一時驚愕。左僕射房玄齡、中書令溫彥博、禮部尚書王珪、御史大夫韋挺等，瞭解原因之後，共同啓奏，建議說：「說鄭氏早已配給了陸爽，並無顯然的證據；大禮既行，不可中止。」

陸爽這時也抗表上奏：「臣父生前與鄭家交往，不時互相贈送禮物，初無婚姻之言。外人不知，妄有此說。」

大臣拿着陸爽之言作證據，又勸進於太宗。

太宗於是頗以爲疑，召見魏徵而問：「羣臣或者是順着朕的意旨，不過陸氏又爲甚麼推得一乾二淨，表現得那麼分疏呢？」

「以臣猜度，他的意思其實可知。他把陛下比作太上皇（唐高祖）呀！」

「這話怎麼講？」太宗追問。

「太上皇當年平定京城，得到辛處儉之妻，而頗加寵愛。處儉當時官拜太子舍人（東宮屬官），太上皇聞知而不悅，就命令他調出東宮，任爲萬年縣縣令。他每懷戰懼，常恐生命不保。」魏徵繼續說：

「陸爽以爲陛下現在雖然寬容他，以後則會陰加譴謫，所以反覆自陳。意在於此，不足爲怪！」

「外人意見或是如此，然而朕的說話未能使人必信嗎?!」太宗哈哈大笑，並降下勑旨：「今聞鄭氏之女先已受人禮聘，前出文書之日，事不詳審，此乃朕之不是，亦爲有司之過。聘授充華一事宜停。」

魏徵直指王室的私生活，比太宗於高祖的強奪人妻而計謀人夫，眞是「以小人之心度君子之腹」，很易惹禍的。但是魏徵敢講，而太宗也敢接納，不但不怒，反而寬恕地笑解；反過來看，房玄齡等人格於大禮已行，又無顯證，堅請册禮進行，則不免有逢君之惡的嫌疑了。

天子已宣佈册妃嬪，突然中止，此爲一奇。平民陸爽爲此上表聲明沒有婚約，以成全皇帝，這是二奇。在這種情況之下，太宗尙認定鄭女已曾受禮聘，不但下詔罪己，也怪罪有關機關，最後堅持停止，這是三奇。難怪當時的人們，莫不稱嘆其事了。

(33)越王李泰是長孫皇后親生第二子，太子的同母弟，後來高宗皇帝的同母兄，在太宗十四個兒子之中則排行第四，向來最爲父皇所疼愛。太宗對他寵異的程度，超過了對待太子李承乾，因此引起後來的繼承糾紛和事變。

貞觀十年（六三六）正月某天，有人向太宗說閒話，說三品以上大臣（部長級以上）皆輕蔑越王。挑撥者的用意，在譖毀侍中魏徵等，以激起太宗的憤怒。

太宗果然憤怒，來到齊政殿，召見三品以上大臣。引大臣入座坐定，遂大怒作色道：

「我有一言向公等說，以前天子即是天子，今日天子就不是天子嗎?!以前天子兒是天子兒，今日天子兒就不是天子兒嗎?!我見隋家諸王，達官以下都不免被他們所欺壓；我的兒子，自然不許他們縱橫。公等日子過得容易，所以互相輕蔑他們，我如果縱容他們，豈不能欺壓公等?!」

房玄齡等戰慄拜謝。魏徵卻正色而諫：

「當今羣臣必無人會輕蔑越王。然而在禮法上，臣和子是一例的。經傳說王人（周天子的人）雖微，列於諸侯之上，諸侯用之爲公，即是公；用之爲卿，即是卿；若不爲公卿，就是下士於諸侯。如今三品以上，列爲公卿，都是天子的大臣，陛下所加敬異；縱然稍有不是之處，越王何得輒加折辱?如果國家紀綱敗壞，臣就不知道；以當今聖明之時，越王豈得如此?!而且，隋高祖不知禮義，寵溺諸王，使得他們非法無禮，最後不得不加以羅黜，這種不可效法的事，亦何足道哉！」

太宗聞言，喜形於色，對羣臣說：「凡人言語，理到則不可不服。朕之所言，當是溺於私愛；魏徵所論，才是國家大法。朕剛才忿怒，自以爲理在我身而不疑，及見魏徵之論，始覺大非道理。作爲人君，發言何可輕率啊！」於是又切責房玄齡

等不明這個道理，而賜魏徵絹帛一千匹。（又參第一三五條）

(34)貞觀十二年（六三八）三月，太宗四十一歲，添了一個皇孫，於是在東宮召宴五品以上官員。

「貞觀之前，追隨朕經營天下，這是玄齡之功。貞觀以來，協助朕糾彈愆謬，則是魏徵之功。」太宗在宴樂之間突然說，而且立刻賞賜佩刀給他們兩人。跟着又問魏徵：「近來所行得失政化，何如往年？」

「如果講恩威所加、遠夷朝貢，比較貞觀初則不可等級而言；如果說德義潛通、民心悅服，則比貞觀初相去又遠了。」魏徵答。

「遠夷來服，應該是由於德義所加，以前的功業爲甚麼反而更大呢？」太宗奇怪了。

「從前四方未定，陛下常以德義爲心；旋以海內平安，就慢慢驕奢自滿。所以功業雖盛，終究比不上往年。」

太宗又問：「那麼，朕的所作所爲，比往年有何差異？」

「貞觀之初，陛下恐怕人不獻言，所以常誘導別人作諫諍。三年以後，見到人諫，陛下猶能悅而從之。近一兩年來，陛下已經不悅人諫，雖然黽勉聽從，而內心意終不平，而且臉上還有難色。」

「對甚麼是這樣表現的？」

「陛下即位之初，處元律師死罪。孫伏伽諫謂『法不至死，不容濫加酷罰』，就賜給他價值百萬的蘭陵公主花園。有人說伏伽所言不過只是常事，而賞得太厚。陛下答以『我即位以來未有諫者，所以厚賞他』。這是誘導別人獻言之例。

徐州司戶（主管州的戶政）柳雄，竄改在隋朝任官的資歷（唐朝承認隋資仍有效），被人告發。陛下命令他自首，不自首則處之以罪。柳雄堅持說隋資是實，竟不肯自首。大理（最高法院）推得其僞，將處以死罪，大理少卿（最高法院副院長）戴胄認爲依法只合判徒刑。陛下說：『我已給他判決完訖，但當判以死罪。』戴胄力爭說：『陛下既然不立即殺他，將他交來司法當局，臣忝爲法官，判定罪不合死，不可酷濫！』陛下當時作色下令要殺，戴胄則固執不肯，爭持至於四五次，然後終於赦免；而且勉勵法司說：『但能爲我如此守法，豈畏濫有誅夷！』這就是悅以從諫之例。

往年陝縣丞皇甫德參上書大忤聖旨，陛下以爲訕謗。臣奏稱『上書不激切則不

能動人主之意，激切即似訕謗。』當時雖從臣言，賞絹二十匹，但是意甚不平，這是難於受諫的表現啊。」（參第二十四條）

太宗感歎道：「誠如公言，非公則無人能道此！人皆苦於不能自覺，公從前未說出來時，朕都以爲自己所作所爲一貫不變，及見公之論說，始知過失堪爲驚人。公但存此心，朕終不違忘公的嘉言！」

嘉慶宴會，春風得意之際，魏徵卻大澆太宗冷水，眞是名符其實的直諫啊。

第三章　論君臣之際和制度的建立

一、論君臣的鑒戒

⑶⑸貞觀四年（六三〇），太宗經常以隋朝的種種問題諮問侍臣，希望從中得到一些教訓。一天，又和魏徵討論起隋朝司法之弊，問魏徵當年親眼看到的究竟是如何。

魏徵答道：「臣從前在隋朝，曾聽聞有盜發之案。煬帝下令於士澄捕逐他們；只要有所疑似，一律捉來，苦加拷掠，於是有二千餘人因爲受不了酷刑，寃枉地自我承認爲賊，煬帝竟然下令『同日斬決』。

當時的大理丞（最高法院秘書長）張元濟覺得奇怪，猜想別有內情，於是覆查全案眞相。發現有六七個人在盜發之日，才從別的囚禁所放出，竟也遭到審判及酷刑，不勝痛苦而自誣行盜。元濟既有此發現，就更作了進一步的調查，又發現二千人中，只有九個人在案發當天行踪交待不明而已；這九個人之中，官吏認識而認爲他們不會做賊盜的又有四人。也就是說，涉嫌犯罪的二千餘人之中，眞正有嫌疑的僅有五個人。但是煬帝已下令斬決，所以元濟也不執奏，全部將他們執行死刑。」

隋朝濫刑，毫無法律保障，是歷史上著名的。太宗聽到魏徵說出此駭人聽聞的集體濫殺案，嗟歎萬分，黽勉侍臣們說：

「不但是煬帝無道，臣下亦不盡心！爲人臣子，必須加以匡諫，不避誅殺，豈能只行諂佞而苟求悅譽？君臣如此，何得不敗?!朕賴公等互相輔佐，所以令到囹圄空虛。願公等善始能終，常如今日！」

根據記載，這年五月，太宗下詔「自今訴訟者，若上訴至尙書省（唐制正常司法至省審爲止），仍不服省判，得至東宮上啓，委由太子裁決。若仍不服，然後聞奏。」十一月，太宗讀明堂鍼灸書，瞭解人的五臟系統咸附於背，背被笞打，不死則殘。於是下詔，命令「自今毋得笞囚犯之背」。

這一年，據尙書省刑部報告，全年判死刑者才二十九人；豪猾、盜賊銷聲匿跡，囹圄常空。

㊱貞觀六年（六三二）太宗又向侍臣提到一件値得人君鑒戒的事，說：

「朕聞人說，周朝和秦朝初得天下，兩件事原來並無所差異。然而周則惟善是務，積功累德，所以能保八百年之國基；秦則恣其奢淫，好用刑罰，所以不過二世而已。這豈非爲善者福祚延長，爲惡者降年不永嗎？

朕又聞桀、紂是帝王，地位至尊，但是將一個匹夫比爲桀紂，這人則以爲是侮辱。至於顏淵嘛，他是匹夫，但是將一個帝王比作顏淵，這帝王則引以爲榮。那樣說來，這也眞是値得帝王深恥和反省的呀！

朕常引這兩事作爲鑒戒，恐怕力所不逮，爲人所笑！」

魏徵在旁聽了，就借孔子的幽默進一步啓發太宗，說：「臣聽說魯哀公和孔子有一次這樣子閒談；哀公說：『有一個善忘的人，搬家時把家搬了，卻把妻子給忘掉了！』孔子卻答道：『有一些人比這人更善忘，丘（孔子名丘）見桀、紂之君，連他們自身也給忘了。』願陛下常以此爲慮，庶免被後人所笑啊！」

(37)高昌國（今新疆吐魯蕃縣地）原是唐朝甫開國時，卽遣使、甚至國王入朝的友好國家，爲大唐在西域較忠誠的屬邦。國王麴文泰後來漸漸驕傲，對唐朝不甚禮貌，又阻斷西域各國入朝大唐的通道，甚至聯合西域霸主西突厥共同攻擊唐在西域的屬國。太宗屢次下詔切責，麴文泰終是不改。貞觀十三年（六三九）十二月，唐朝派宰相侯君集統兵討伐。

唐軍越沙漠、冒炎寒，間行七千里遠征，十四年五月，兵臨沙漠道口。文泰不料唐軍大至，憂懼而卒，由其子麴智盛繼位。智盛恃着與西突厥有軍事同盟，努力迎戰。唐軍勢如破竹，西突厥部隊不敢援戰，退卻千餘里。智盛只得開門出降。這年九月，唐朝將高昌國改爲西州，並以此爲據點，設立安西都護府。侯君集押着智盛等一行俘虜班師回朝，十二月在觀德殿舉行獻俘大典。太宗受俘，隨卽拜智盛爲將軍，封郡公，讓他長住於京師。

太宗召侍臣，賜宴於兩儀殿，謂房玄齡說：「高昌若不失臣禮，又豈至於滅亡？朕平定此一國家後，覺得深懷危懼，只有自我警戒驕逸以自防，接納忠言以自正，黜棄邪佞，任用賢良，不以小人之言而議君子；能夠愼守這幾點，庶幾可獲安全！」

「臣觀古來帝王，撥亂創業，必自戒愼開始，而採輿論之議，從忠讜之言。及至天下旣安，則多恣情肆欲，樂於接受諂諛而惡聞正諫。」魏徵順着開導太宗說：

「張子房乃是漢王計畫之臣，及至漢高祖成爲天子，想廢嫡子而立庶子，呂后強迫子房出主意挽救。子房說：『今日之事，不是口舌所能爭的啊！』始終不敢再說話。何況陛下功德超越漢高祖，卽位十有五年，聖德光被，今又平定高昌，卻經常憂患安危，正要納用忠良，開直言之路，眞是天下幸甚！」跟着又借了個故事作譬喩：

「從前齊桓公和管仲、鮑叔牙、甯戚四人一起飲宴，桓公建議叔牙：『何不起而爲寡人乾杯！』叔牙奉觴而起，說：『願公毋忘當年逃亡莒國之時！願管仲毋忘被魯國囚縛之時！願甯戚毋忘在牛車下吃飯之時！』桓公急忙避席，敬謝叔牙說：『寡人和兩位大夫能不忘夫子之言，則國家不會危險啦！』」

太宗聽了這一席話，爲之動容，衷心告訴魏徵說：「朕必不忘布衣之時，公不得忘叔牙的爲人啊！」

(38)貞觀初年，太宗和侍臣討論，就有「君臣一體論」的認識，認爲「君臣本同治亂、共安危」，「君失其國，臣亦不能獨存」，並經常以此黽勉宰相侍臣。降至十四年（六四〇），特進魏徵爲此特別呈上一通「論君臣一體疏」，對此觀念深入扒疏，大意說：

「臣聞君爲元首，臣作股肱，齊契同心，合而成體；體如或不完備，則不可能成人。然則首雖尊貴，必資手足以成體；君雖明哲，必藉股肱以致治。如若委棄股肱，獨任胸臆，具體成治，臣從未聽說過可以成功的。

君臣相遇，自古爲難。其能開至公之道，申天下之用，人君內盡心膂（ㄌㄩ），臣子外竭股肱，和若鹽梅，固同金石的，並非因爲高位厚秩來維持，主要是在於『禮之』罷了。像周文王鞋帶鬆了，不叫羣臣來重結，自己親自結好就算了，這就是知禮的表現；伊尹本是有莘氏的媵（一ㄥ）臣，因湯王致禮而助他成王業；韓信本爲項羽的囚徒，因漢王重用而爲漢建功於垓下。如果夏桀不棄於伊尹，項羽垂恩於韓信，他們怎會敗亡？

又微子是殷朝的骨肉，但卻受周朝封於宋國；箕子是殷朝的良臣，卻爲周朝開陳大道。孔子聲稱這兩人爲仁人，從無貶斥批評之意。所以君主爲國家而死，臣子也當追隨殉國；如果爲了自己而死，若非是他親暱的人，誰敢以殉身自任？枕尸而哭、三踊而出，這就夠了。孟子說：『君視臣如手足，臣視君如腹心；君視臣如犬馬，臣視君如國人；君視臣如糞土，臣視君如寇讎。』雖臣之事君無二志，至於去就之節，當緣恩之厚薄。然則作爲人君，怎麼可以無禮於臣下呢？

竊觀在朝羣臣，都曾立事立功，爲一時之選。請他們主政中樞，委任可謂重了。但是任之雖重而信之未篤，則人會自疑；人若自疑則心懷苟且，心懷苟且則節義不立，節義不立則名教不興，名教不興而可以共同來鞏固太平之基、確保七百年國祚，實爲從未有過的事。國家對功臣雖然不念舊惡，但卻寬於大事，急於小罪；臨時責怒，未免有愛憎之心，不可以爲政。禮記說：『愛而知其惡，憎而知其善。』如果憎而不知其善，則爲善者必然恐懼；愛而不知其惡，則爲惡者必然日多，這絕非堯舜之心，也絕非禹湯之事。孔子說：『魚失水則死，水失魚猶爲水也。』所以堯舜戰戰兢兢，日愼一日，可不爲此深思而熟慮嗎？

委任大臣以大體，責成小臣以小事，乃是治國的常道。如今委任職務則重大臣而輕小臣，至於有事，則信小臣而疑大臣。信其所輕，疑其所重，怎能求得至治？

又政貴有恒而不求屢改。今責小臣以大體，或者責大臣以小事，職非其位，罰非其罪，想要他們無私而盡力，不也很難嗎？小臣不可委以大事，大臣不可責以小罪，任以大官而求其細過，就容易造成刀筆之吏舞文弄法，曲成其罪。被枉屈的人想自訴明白，人君則以爲他心不伏辜；想不申訴，則以爲他眞的犯罪。進退惟咎，莫能自明，於是只好平常苟求免禍。大臣苟免則譎詐萌生，譎詐萌生則矯僞成俗，矯僞成俗則不可以臻於至治了。

又委任大臣，欲其盡力。但是每次選拔及推薦官員，都有所避忌，不參加意見嗎又說不盡力。如果推薦得人，何必嫌疑他們有故舊之情？如果推薦不得人，卽使他們關係疏遠，又如何值得可貴？對待大臣不以誠信，又怎樣可以責其忠恕呢？臣下雖然或許有過失，但君主也未爲得呀！上不信於下，則必定以爲下無可信了；如果臣下必無可信，則主上也有可疑呀！上下相疑，則不可以談至治了。一介庸夫亦有以身相許之交，何況君臣契合、如同魚水；若君爲堯舜，臣爲稷契，豈有因小事小利就改變心志的呀?!如果有，那麼雖然是臣下立忠未明，但也是由於主上不信任，而待之過薄所造成的吧！這豈是『君使臣以禮，臣事君以忠』之道呢？

以陛下的聖明，以當今的功業，誠能博求時俊，上下同心，則可直追三皇而變爲四，直追五帝而出現六了。夏、殷、周、漢，何足道哉！」

太宗覽此長疏，深爲嘉許，接納了魏徵的觀念。

(39)貞觀十七年（六四三），太宗和侍臣討論了一個頗有意思的論題。太宗問：「自古草創之主，至於子孫則常常多亂，這是甚麼原因？」

「這是幼主生長深宮，少居富貴，未嘗瞭解人間情僞和治國安危的道理，所以爲政多亂。」司空房玄齡主張說。

「公意推過於幼主，朕則歸咎於人臣。」太宗反駁：「那些功臣子弟們，多無才行，憑藉父祖的資蔭，就能做到大官。德義不修，奢縱是好，主既幼弱，臣又不才，顛而不扶，豈能無亂？隋煬帝因爲宇文述幫助奪位的功勞，於是提拔他的兒子化及於高位；宇文化及不思圖報，竟然在江都發動兵變，犯下弑逆之罪。這不是臣下之過嗎？朕發此言，目的在希望公等戒勖子弟，教育他們不要做那些僭過的錯誤行爲，那就是家國之慶了。」

跟着又問：「化及與楊玄感，都是受隋恩深的大臣子孫（玄感父乃名相楊素），然而也都造反，這又是何故？」

中書侍郎岑文本認爲：「君子才能懷德荷恩，不會造反，而玄感和化及卻都是小人。古人所以貴君子而賤小人，就是爲此。」

太宗說：「是呀！」

就在這年的三月，太宗之子齊王李祐造反，失敗被賜死，同黨四十餘人也被誅殺。過了兩個月，太子李承乾、皇弟漢王李元昌、功臣宰相侯君集等一伙陰謀兵變的案件也接着爆發，被廢被殺的王室子弟、功臣及功臣子弟，人數也不少。三子一弟及功臣與功臣子弟事涉兵變的人如此多，令太宗感到人生乏味，內心無聊得幾乎要自殺。你說太宗與房玄齡的論點，到底是誰對了？或是兩人都對？或是兩人都錯？

二、有關愼選官員的談話

⑷⓪貞觀元年（六二七）初，太宗告訴右僕射封德彝：「大理少卿之職事關人命，此官空缺已久，極須妙選公平正直的人來做。」

封德彝還未回答，太宗就向他推薦人選說：「戴冑忠直，每事用心，這就是最佳人選！」後來遂拜戴冑爲少卿。

太宗推薦戴冑後，跟着責備封德彝說：「致治之本，惟在得到人才。近來命卿舉拔賢能，卻迄今未見有所推薦。天下事重，卿宜分朕憂勞，卿既不言，要朕寄望於誰？」

「臣愚昧，豈敢不盡情盡力；只是迄今未見有奇才異能之士罷了。」封德彝自辯說。

「前代明哲之主，使人各取其長，而且都在當時求取，不會借用到不同時代的人才。」太宗似乎有點不滿，責備說：「豈得等待夢見傅說，遇到呂尙，然後才有人可用，才可以爲政呢？而且那一代沒有賢能之士？只怕用人的人遺漏而不知道罷了！」

封道彝慚赧而退。

現在有些官員常說國內沒有人才，你覺得問題出在那裏了？

(41)同年，太宗指示宰相房玄齡等：「致治之本，在於審量人才而授以官職；務必要精簡官員。所以書經說：『任官惟賢才。』又說：『官不必備，惟其人（編制名額不必湊足，寧缺毋濫，只要用對了人的意思）。』如果得到了適當人選，雖少也足夠了；那些不適當的人，縱然很多，但是會有甚麼作爲？古人也將官不得其才比作畫地作餅—中看而不中食。經典談到這道理的地方不少，不能具道。如今應該併省官員，使得各當所任，這樣就可以無爲而治了。卿宜詳思此理，量定百官名額和秩位。」

玄齡等遵奉聖旨，制定文武官員總共只有六百四十員，太宗同意，並因此又指示說：「自今以後，儻有樂工雜類（主要指各種技術人員），即使技術超過同行其他人，也只可特別賜給物質作賞勵，一定不可以超授官爵，讓他們和朝賢君子比肩而立、同坐而食，使到士大夫引以爲羞恥。」

國內已高喊精簡機關和編制有年，迄今不成，你覺得問題出在那裏了？

⑷②貞觀三年（六二九）二月，唐朝最著名的兩位宰相房玄齡和杜如晦，同日晉拜爲左、右僕射。兩人孜孜奉國，知無不爲。過了幾個月，太宗召見二相，指責他們說：

「公等身爲僕射，是最高行政長官，理當助朕憂勞，廣開耳目，求訪賢哲。近聞公等連訴訟也聽受，而且日有數百件之多。這樣做即使閱讀公文卷宗還來不及，安能助朕求賢呢?!」

接着下達勑旨：「尚書省瑣碎事務，皆付左、右二丞（左右僕射各有一丞爲秘書長）處分；只有寃滯大事、合當聞奏者，才須呈請僕射裁決。」

也就是說，尚書省是政本之地，太宗不願兩位長官大小事務一把抓，讓庶務妨碍了政務的施行。他希望當首相的人，應該有更大的責任，從容思考國家大政。兩員僕射和六部尚書，合稱「八座」，都是政務官，所以太宗的要求是對的。但是，政務首長不過問本機關的瑣事，那就必須精選部下的屬官以分勞，否則尚書省的事務將會發生問題。

貞觀十一年（六三七），御史劉洎上疏批評尚書省，尤其要求精選左、右兩丞和左、右兩司郎中（司長）。他的表疏大意說：

「臣聽說尚書省萬機畢集，實爲政本之地，八座、二丞等官，誠難得到適當人選。伏見近來尚書省公文稽停壅滯，臣誠庸劣，請述它的來源：

貞觀初年未有人擔任尚書令和僕射，那時省務繁雜，倍多於今。而左丞戴胄、右丞魏徵並曉達行政處理，質性平直，勇於任事，陛下對他們也非常好，所以自然能做到百物肅厲，百官不懈。及至杜正倫繼魏徵而出任右丞，仍然頗能厲下。近年綱維不擧，原因是元勳和懿親在位，才幹不足，而大家功勳勢力又相當，誰也不服誰；在下的屬官，未能遵循公道，想自我黽勉發憤地做事，則動輒招謗，令人懼怕。所以郎中不敢決定事情，只有上呈給尙書；尙書也猶豫不決，於是只有故意稽延。公文上下往還，時常事涉經年；若非如此，則是下級順着上級心意辦事，或者爲了避嫌而違犯法令；司署以案成作爲了結而不究其是非，部會以便僻爲奉公而莫論適當與否，互相姑息，上下包庇。

任官的原則應該是選賢與能，元勳和懿親只該待之優禮就夠了；至於其中年高及耄或者積病智昏的人，既無益於時，就應該讓他們閒逸退休。久妨賢路，殊爲不可。要挽救此弊，首先則應精選兩丞和左右兩司郎中的人選；如能得人，自然就能綱維備擧，弊病矯正。」

表疏奏上，太宗尋卽提拔劉洎爲左丞。

(43)貞觀二年（六二八）的某天，太宗和侍臣說：

「朕每夜常思百姓民間的事情，有時至夜半而不睡。朕就心都督、刺史們的才幹是否足以勝任牧養百姓的工作，所以把他們的姓名錄寫在屏風上，坐也好臥也好，常常留意看；在職的優良事跡也列於他們的名下，以備將來作考績。朕居深宮之中，視聽不能及遠，實際治國的責任，就是委托給都督和刺史，國家的治亂安危繫於他們身上，所以尤須得人。」

到了十一年（六三七），侍御史馬周上疏批評重視中央官而輕視地方官的制度，說：

「治天下以用人爲本，欲令百姓安樂，只有在用得好刺史和縣令才成；縣令人數衆多，不可能全部都用到賢能之士，但是，如果每州都能求得良刺史，則可合境蘇息了。若天下所有刺史都能稱職稱意，則陛下可端拱無爲於上，而百姓不慮不安。自古地方長官皆選賢德之人，想拜將相也必先任用爲地方官，以試驗他們臨民之才，所以朝廷必不可獨重內臣（中央官），而壓低刺史和縣令，使得地方官人選輕卑。

如今本朝用人任官唯重內輕外，刺史治理一州，竟然多用武人來做，或者是將京官不稱職的加以外放；邊遠地方，用人更輕。所以百姓未安，殆由於此。」

太宗覽疏後，一再稱善，告訴侍臣說：「朕當自選刺史，縣令則宜命令五品以上京官各舉一人。」

(44)貞觀六年（六三二）太宗某天和魏徵談話，說：「古人說王者必須爲官擇人，而且不可以隨便倉猝即加以任用。朕如今行一事則爲天下所觀，出一言則爲天下所聽，用得正人好人，則天下都會激勵；誤用惡人壞人，則天下都會競進。賞勵需當其勞，那些無功的人自然就會引退；懲罰需當其罪，則爲惡者自然就會戒懼。所以，朕知道不可輕行賞罰，用人則更須愼擇。」

「知人之事，自古爲難，所以有考績的制度來審察善惡。」魏徵附和他的說法，並進而提出「才行兼備論」的觀念：「如今要求人，必須先審察查訪其人的行爲，若知其善然後才用他。假設這人才幹不濟，但品行不是大惡，那麼也不會造成大害；假如誤用了惡人，他又是強幹之徒，爲害就大了。只是亂世僅講求才幹而不顧其品行，如今太平之時，則必須才行兼備，才可任用。」

過了幾年，太宗和侍臣又討論到知人之難，希望建立自我推薦的制度。他說：

「朕聞太平之後，必有大亂；大亂之後，必有太平。大亂之後卽是太平之運，只有用得賢才始能安天下。公等既然不知賢才，朕也不可能識遍所有的人，如此日復一日，絕無可能得到人才的道理，如今朕想令人自我推薦，公等對此有何意見？」

魏徵反對說：「知人者智，自知者明，知人既以為難，則自知其實也不容易。而且，愚暗的人大都矜能伐善，這樣做恐怕會助長澆競之風，不可允許他們自行推薦。」

既然不建立自我推薦的制度，則知拔人才只好依靠在朝的宰相大臣。當然，太宗認為他們都是賢才，所以才依靠賢才來知拔賢才。貞觀二十一年（六四七）六月，就曾經發生了一件頗有意思的事情。

這年初夏，太宗得到風疾，急往終南山的翠微宮去避暑休養，委托司空房玄齡留守京師。太宗在翠微宮休養期間，任命司農卿（農業事務部部長）李緯為民部尚書（財經部門的政務部長，司農也歸民部督導）。剛好有人從京師來覲，太宗問道：「玄齡聞李緯進拜為民部尚書，有甚麼表示嗎？」

「房相公只說『李緯大好髭鬚』，此外更無他語。」來人回答。太宗聞言，不久卽將李緯改調，任爲洛州刺史。

(45)貞觀十四年（六四〇），特進魏徵呈上一疏，討論理想政治和人才的關係，與及求才之法，大意說：

「臣聞知臣莫若君，知子莫若父；父不能知子，則無以睦一家，君不能知臣，則無以齊萬國。萬國康寧、一人有慶，皆須藉着忠良作弼、俊乂在官，才能達至無爲而治的境界。所以堯舜文武，見稱於以前的書籍，都以知人則哲，使多士盈朝。那些朝代人才濟濟，豈是上天故意把他們都生在那時代，而使當今獨無呢？不是的，關鍵在於求與不求、好與不好罷了。

如今羣臣罕能堅貞清白、才能卓異，其原因在求之不切，勵之未精。如果勉之以公忠，期之以遠大，使之各有職責本份，得行其道：貴則觀察他的行爲，富則觀察他的修養，居則觀察他的所好，習則觀察他的所言，窮則看他何所不受，賤則看他何所不爲。因才而取，審能而任，用其所長而揜（一ㄢˇ）其所短，進以六正而戒以六邪，則必能不嚴而自勵，不勸而自勉了。

劉向撰說苑一書，提及人臣之行有六正和六邪，行六正則榮，行六邪則辱。何謂六正呢？第一就是能洞燭先機、使人主顯榮的聖臣。第二是協助人君發揚善道、匡救人君之惡的良臣。第三是盡心不懈、諫厲人主的忠臣。第四是運籌救弊、使人主無憂的智臣。第五是奉公守法、禮讓廉潔的貞臣。第六是國家昏亂而不諛、敢犯顏批評人主過失的直臣。

何謂六邪呢？第一就是貪圖官祿而不務公事、與世浮沉而左右觀望的具臣。第二是阿諛人主、從君之惡而不顧後患的諛臣。第三是外謹內詐、巧言嫉賢、而懷私結黨的奸臣。第四是才智足以飾非文過、挑撥搆亂的讒臣。第五是專權擅勢、結黨營私以追求富貴的賊臣。第六則是諂主以佞邪、陷主於不義、朋黨比周、顛倒是非、使人主之惡遠播的亡國之臣。

賢臣處六正之道，不行六邪之術，故上安下治，生則見樂，死則見思。這才是人臣之術啊！有這些標準以作爲衡量人臣，則人臣的情僞知之不難了；從而又設禮以待之、執法以防之，爲善則賞，爲惡則罰，誰敢不憤發盡力呢？

國家想進用忠良而抑退不肖，已經十多年了。但是徒聞其語而不見其人，何故？蓋因言是如此，而行卻是另一套吧！言行不一致，則會導致是非相亂，好惡相攻，賞罰失當。如此而望邪正不惑，可以做到嗎？若賞罰公平，循名責實，則邪正不能隱瞞，善惡自然分明。如此而後取長捨短，則期月便可不言而化。空有至公之言而無至公之實，愛而不知其惡，憎而遂忘其善，徇私情以近邪佞，背公道而遠忠良，是則即使夙夜不怠，勞神苦思，也不可得以至於至治。」

表疏奏上，甚爲太宗所嘉納。

三、有關封建的爭論

(46)唐高祖即位的武德元年（六一八）八月，就曾下詔贈與追隨他起事的人爲「太原元謀勳效功臣」，各有封賞，並贈與免死鐵劵。太宗在武德九年（六二六）八月九日兵變即位，亦於同年九月二十四日，下詔封長孫無忌、房玄齡、杜如晦、尉遲敬德、侯君集五個「第一功臣」爲國公，命令侍中陳叔達於殿階下唱名宣佈。

「朕敍公卿勳勞，量定封邑，恐怕不能盡美，卿等該當各自發言，表示意見！」太宗待唱名完畢，建議說。

「義旗初起的時候，臣率兵先來響應，如今讓房玄齡、杜如晦等刀筆之吏功居第一，臣竊不服！」皇從父淮安王李神通挺身宣稱。

「國家大事，惟賞與罰。賞當其勞，則無功者自退；罰當其罪，則爲惡者咸懼，可知賞罰是不可輕行的。」太宗亦帶安撫亦帶責備地說：「義旗初起時，人皆有響應之心。叔父雖然率兵，但未曾行軍作戰；後來派你到山東迎戰竇建德，你卻全軍覆沒；劉黑闥來攻，你也望風而破。如今計勳行賞，元齡等有籌謀帷幄、安定社稷之功，就如漢朝的蕭何，雖無汗馬之功，卻因策畫指導，故得名列第一。叔父于國至親，朕誠無偏愛，只是不可以講究私情，濫與功臣同賞罷了！」

這天之前，本來有些功臣自我矜功，甚至攘袂指天，以手畫地。及至看到淮安王也理屈，於是互相說：「陛下以至公行賞，不私其親，我們如何可以妄訴！」論功遂因此決定下來。

(47)唐高祖開國以後，認爲天下尚未安定，於是拿着宗正籍（王室家譜），由弟弟、侄兒開始，以至於再從（同曾祖）、三從（同高祖）兄弟，年齡自孩童以上，都一律封王，共有數十人之多。太宗卽位後，曾問侍臣說：「廣泛地封宗室子弟於天下，方便嗎？」右僕射封德彝以爲不便，不單加重人民負擔，也非至公之道。

太宗說：「是呀，從漢朝以降，僅封皇帝的兒子和兄弟，疏遠的親戚如非立有大功，也都不得受封。朕治天下，本爲百姓，不是想勞百姓以養己親，如果全都封王，就會加重人民力役等負擔，使他們勞苦罷了。」於是下詔命令，除了有功的宗室仍得受封郡王之外，其他一律降爵爲縣公。皇弟、皇子受封爲親王，掛名爲都督、刺史，大多不是真的臨民親政，僅是虛銜而已。

不過，太宗倒是一直想效法周朝，廣封子弟爲諸侯，以藩衞中央王室，使國祚緜長的。所以，他一直保留封建的意圖，並一再要求羣臣發言討論。十餘年間，羣臣多次發言，反對的意見較具影響力，所以到了貞觀十三年（六三九），太宗才因反對重重，而毅然取消實質的封建制度，奠定了唐朝「設爵無土，署官不職」的封建型態。

這裏僅介紹了李百藥和馬周的爭論，其他正反雙方的議論，都被刪略了。

貞觀二年（六二八）十二月十六日，太宗以如何能使子孫久長、社稷永安，請教於公卿。有人引用歷史教訓爲例，主張實行封建制度。禮部侍郎（教育部副部長）、名史家李百藥於是上疏反駁，大意說：

「臣聞說經國庇民是王者的常制，尊主安上是人情的大方；思求長治久安的長策，是萬古不易、百慮同歸的心理。但是，命運有長短的不同，國家有治亂的差異，遠觀載籍，已有詳盡的論述。

大家都說周的國祚已經超過它應有的曆數，秦朝則未至曆數享盡前就亡掉了，所以認爲存亡之理，在於是否採行封建制或者郡縣制。周朝封建，因此能深根固本，即使本幹有問題，仍得枝葉扶持，不會迅卽滅亡；秦朝事不師古，棄先王之道，力行郡縣制，使子弟無尺土之邑，百姓罕共治之憂，因而一夫號呼，國家遂亡。

臣的觀點，對上述說法不敢苟同。臣以爲自古帝王臨天下，早就冥冥中有所決定了，像曹操是養子，劉邦爲賤役，不但意有覬覦，事實上也是命定，推之也不能去的；否則如堯舜大禹的善政，要揖讓守之也不可能。由此可知，國祚長短必在於天，時政興衰則有關於人事；周朝和秦朝的興亡，實各有得失成敗的根由。

著述之家，多守常轍，莫不情忘今古，理蔽澆淳，想以後世而實行上古三代之法，使中國盡爲封建諸侯。這樣做法，必使天下紊亂，是刻舟求劍的方法，臣不以爲可以實踐。行封建則有霸政之懼，行郡縣則有孤立之憂，這都是君主昏亂，自革安危所造成，固非守宰公侯以促成。而且，封建既行，數世之後，王室漸弱而藩屏漸強，往日宗親皆化爲仇敵；家殊俗，國異政，強陵弱，衆暴寡，彼此干戈頻仍，使人民塗炭。若行郡縣，設官分職，任賢使能，以循艮之才擔任地方長官，共治天下，同其所樂，這樣則人必憂其憂而拯其危，豈容以爲封建諸侯則同其安危，郡縣長吏則異其憂樂呢？這種說法怎麼這樣迷妄啊！

封君列國則數世之後，子孫常忘其祖先的艱苦，莫不淫虐驕侈，政治不會清明。郡國官員則由朝廷選擢，又有考核，如果專門挑剔，說他們會爲利圖物，真是多麼的錯謬啊！總而言之，爵位不是世襲，則用賢之路廣大；人民別無定主，則附下之情不固，這是賢愚都能分辨的道理，怎會疑惑呢？春秋二百年之間，滅國弑君，亂常干紀，略無寧歲，縱使兩漢末期，淫暴也不至於如此。

伏維陛下承運創業，欲復封建以親諸侯，臣竊以爲有乖至公之道。何況晉朝封建而八王有亂，擾瀁達數百年，使天下崩裂；習文者則學長短縱橫之術，習武者則盡干戈戰爭之心，使狙詐澆浮之風更熾。隋文帝因勢篡位，非有克定之功；煬帝則世道交喪，人物掃地將盡。雖天縱陛下神武克定，然而兵威不息、勞止未康；即位以來，勵精圖治，夙夜匪懈，各種政績粲然可觀，實生民以來一人而已！無奈積習已久，難以急遽完成革新，請待斲（ㄓㄨㄛ）雕成器，以質代文，刑措之教大行，封禪之禮已畢，然後才劃野分封，未爲晚啊！」

貞觀五年（六三一）十一月，太宗頒下詔書：「皇家宗室及勳賢之臣，宜令作鎭藩部，貽厥子孫，非有大故，毋或黜免，所司明爲條例，定等級以聞。」表示命令有關機關研究製定封建制度，意欲實行封建。

被太宗親自提拔爲監察御史不久的馬周，尋即上疏反對，說：「伏見詔書，欲實行封建，臣竊以爲陛下這樣做，眞是愛之重之，想讓他們的子孫世代承守，與國無疆。但是臣卻以爲不可，因爲像堯舜那樣的父親，也有像丹朱（堯之子）和商均（舜之子）那樣不肖的兒子，何況等而下之！萬一繼承爵位的子孫驕逸，則黎民必蒙其殃而國家必受其敗，屆時人君要絕滅其國，就有點難向當年的宗賢功臣交代；不處罰嗎，則罪惡已經昭彰。最後的結果，必然是與其讓驕逸者毒害現存的百姓，則毋寧割恩於已亡的一臣，然則往日之所謂愛之者，只是適足以害之罷了。

臣認爲封建只可以名義上分封，實質上讓封君只食戶邑的租稅就好了；如果其中有才幹的人，才可以隨器授官，讓他們共治天下，這樣做也可以免除他們以後的尤累。從前光武帝爲了保護功臣，而不讓他們眞正的擔任職務，這才眞正是愛之重之的方法，願陛下深思其宜，使宗賢功臣得奉大恩，而又能使他們的子孫終其福祿。」

反對派的理論，主要認爲：封建乃私天下的表現，非至公之道；封建又可導致國家的分裂和戰爭；而且封君的子孫後世萬一出了問題，必會招來朝廷可怕的重罰，以致抄家滅族，眞是愛之適足以害之。但是，羣臣正、反兩派都有意見，也有調和派的，太宗一方面遍詢羣臣，另一方面則並未改變要行封建的初衷。

貞觀十一年（六三七）六月六日，正式下詔推行封建，命令皇弟和皇子荆州都督・荆王李元景等二十一王，世襲所任的刺史。同月十五日，又頒詔命令功臣長孫無忌等十四人改調爲刺史，並得子孫世襲。

左庶子于志寧以爲古今環境不同，封建不是久安之道，上疏力爭。長孫無忌等留戀首都，不願受封外出，亦力加反對，口出怨言，甚至說「臣披荆棘以事陛下，今海內太平，就把我們放棄於外州，這與貶降有何差異?!」太宗無法，只好說：「割地以封功臣是古今的通義，原意要公等的子孫在外屏衞王室，共傳永久罷了，而公等薄山河之誓，發言怨望，朕亦安可強迫公等受封爲君哩！」於是下詔取消世襲刺史制度，以後也不再討論封建的問題。

第四章　教育皇子們的言論

一、分別太子和諸王名份的討論

⑷⑻李恪是太宗第二子，雖然不是皇后所生，但是卻爲太宗最疼愛的兒子之一，後來幾欲立他爲太子。貞觀中，他以親王身份出任都督。任命發表後，太宗無奈地對侍臣說：

「父子之情豈不想常相見呢，但是家國事情不同，他必須外放爲都督，以作爲中央的藩屏；而且這樣做也可以讓他早有固定的名份，杜絕了覬覦皇位之心。我百年以後，可使他們兄弟共處互安，而無危亡之患啊！」

不過，十幾年後，李恪之弟——高宗李治時代，他終究還是被迫害而死。主要的原因就是，太宗曾欲廢掉太子李治，而想另立李恪。太宗當年外放李恪爲都督，讓他們兄弟早有定分，措施是對的；但心志不堅定，反而愛之適足以害之，則是太宗所始料不及。依照唐代繼承法規定，李治是皇位第五繼承人。

⑷⑼吳王李恪向無謀奪太子地位的野心，反而四弟魏王李泰倒積極地欲謀奪太子之位。貞觀十年（六三六）二月，太宗分任子弟爲都督，李泰爲相州（治今河南安陽縣）都督，但卻特准不去上任而留在京師王邸，情況與李恪顯然不同。

太宗對魏王寵異超過太子，羣臣機警者早就已經覺得不妙，有些即爲此向太宗勸諫。貞觀十一年，馬周上疏說：

「漢晉以來，對待諸王皆安置失宜，不預早劃淸名份，以至於滅亡。人主熟知這種事實，但卻溺於私愛，所以看着前車已覆而後車猶不改轍。如今諸王承受寵遇之恩，其中有的已經承恩過厚，臣之愚慮，不單憂慮他們恃恩驕矜，而且也憂慮往後的發展。

從前魏武帝曹操寵愛陳思王曹植，及至魏文帝卽位，卽對兄弟們嚴加防範或禁閉，有如囚犯一般。原因何在？在先帝加恩給兄弟太多，使曹丕心理不平衡，從而產生恐懼感，因此對手足進行逼害。此則魏武帝之寵愛陳思王，適所以害苦他了。而且，皇子何患不富貴？身食大國租稅，封戶也不少，錦衣美食之外，更何所需求？而陛下每年另外特加優賜，曾無限制？俚語說：『貧不學儉，富不學奢。』表示不學而會，自然而懂。如今陛下以大聖創業，豈僅止於安置現在的子弟而已？當須制定長久的法制，使萬代遵行才是啊！」

表疏奏上，太宗甚嘉賞他的言論，下令賜他絹帛一百匹。

(50)馬周之諫，雖援歷史事實作論證，但猶婉轉地不直指魏王而言。貞觀十六年（六四二），諫議大夫褚遂良以爲每天特給魏王府物資，有逾於皇太子，做得太過份太公開了，於是上疏諫道：

「從前聖人制禮，尊嫡子而卑庶子，稱嫡子爲儲君。儲君地位次高於天子，甚爲崇重，用物不加限制，錢財與天子共之；庶子體卑，不得爲例，所以能杜塞嫌疑，消除禍亂。先王制法本於人情，知有國家則必有嫡庶之別，然而庶子雖愛，不得超越嫡子，所以正之以禮，對嫡子特加尊崇。如果不能明立定分，使應該親近的變成疏遠，應該尊崇的變成卑賤，則佞巧之徒乘機而動，以私恩傷害公道，甚至使國家大亂。

伏惟陛下功超萬古，道冠百王，發號施令，爲世作法；一日萬機或未盡美，臣職掌諫諍，不容緘默。

伏見儲君所用物資，反而少於魏王。朝野見聞，大家都以爲不對。古書說：『愛子教以義方。』忠孝恭儉就是義方。從前漢朝竇太后和景帝，不懂義方的道理，過份寵溺梁孝王，封他四十餘城，庭苑大到方圓三百里，還大事建築宮室，積財以巨萬計算，出入則儀隊浩蕩、道路戒嚴，使梁孝王驕恣得不得了，後來小不得意，竟發病而死。漢宣帝也驕恣淮陽王，幾至於敗事，幸賴輔以謙退之臣，僥倖獲免於禍患（指宣帝因愛淮陽王母子而欲廢太子，另立淮陽王之事，幸好宣帝請韋玄成輔導淮陽王，終於沒有釀成家變）。

如今魏王新近搬出皇宮而遷居於王邸，伏願陛下對他常加禮訓，妙擇師傅，啓示他禍福成敗的道理，敦之以節儉，勸之以文學，惟忠惟孝則獎勵他，這樣做才能道之以德、齊之以禮，可以成爲良器。這就是所謂『聖人之教，不肅而成』的呀！」

太宗深納其言。

(51) 貞觀十六年（六四二）八月的某天，太宗又建議侍臣們說：「當今國家何事最急？請各爲我說說看！」

「養百姓最急。」右僕射高士廉說。

「撫定四夷最急。」黃門侍郎劉洎說。

「論語說：『道之以德，齊之以禮。』這才是最急。」中書侍郎岑文本說。

「當今四方仰德，不敢爲非，但太子和諸王必須有所分別，固定名份；陛下應制定萬代之法，以傳給子孫奉行，這事最爲當今的急務。」諫議大夫褚遂良說。

「此言是也！」太宗同意遂良的看法，並且耽憂地說：「朕年將五十（太宗此年四十五歲），心理已覺得衰怠，如今旣以長子作爲太子，而諸弟及庶子的人數將達四十人之多（唐高祖有二十二子，太宗有十四子），朕常憂慮的就在於此！」

接着指示侍臣們說：「但自古嫡庶不好，何嘗不傾敗家國？公等爲朕搜訪賢德，以輔導東宮以及諸王，必須要端正之士才成。而且王府官不能長久爲王做事，因爲時間久了就情義深厚，非意覬覦的事件多因此而起。那些王府官僚，不要讓他們任職超過四年。」

太宗自己以親王身份兵變奪嫡，嫡子就是他的同母長兄太子李建成。對於這次事變，太宗似乎一方面內咎於心，一方面則警惕地教育現有的子弟。太宗的嫡子——太子李承乾愈來愈不爲父親所愛，魏王泰則剛好相反。包括魏徵、褚遂良等很多朝臣，都已發覺及注意這種發展，太宗自己也是如此。

在感情上太宗發生這種變化，在理智上他卻絕對瞭解不可廢太子，太子和諸王之間必須有所分別，以免重覆當年之轍。本書所錄的幾段言論，即足以證明。不過，理智是否能夠永遠克制情感，誠值懷疑？太宗日常對魏王的偏愛，導致太子內心恐懼而不平衡，也給了魏王一個錯誤的訊息——以爲父親愛他，有更換太子的希望。太子和魏王的互相衝突競爭，終於造成十七年（六四三）兵變之禍。兵變的失敗，也導致太宗對二人「兩棄之」的重懲。

二、論尊敬師傅

(52)唐高祖武德九年（六二六）十月八日——太宗即位後兩個月，就册立長子中山王李承乾爲皇太子。承乾這時才八歲，太宗特別任命剛卸職的首相蕭瑀爲太子少師，以爲太子的師傅。貞觀元年（六二七）六月，蕭瑀再度出任左僕射，太子的師傅即無人遞補。

如是者過了三年——貞觀四年七月，太宗決定爲十二歲的太子選擇師傅，遂詔令已退休的名臣——前太子少保李綱爲太子少師，三度拜相的蕭瑀則再度卸除相職而爲太子少傅。

李綱是隋朝名臣，曾任太子楊勇（文帝的長子）的太子洗馬之官。武德元年爲唐高祖擢昇爲禮部尙書兼太子詹事（東宮總管大臣），翌年更以原官加任太子少保，以輔助當時的太子李建成，後來因爲建成不接納他的諫諍，遂告老想退休。高祖知他是一個忠直之士，挽留下來，仍任太子少保兼詹事。玄武門兵變後，李綱大體上已投閒置散，但太宗也知他忠直，又因他曾輔助過兩個太子，經驗豐富，所以超擢他居於蕭瑀之上，寄望殷厚。

李綱這年已八十四歲，又有脚疾，不良於行，太宗特賜步輿（一種轎子），命令東宮衞士抬入東宮，詔太子親自引他上殿，並且向他行禮，大見崇重。李綱於是爲太子陳述君臣父子之道和平常生活禮節，理順辭直，聽者忘倦。太子又曾和他討論古來君臣名教，竭盡忠節之事。李綱懍然說：「託六尺之孤，寄百里之命，古人以爲難，而綱則以爲易！」每吐論發言，皆辭色慷慨，有不可奪之志。太子對他，未嘗不聳然禮敬，可惜他在第二年六月就病死了。

(53)高祖武德七年（六二四），唐朝頒行新律令，大體斟酌隋朝的舊律令修改而成。隋朝舊的政府組織法令中，本無天子三師的建制，所以唐初也無三師之官（指太師、太傅、太保）。太宗認爲不當，在貞觀六年（六三二）二月下詔說：

「朕近來研讀經史，知道明王聖帝，何嘗沒有師傅呢？以前頒行的法令中，看不見三師之位，朕認爲是不可以的。理由何故？試看黃帝、顓頊、堯、舜、禹、湯、文王和武王，無一不學有師傅。他們如果未遭遇這些老師，則功業不會顯著於天下，名譽不會流傳於載籍，何況朕承接百王之末，知識追不上聖人，若無師傅，怎可以統臨兆民？詩經不是說嗎，『不愆不忘，率由舊章』（不犯錯不忘記，全部遵循慣例之意）。要知不學則不明古道，如此而能致太平，則向所未有啊！可以立即發表命令，創置三師的建制。」

這道詔令表示了太宗的謙德，不過，選擇皇帝師傅，人選當比太子師傅更難，所以終太宗一朝，除了追贈元勳重臣之外，沒有一人在生前曾擔任過三師之其中一職。

三師在政府組織中地位最崇高，位列正一品；太子三師（太子太師、太子太傅、太子太保）則列於第二級——從一品；而太子三少（太子少師、太子少傅、太子少保）則列於第四級——從二品；然而太子見太子三師和三少卻無特別的儀節。

貞觀十七年（六四三）四月，太宗廢黜太子承乾，另立新太子李治後幾天，向司徒長孫無忌、司空房玄齡說：「三師是以德向人傳道的官職，如果師體低卑，則太子無所取則。」於是下詔命令有關官員研究太子會見三師的禮儀，最後規定：

三師來，則太子必須出殿門迎接。

太子先拜三師，三師答拜。

太子引三師進入，每到一門，必須禮讓三師先入。

三師坐定，太子乃得坐下來。

給三師寫信，必須前面署名而加「惶恐」二字；信末也必須署名，而加「惶恐再拜」四字。

當時長孫無忌任太子太師，房玄齡任太子太傅，蕭瑀任太子太保，皆爲元勳宰相，連東宮總管——太子詹事——也由另一元勳宰相李世勣來擔任，可見太宗的重視。

(54)貞觀八年（六三四），太宗向侍臣說：「上智的人不會受外界渲染，但是中智的人則無一定，要從教育中變化氣質。太子的師傅，古來就難選到人才。周成王年幼，周公和召公作他保傅，左右都是賢人，使成王日聞雅訓，足以長仁益德，成爲聖君。秦二世用趙高作師傅，遂被教以刑法；及至即位，誅功臣、殺親族，酷暴不已，因此不旋踵而亡。由此可知，人的善惡，真是由於近習於環境所造成。」（關於此理論，可參第一一四條）

跟着指示說：「朕如今爲太子和諸王精選師傅，命令他們摹倣效法師傅們的禮度，俾有所裨益。公等可查訪正直忠信的人，各舉三兩個人來。」

(55)貞觀十年（六三六），皇弟、皇子各自受任爲都督，並離京上任，只有相州都督・魏王李泰因父寵愛，得以留在京師王府。翌年三月，太宗爲李泰選擇師傅，決定請王珪以禮部尚書的本官兼任魏王師。

太宗告訴左僕射房玄齡說：「古來王子生於深宮，及至長大成人，無不驕逸，所以傾覆相踵，很少能夠自我善處。我現在嚴敎子弟，希望他們以後都得安全。王珪跟隨我做事已經很久了，我甚知他個性剛直，志存忠孝，因此選爲兒子的師傅。卿不妨去告訴泰兒，只要看到王珪則如見我面，應該對他尊敬，不得懈怠。」

自後魏王見到王珪，立刻先行禮拜，王珪也受之不疑，以師道自處。當時議論，對此甚爲稱善。

王珪在十三年正月去世，魏王即缺乏像王珪一般有聲望而爲太宗充分信任的人來當老師，後來終於釀成家變。

(56)太宗第九子——晉王李治——在貞觀十七年（六四三）四月被立爲新太子後三天，太宗卽發表東宮重要官員的任命，皆爲當時一時之選：

太子三師：長孫無忌、房玄齡、蕭瑀。（官職已見前）

太子詹事：兵部尙書・同中書門下三品（卽國防部長兼宰相）李世勣。

太子左庶子（相當於朝廷的門下省侍中）：于志寧、馬周。

太子右庶子（相當於朝廷的中書省中書令）：蘇勗、高季輔。

太子賓客：褚遂良。

太宗希望這些將相機要之臣能輔導好皇太子，心情之殷切可想而知的，所以隨即制定了太子見三師的禮儀。李治九歲喪母，個性柔弱，太宗對他頗爲憐愛，所以他是皇子之中常年被太宗帶在身邊長大的人。李治當太子時已經十有六歲，猶居住於太宗寢殿之側而絕不往東宮。東宮官僚難得見到太子，當然所謂坐而論道、教而誨之，於是成爲具文。因此散騎常侍劉洎上書切論此事，大意說：

「臣聞身居高位的人，需要申下交之義，才能消息靈通，廣知世事。所謂『不出軒庭而坐知天壤』，就是這種意思。如果生長深宮之中，長於婦人之手，未曾識憂懼，無由曉風雅，雖然再神機不測，天縱生知，然而開物成務的知識，終究是由於向外不斷學習而來。歷考聖賢，都是經過師資輔友的雕琢，才能成器知道。所以古人特重教育皇太子，讓他早能通政術而知禮教。

竊惟皇太子玉裕挺生，金聲夙振，富於春秋，雖然已往也有學習，但是卻恐怕歲月易往，容易變得墮業晏安。臣幸得參與侍從，思廣太子的明德，所以敢切言此事。

伏惟陛下多才多藝，允文允武，國至太平，然而尚且雖休勿休、日愼一日地研讀經史，披卷不息，常至夜半。陛下自勵如此，而卻讓太子優游歲月，不習圖書，這是臣第一個不明白。

陛下一旦放下機務而稍事休息，就馬上練習詩文創作和書法，因此皆卓然有成。陛下自好如此，而太子卻悠然靜處，不研讀練習，這是臣第二個不明白。

陛下備該衆妙，獨秀寰中，猶且謙遜地向凡夫俗子諮詢意見；罷朝之後引見羣官，溫顏訪問以天下古今諸事；因此事無巨細，必能知悉。陛下自行如此，而卻讓太子長期入侍，不接見正人，這是臣第三個不明白。

陛下若謂無益，則何事而勞神？若謂有成，則應傳以子孫。如今忽視而不急，臣以爲不可。伏願俯推叡範，訓及儲君，授以良書，娛之嘉客；研讀訪問之餘，間中學習書法作文。這樣則日聞所未聞，日見所未見，光大明德，才是百姓之福。

古代的太子，爲了廣敬於君父，所以問安後則退下；爲了避免嫌疑，所以異宮而居處。如今太子一侍天闈（指隨侍太宗），動移旬月，師傅以下官員也無由接見。臣意如太子供奉的餘暇，應命他暫還東宮接見賓客，否則陛下不能親自教育太子，宮官又無由向太子進言，雖有官屬，畢竟無補於事。

伏願陛下稍抑親情，弘遠大之規，讓太子有機會展師友之義！太子溫良恭儉、聰明叡哲，臣願他更進一步，如滄溟之益潤、日月之增華啊！」

太宗醒覺，乃命令劉洎與岑文本、馬周，輪日往東宮與太子談論。

三、教戒太子和諸王

(57)貞觀七年（六三三），太子李承乾已經十五歲，喜愛嬉戲。當時太宗的侍從——散騎常侍于志寧和杜正倫——分別兼任太子左、右庶子，所以太宗剴（ㄎㄞˇ）切地指示他們說：

「卿等輔導太子，必須常給他解說民間問題。朕十八歲的時候猶在民間，百姓艱難無不瞭解，但是即位以後，每次商量處理政事，有時也會產生偏差錯誤，得人諫諍以後才能覺悟；若無忠諫開導，何由行得好事？何況太子生長深宮，百姓艱難均不曾聞見哩！

尚且，人主是安危所繫，不可以動輒驕縱，朕只要發出勑令，說明『有敢諫諍者，必斬』，那麼天下士庶可想而知必無人敢再發直言，因此朕克己勵精，容納諫諍。卿等常須將此意和他談說，每見有不是之事，即應極言切諫，使他有所裨益才好。」

他們後來果然都能切諫太子。

太宗同年又請求侍中魏徵撰述古來帝王子弟的成敗事蹟，俾作子弟鑒戒之用。他說：「自古侯王能自我保全的人很少，原因都是由於生長富貴，好逸尙驕，不了解親君子而遠小人的道理。朕想要所有子弟瞭解前言往行，希望以它作爲規範。」

魏徵奉命，遂選錄自古諸王行事得失的事實，分爲善、惡兩篇，全名稱爲「諸王善惡錄」，並且寫了一序，大意是說：「自古以來，帝王大都封建宗親爲王侯，以作爲中央的藩屏。但是侯王們的發展，有興隆的，也有替滅的。大體始封之君多能功成名立，繼體之主則多國喪身亡。原因何在？因爲始封之君多生長在草創時代，備嚐艱苦憂勞，所以能孜孜努力，建立功名；至於繼體之主則多生長在隆盛時代，而且生在深宮之中，長於婦人之手，缺乏憂患意識，不懂稼穡艱難，放縱非法，荒淫無度，因而敗亡。

皇帝詔命下臣撰寫此書，臣輒竭愚誠，認爲興隆必由於積善，亡滅皆在於積惡，禍福無門，吉凶由己，這並不是一種空言。如今撰完此書，欲使見善思齊，足以揚名不朽；聞惡能改，庶得免於大過。這是興亡的關鍵，可以不加黽勉嗎?!」

太宗閱讀後，稱善不已，命人抄寫副本，遍賜給諸王，並指示說：「此宜置于座右，作爲立身之本。」

(58)貞觀十年（六三六）正月，太宗調整皇弟李元景等子弟十七人的王號。翌月，又拜荆王李元景等十二王爲都督，除了相州都督・魏王李泰之外，其餘十一王均要走馬上任，離開京城。

「自漢以來，皇弟、皇子被封爲王，享受榮華富貴的人甚多，但是算來只有東平王劉蒼和河間王劉德最有聲名，得保祿位，至於像晉朝楚王瑋之徒，則失敗滅亡，不一而終，皆因生長富貴、好自驕逸所造成。你們應該引爲鑒戒才好！」當年才三十九歲的太宗，訓勵李元景、李恪等子弟們說：

「朕揀擇賢**才爲你們**師友，你們必須接受他們的諫諍，不得自專！我聽說以德服人，信非虛言，最近曾經作夢，夢見一人自云是堯舜，我不覺竦然敬異，豈不是因爲感仰其德的緣故？如果那天夢見的是桀紂，我早就拔劍斫他了。桀紂雖是天子，今天假如有人被人稱爲桀紂，必定令人大怒；顏淵、閔子騫、郭林宗、黃叔度雖是布衣，今天假如有人被贊說像此四賢，必定令人大喜，因此可知人之立身，所貴的只在德行，何必要論富貴榮華?!你們位列藩王，家食實封，若能克修德行，豈不是美事！而且君子和小人本無固定的行徑，行善則爲君子，行惡則爲小人，你們當須自我砥礪，使善事日聞；不要縱欲肆情，自陷於刑戮！」

選拔諸王師友，太宗需得宰相房玄齡協助才成，所以他也向玄齡解釋：

「朕歷觀前代撥亂創業之主，生長在民間，都識達人情真僞，罕至於敗亡。及至繼體守文之君，生而富貴，不知疾苦，動輒造成滅身夷族的大禍。朕少年以來，備嚐多難，周知天下之事，至今猶恐有所不逮。至於荆王諸弟，生自深宮，識不及遠，那能念此呢？朕每一食，便念稼穡的艱難；每一衣，則思紡績的辛苦，諸弟又那能學朕呢？於今選擇良佐以作爲他們的輔弼，盼他們能習近善人，得免於罪過罷了。」

(59)貞觀十七年（六四三）四月册立新太子李治後，太宗曾對侍臣說：「古時有胎教世子，朕則沒有空暇去做，但是自從册立太子以來，每遇事物，朕必對他有所誨諭。吃飯時，朕就問道：『你知道飯嗎？』太子答曰：『不知。』朕就告訴他：

『稼穡艱難，皆出於人的勞力，我們不在農忙時候徵調他們服勞役，以免妨碍他們工作的時效，那麼就常有這種飯吃了。』

看見他乘馬，朕又問他：『你知道馬嗎？』太子回答說不知，所以朕又教導他說：『馬是能代人勞苦的動物，你知它勞逸而不用盡其力，則可以常有馬可乘了。』

看見他乘舟，朕又問道：『你知舟嗎？』太子又答不知，朕則對他說：『水可以載舟，也可以覆舟；舟就好比人君，水就好比黎民，你將來會當皇帝，可不畏懼嗎？』

看見他在曲樹下休息歇涼，又問他『你知道此樹嗎？』太子答以不知。於是朕又教誨他說：『此樹雖然彎曲，得到繩子來衡量它就可以變成方正的木材，作人君的人雖然無道，但是能接納諫諍則爲聖人，這是傳說所說的話，你可以用作鑒戒。』」

李治當年十六、七歲，太宗竟然如此諄諄教誨，可謂用心良苦。李治從小長在深宮婦人之手，對民間苦樂當然尚待加緊學習。不過，太宗最擔心他的卻不在此，而在他的性格。太宗一直懷疑太子是仁弱之人，常秘密向長孫無忌探詢：

「公勸我立雉奴（李治的小字），雉奴懦弱，恐怕不能守住社稷怎麽辦?!吳王英勇果斷很像我，我想立他爲太子，公意如何?」

幸得無忌力爭，才將太宗的主意打消。這件事情就種下了太宗死後，長孫無忌謀殺吳王李恪的原因。

太宗既然打消了廢李治而立李恪的主意，所以曾警惕李恪說：「父親慈愛兒子，乃是人之常情，不必等待教訓就生而知之。兒子若能忠孝則最好，如果不遵誨誘，忘記禮法，必會自招刑戮，父親即使愛他，到時又能怎樣?!從前漢武帝死後，昭帝繼位爲帝，燕王劉旦身爲兄長，驕縱不服，輔政霍光下一道命令，就把他給殺了。做人的臣子，不得不謹愼啊!」

四、規諫太子的言論

⑹貞觀五年（六三一），太子李承乾十三歲時，頗留心讀書，不過在課餘時間卻常嬉戲過度，令東宮侍臣擔憂不已。太子右庶子李百藥於是寫了一篇「贊道賦」，以作諷喻開導。這是一篇引經據典，文筆優美，教導承乾做人做事道理的長賦。

某次，太宗曾到東宮看太子，事後派一使者去嘉獎李百藥，賜給他名馬一匹，綵物三百段。使者宣達太宗的話說：「朕於皇太子處見卿所寫的賦，敍述自古以來儲君的事情以警誡太子，文筆甚是典要。朕選卿以輔導太子，正爲此事。卿甚勝任朕的委托，但須貫徹始終才好！」

(61)又過了幾年，承乾侈縱日甚，數虧禮度，儼然如一個問題少年。于志寧當時擔任太子左庶子，爲了挽救他，於是撰寫了一部二十卷的書獻給他讀，取名爲「諫苑」。至於太子右庶子孔穎達，則每次都犯顏進諫。

「太子已長大成人，怎麼可以經常面折?!」承乾乳母遂安夫人埋怨穎達說。

「蒙國厚恩，死無所恨！」穎達回答，以後諫諍得更厲害。

太子命令穎達撰寫孝經義疏，穎達又因文見意，多方加強規諫之道。太宗甚爲嘉許二人，各賜絹帛五百匹和黃金一斤，以作爲太子的示範與激勵。

(62)太子承乾二十一歲那年——貞觀十三年（六三九），右庶子張玄素眼看他頗因遊樂打獵而廢學，於是上書切諫；大意批評他遊畋過度，希望他向孔穎達好好學習，學古以弘道（潁達時任國子祭酒兼東宮侍講）。承乾不接受。玄素又上書諫諍，嚴加批評。承乾覽書後，更加憤怒，責問玄素說：「庶子瘋狂了嗎?!」

翌年，太宗知玄素在東宮頻有進諫，晉昇了他的階官，遷任太子左庶子。那時承乾喜歡擊鼓作樂，曾經在東宮內擊鼓擊到聲聞於外。玄素於是叩閤請見，極言切諫。太子不得已，只好命人將鼓拿出，當着玄素面把它毀壞。不過，太子為此懷恨在心，秘密派遣奴僕等待玄素早朝，以馬檛（ㄔㄚˊ）重擊他，幾至於死。

稍後幾年，承乾又愛好建造亭臺觀舍，窮奢極侈，費用日廣。玄素又切諫，大意指責他過份奢侈，未滿兩個月已用去七萬以上，而且苦口婆心地勸他檢點一下行為，承乾讀了諫書，大怒，派遣刺客將要行刺他。暗殺行動尚未實行，太子即被人告發陰謀兵變，遭到了廢黜軟禁。玄素也因隨例連坐，受到撤職除名的處分。

(63)貞觀十七年（六四三）四月，太子承乾因叛逆被廢，告發他的人卻是東宮著名的殺手紇干承基。太宗詔令長孫無忌、房玄齡、蕭瑀、李世勣等將相大臣，會同大理寺、中書省、門下省舉行大審。審訊過程中，透露了于志寧因諫諍而被行刺的未遂事件：

貞觀十四年那年，于志寧昇爲太子詹事。他認爲太子廣造宮室，奢侈過度，而又耽好聲樂，於是上書諫諍。承乾覽書，不悅。第二年，志寧丁母憂，解官守喪。不久，太宗即勑令他恢復原任官職，上班辦事。志寧屢次上表，要求准他完成喪禮。太宗派中書侍郎岑文本至于府，宣達口諭說：「自古忠孝不能並存，我兒須人輔弼，卿應節哀順變，不可徇以私情！」志寧只好復職視事。

當時，李承乾在農忙之時，徵召人民服駕士之役，而且不許分番輪休，於是人人抱怨太子；太子又招引突厥人和一些無賴進入東宮遊樂。志寧瞧不順眼，遂上書切諫，對這些惡行一一加以批評。承乾大怒，派遣刺客張師政和紇干承基，潛至于府暗殺志寧。兩人潛入于府，準備採取行動，但是一眼看見于志寧仍然寢處苦廬（白茅蓋的草廬）以哀思母喪，竟然不忍心下手，使志寧逃過一刼。

太宗得知其事，召見志寧勉勞他說：「知公數有規諫我兒，事無所隱。」所以東宮重要官員張玄素、令狐德棻（ㄈㄣ）等人以下，大都隨例連坐免職，只有志寧未被嚴重處分。而且，在李治被册爲新的太子之後，他再度被委任爲太子左庶子，只降了兩階。

第五章 論美德（上）

一、論仁義

(64)貞觀初，太宗有一說：「朕看古來帝王，以仁義治國的則國祚延長，以法治人的，則雖能救弊病於一時，但也敗亡得很快。看到從前帝王成大事，足以成爲朕的大鏡子，如今朕想專以仁義誠信來治理國家，希望革新近代的澆薄風氣。」

「天下凋喪已久，陛下承其餘弊，弘揚大道而移風易俗，真是萬代之福。但是，若非賢人則不能致治，只有得人才可以。」黃門侍郎王珪說。

「朕思賢情切，豈止夢寐以求！」

「世必有才，隨時可以求用，」給事中杜正倫在旁說：「豈待夢見傅說，遇到呂尚，然後才講究治理國家呢？」

太宗深納其言。

(65)太宗實際即位已兩年，政治日上軌道。某日，太宗匭勉侍臣們說：「朕以爲大亂之後，風俗難移，近來看到百姓漸知廉恥，官吏人民都奉公守法，盜賊日益稀少。由此可知，人民本來沒有固定的風俗，而是政有治亂罷了；所以，治國之道，必須撫以仁義，示以威信，順從民心，除去苛刻，不作異端，天下自然就能安靜。公等應該和朕共同努力於此啊！」

(66)貞觀四年（六三〇），唐朝內臻盛平，外滅東突厥。這年，左僕射房玄齡提出國防軍事的報告：「如今查閱武庫的軍事武器和裝備，遠勝於隋朝的時代。」

太宗說：「整軍經武以防備寇侵雖然是要事，然而，朕只希望卿等能存心治道，務盡忠貞，使百姓安樂，這就是朕的武裝。隋煬帝豈因爲武裝不足而滅亡，正由於仁義不修而羣下怨叛的緣故啊！卿等宜識朕這用心！」

(67)貞觀十三年（六三九），王珪於正月病逝前，太宗曾經和他見面聊過天。「林深則鳥棲，水廣則魚游，累積仁義則萬物歸附。」太宗感慨地說：「人皆知畏避災害，而不知行仁義則災害不生。仁義之道，應當思之在心，持續努力，如果有片刻的懈怠，相去就已遠了；猶如飲食對身體一般，常常讓肚子吃得飽，就可以保全人的性命了。」

「陛下能知此言，天下幸甚！」王珪聽了，立即頓首，並勉勵太宗說。

二、論忠義

(68)武德九年（六二六）六月四日，秦王李世民率領勇將尉遲敬德等人，收買了玄武門當值部隊指揮官敬君弘等，伏兵於臨湖殿附近，將太子李建成和齊王李元吉兩個政敵，一舉給殺死了。

東宮及齊王府人員聞兵變，紛作逃亡打算。東宮侍衞隊指揮官之一、爲太子生前所親近禮遇的馮立，感歎道：「豈有生受其恩而死逃其難！」於是率兵進攻玄武門。齊王侍衞隊指揮官之一的謝叔方也統兵來會，聯軍攻門。苦戰良久，將敬君弘及另一將校呂世衡給殺了。守門部隊及秦王府兵變部隊眼看形勢不妙，尉遲敬德手持建成和元吉二人首級，急馳而至，向進攻部隊展示。馮立眼見如此，知奮戰已無用，遂宣佈：「我們殺了叛賊敬君弘，亦足以稍報於太子了！」立即下令部隊解散，逃亡於野外。謝叔方見到二主首級，乃下馬痛哭，拜辭而遁。

翌日，馮、謝二人皆出來向秦王自首。

「你昨天出兵來戰，對我兵大加殺傷，怎可以讓你逃死！」秦王怒責道。

「馮立出身事主，希望有所效命，當戰之日，無所顧憚！」馮立因而欷歔，悲不自勝。

太宗慰勉他，授他爲禁軍將校。太宗認爲這批人都是義士，所以謝叔方也同時授任將校。事後，馮立向所親說：「我本以爲必死，今逢莫大之恩，幸而獲免，終當以此奉答他！」

未幾，東突厥二十萬大軍進犯至渭水便橋。馮立率領數百騎，大戰虜騎於咸陽，殺獲甚衆，所向披靡。太宗聞而嘉歎不已。

(69)蕭瑀是南朝王室子弟，隋煬帝小舅，文章好，風度好，只是個性鯁介。唐高祖與他交情極佳，即位不久就拜他爲中書令，內外百務都請他過目及裁決。而且常與同榻而坐，稱他「蕭郎」而不呼名。他在武德六年（六二三）即出任唐朝第二任右僕射。九年，玄武門兵變以後，太宗晉升他爲左僕射。他和房玄齡、杜如晦等新貴不協，曾上書批評房、杜等人，失太宗意，遂在同年十月罷相。但是翌年六月，又再拜爲左僕射，情況仍不見改善，所以同年十二月二度罷相。後來又曾以御史大夫參政，不久又罷，即三度拜相而又三度罷相。

貞觀九年（六三五）十一月，蕭瑀第四度拜相——以高級散官（沒有職事的階官）參預朝政。某次，太宗因事宴集宰相侍臣，席間從容告訴左僕房玄齡：「武德六年以後，太上皇（指高祖）有廢立之心，我當時不爲兄弟所容，實有功高不賞之懼。他們想拉攏蕭瑀。蕭瑀不可以用厚利誘惑，不可以用刑戮威脅，真是社稷之臣啊！」跟着賜詩給蕭瑀：「疾風知勁草，板蕩識誠臣。」

太宗之意，一方面暗示玄齡不可再像以前一樣和蕭瑀發生糾紛；一方面也在表揚蕭瑀的忠義，暗示四度拜他爲相的動機。所以賜詩後，太宗又當面批評蕭瑀的缺點說：「卿之守道耿介，古人也難以超過；然而善惡分得太明，因此時有所失。」

蕭瑀再三拜謝說：「臣特蒙誡訓，又蒙以忠諒稱贊，雖死之日，榮同猶生之年！」

魏徵在旁稱頌說：「人臣執法嚴而逆衆，明主體諒他的忠誠而寬恕他；人臣執節獨立特行，明主體諒他的貞勁而寬恕他。從前但聞其言，今天親睹其事，蕭瑀要不是遇到明聖之主，早就身蒙大難了！」

太宗對魏徵的稱贊甚爲高興，君臣同歡而罷。

(70)名史家姚思廉的父親姚察也是名史家，父子二人均有學行。隋朝末年，姚思廉擔任代王侍讀，代王楊侑當時留守京城，而煬帝則遠赴江都遊樂去了。

太原留守李淵起兵西向，攻克京城，王府官僚大多駭散，獨思廉隨侍代王，不離左右。攻城部隊包圍宮禁，並將衝上大殿，思廉厲聲喝道：「唐公（李淵）舉義兵本爲匡扶王室，你們不該對代王無禮！」兵衆懾服，於是稍稍後退，布列於階下。一會兒，李淵到達，將士向他報告情況。李淵聞而義之，特許思廉扶代王至順陽閣下。安頓好，思廉才泣拜而去。旁觀者目睹其事，皆感歎道：「真是忠烈之士啊！仁者有勇，就是指此而言。」

不久，李淵即位，遂任命思廉爲秦王文學，以幫助世民。後來隨同秦王東征，因而留在洛陽工作，當時秦王的大本營即在洛陽。直至貞觀元年（六二七），太宗和侍臣從容提到當年之事，乃慨然歎道：「姚思廉不懼兵刃，以明大節，求之於古人，也很難找到比他更高潔的啊！」於是，太宗寄了三百段絹帛贈給他，並賜手條說：「想卿忠節之風，故有此贈。」

(71)太宗即位後，似乎感到對大哥建成、四弟元吉二人及其兒子們做得太絕（二人之子均被誅殺，開除屬籍），內心有咎，於是下詔追封建成爲息王，謚號「隱」；追封元吉爲海陵郡王，謚號「剌」，並擇日以禮改葬。

尚書右丞魏徵和黃門侍郎王珪，上表請求准予陪送。表疏說：「臣等以前承受太上皇（高祖）命令，侍從東宮，出入龍樓，垂將一紀（十年爲一紀）。前宮（指故太子建成）結釁宗社，得罪人神，臣等不能夠殉身從死，負其罪戾；徒竭有生之年，亦將如何上報?!

陛下德光四海，道冠前王，追懷手足之恩情，申明社稷之大義，卜葬二王，遠期有日。臣等永懷疇昔，忝（ㄊㄧㄢˇ）曰舊臣，卻未得申抒送往之哀，是故懇望於葬日，特准送至墓所！」

太宗感動於其義，不但批准了二人的請求，抑且下令所有前任東宮及齊王府官僚，盡皆在當天送葬。改葬之日，太宗更親至宜秋門哭送。

(72)**貞觀五年**（六三一），太宗與侍臣談話，向他們建議說：「忠臣烈士，那一代沒有！公等知隋朝誰是忠貞之士，不妨說說看？」

「臣聞太常丞元善達在京留守，見羣賊縱橫，於是轉騎遠詣江都諫煬帝。煬帝不受其言，勅令他返回京師。善達涕泣極諫，煬帝更怒，乃遠使追兵，身死瘴癘之地。」王珪提出一個人，接着又提出另一人：「又有虎賁郎中獨孤盛，當年在江都侍衞時，宇文化及起兵叛亂，他只有一身力抗以至於死。兩人都可算忠貞之士吧！」

太宗聽了，自己又提出一人說：

「屈突通爲隋朝大將，與國家（指太原起事部隊）戰於潼關，及聞京城失陷，於是引兵東撤。義兵（指李淵部隊）追及他，朕遣他的家人前往招慰，他立刻就殺死來說的奴僕。朕又派他的兒子前往，他竟然罵說：『我蒙隋家驅使，已事兩帝，今天是我死節之秋，你從前是我的兒子，今日卻是我的仇敵！』因而拔箭射向其子。後來因爲所部潰散，屈突通孑然一身，向東南方慟哭盡哀說：『臣負荷國恩，身任將帥，智力俱盡，致此敗亡，非臣不竭誠於國啊！』說畢，即爲追兵所擒。太上皇極器重他，每次拜他官爵，他都託病固辭。像這種忠節，足可嘉揚推崇。」

太宗綜合談論的結果，下敕命令有關機關，採訪隋末以來因直諫而被殺的忠臣子孫，並錄以奏聞。

太宗常喜討論近代名臣，因而錄用他們的子孫，這是他激勵忠義之風的方式之一。

貞觀十五年（六四一），太宗曾下詔說：「朕聽朝之暇披觀前史，每覽前賢佐時，忠臣殉國，何嘗不想見其人，廢書而欽歎。至於近代以來，歲月不遠，他們的子孫當今應該尙有生存的，不宜遭受屈辱。其周隋二代名臣及忠節子孫，若有貞觀以來犯罪配流的，宜令所司具錄奏聞。」

於是很多名臣子孫，都獲得了矜宥。

(73)名臣陳叔達原爲南朝陳宣帝之子，唐高祖朝已官拜侍中，成爲宰相。太宗即位初期，他因爲和左僕射蕭瑀忿爭，所以兩人雙雙罷相。貞觀六年（六三二）十一月，太宗再度委以重任，授他爲禮部尚書。任命發表後，太宗對他解釋：「武德中期，公曾經進直言於太上皇，說明朕有定國大功，不可黜退云云。朕本性剛烈，若有抑制挫折，恐怕會不勝憂憤，以致疾斃之危。如今賞報公的忠謇，所以有此任命。」

叔達似乎不大領情，更正太宗的看法說：「臣以隋氏父子自相殘殺，以至於滅亡，豈容目睹覆車而不改前轍？臣所以才竭誠進諫罷了。臣是爲了社稷，而不是爲了陛下而進言。」

太宗聽了，跟着說：「朕知公不獨爲朕一人，實爲社稷而着想！」

(74)桂州都督李弘節一向以清廉謹愼聞名。貞觀八年（六三四）死身後，其家屬出售家傳的珍珠。太宗捉到把柄，於是宣揚於朝說：「這人生平，宰相都一力說他清廉，今日既然如此，推薦他的人豈得無罪？朕必定要深入追究，絕不中止！」

侍中魏徵聞言，待機進言說：「陛下一向說此人汚濁，卻未見受財的證據。如今聽說他的家屬賣珠，就想連帶要讓推薦人坐罪，臣認爲真的不知所謂。自從聖朝建國以來，爲國盡忠、清貞愼守、始終不渝的人，只有屈突通和張道源罷了。屈突通三個兒子來銓選做官，三人竟然只有一匹羸馬；道源兒子也窮困得不能存立，陛下對此居然未見一言提及。如今弘節爲國立功，前後多次大蒙賞賚（ㄌㄞ），身死之後，陛下也沒說他貪殘，所以妻子賣珠，未算有罪。陛下知道清貞的人卻無所存問，懷疑他人貪濁則旁責推薦的人，雖說疾惡不疑，但卻也是好善不篤！臣私下思度，以爲不可以這樣子做，否則有識之士必定多生枉議。」

「匆卒之間沒有想過此事，」太宗承認過錯，撫掌贊同魏徵之言：「今日得聞此語，方知談話也不容易！追究之事不再查問，那屈突通、張道源的兒子，應該各給一官他們做。」

(75)貞觀七年（六三三）底，太宗將派遣各道黜陟大使分行全國，代天巡狩。各道人選已定，只有畿內道（首都所在之道）人選擧棋未定，難於挑選。太宗決定從宰相重臣中親自圈定，久之猶未決，於是請敎左僕射房玄齡說：「此道事最重，誰可充任大使？」

名將李靖當時任右僕射，在旁建議說：「畿內事大，非魏徵不可。」

「朕今年想到九成宮也不是小事，何可派遣魏徵出使！」太宗欲三月至九成宮避暑，故作色道：「朕每次出行，都不想和魏徵相離，原因是因爲他最能見朕是非得失。」乃即令李靖充使。翌年正月，諸道大使正式代表太宗出巡。

(76)貞觀十一年(六三七)，太宗首次在即位後駕幸東都洛陽，行至漢太尉楊震之墓，傷感他以忠貞而死於非命(楊震爲內戚所讒，飲酖而卒)，乃親自撰文祭祀他。

房玄齡進言說：「楊震雖然當年枉死，數百年後方遇聖明，但得到陛下停輿致祭，可謂雖死猶生，沒而不朽！伯起（楊震之字）有知，值得欣躍於九泉之下了。伏讀天文（指太宗的祭文），且感且慰，凡百君子，焉敢不勗（ㄒㄩ）勵名節，知爲善之有效！」

同年，太宗和侍臣談起前代忠臣。太宗說：「春秋時代，狄人殺衞懿公，盡食其肉而獨留其肝。懿公之臣弘演，呼天大哭，自己掏出心肝，而將懿公之肝放於自己的腹中，這種人今天恐怕找不到了。」

特進魏徵回答說：「從前大刺客豫讓為智伯報讎，欲行刺趙襄子。襄子捕到他，問道：『從前你為范氏和中行氏做事，智伯盡滅之，你卻不顧而去，委質於智伯。如今智伯被消滅，你卻要為他報讎，是甚麼道理呀？』豫讓說：『臣以前為范氏和中行氏做事，二氏以普通人待我，我就以普通人的方式來報答他們。智伯待我以國士，我就以國士的方式來回報他！』由此可知，陛下所提問題的關鍵，是在人君是否禮遇臣下而已，怎麼可以說無人呢?!」

太宗對古代名臣常這樣頌揚，對激勵當時士風，具有頗大的影響。

(77)貞觀十九年（六四五），太宗統率諸軍親征高麗（戰爭理由參第一五三及一六三條）。各路大軍節節勝利，是年六月即推進至遼東安市城（今遼寧蓋平縣東北），爆發了長達三、四個月的安市會戰。

安市城有高麗精兵堅守，進行保衛戰。六月中，高麗耨薩（相當於都督）高延壽和高惠真，統率高麗、靺（ㄇㄛ）鞨（ㄏㄜ）（高麗北鄰）聯軍十五萬來救，於是爆發了序戰。太宗誘敵來會，伏兵大起而攻擊之。聯軍大敗，死亡二萬餘人，並爲唐軍包圍在山上，不久卽全軍投降。

聯軍覆沒消息傳開，高麗擧國大駭，附近城市皆自拔遁去，數百里無復人煙，唐軍遂從容推進至安市城下。太宗向城中招降，城中堅守不動，圍城月餘而無效。太宗將大本營移至城南，經常巡視前線。城中守軍每見大唐天子的統帥旗出現，必乘城鼓譟，令太宗怒甚，因而下令強攻城池。

遠征軍副統帥、太宗所稱當代三大名將之一——江夏王李道宗——負責攻城戰東南隅總指揮，親承天子之命，採用城下堆築土石的方法浸逼其城。城下增高，城上也堆土增加高度。道宗指揮所部輪流進攻，每日交戰六、七回合，衝車礮石所毁的缺口，守城部隊隨卽豎立木柵加以堵住。戰況激烈，連道宗也傷了脚，而爲太宗所親自加以針灸治療。攻防戰總共持續了六十日，築山晝夜不息，用功凡五十萬之鉅，至山頂高出城牆數丈，仍然爭奪纏戰不下。

秋天將逝，嚴冬將至，太宗以遼東早寒，草枯水凍，不利於作戰，遂下敕班師。大軍回旋之時，安市城屏跡不出，司令官且登城拜辭。太宗嘉奬他的堅守和臣節。賜贈給他三百匹絹帛，以作激勵盡忠職守者的榜樣。當然，太宗仍然愼重而退，命令遠征軍正、副統帥李世勣和李道宗，親率四萬步兵與騎兵為殿後，以防安市部隊乘機追擊。

三、論孝友

(78)名相房玄齡是著名的孝子，年輕時代即才華畢露。他協助太宗達成「貞觀之治」，前後當了二十三年宰相，其中擔任左僕射一職即長達十四年之久。貞觀十六年（六四二）七月，玄齡認為擔任首相太久，女兒為韓王李元嘉（詳第八十條）之妃，兒子房遺愛則尚太宗之女高陽公主，顯貴已極，因此藉口六十四歲高齡，頻表辭位。太宗一再慰留，不允許他的請求，但最終拗不過他，於是在此月晉拜他為司空，仍請他綜理朝政，原任司空的長孫無忌則遷任司徒。

翌年七月，玄齡丁繼母憂。玄齡事奉繼母一如生母，伺候顏色，奉養惟謹。當她生病時，玄齡延請醫師來治療，每當醫師至門，玄齡必迎拜垂泣；及至繼母病逝，玄齡居喪，尤其盡哀，竟至骨瘦如柴。

太宗特命散騎常侍劉洎前往寬慰他，送他寢牀、粥食、鹽菜，意思是強要他進食。並且，太宗感於玄齡之孝，特在昭陵（太宗生前已進行修建的陵墓名稱）墓區賜地一塊，讓他繼母安葬在內。

(79)虞世南是太宗經常批評的虞世基之弟，兄弟二人年輕時代即有重名，時人將他們比於前代的著名文學家陸機和陸雲。隋煬帝時，虞世基最得天子信任，權傾一時，世南則僅官起居舍人（爲天子作日記之官，詳參第一〇九條）。兄弟兩人性格不同，但甚友愛，世南雖與兄同居，然而勤儉樸實，一如平素。

煬帝遊幸江都，二人均從行。當宇文化及兵變時，虞世基也被逮捕，將加以殺害。世南抱持兄長而號泣懇求，請求以身代死，化及不同意，遂殺世基。世南爲兄之死哀痛已極，竟至痛餓得骨瘦如柴。當時的人對他友愛兄長的行爲，咸加稱重。

世南後來輾轉歸附唐朝，人品學問極爲太宗所器重，曾推崇他是「當代名臣人倫準的」。

(80)唐高祖李淵共有二十二男，隱太子李建成、太宗、衞王李玄霸、巢刺王李元吉四兄弟，都是同由太穆皇后所生，其餘十八人則由妃嬪所生。宇文昭儀是隋末權相宇文述之女，江都兵變的主角宇文化及就是宇文述的長子，昭儀的兄弟，他們都是鮮卑人。昭儀在唐高祖於隋朝做官時，即嫁到了李家，獲寵於李淵，所以李淵當了皇帝，便想立她當皇后（太穆皇后已死）。她則固辭不受，所以才當昭儀。

宇文昭儀給高祖生了韓王李元嘉和魯王李靈夔。韓王在武德元年（六一八）出生，排行第十一，魯王則排行第十九。韓王因爲母親的關係，特爲高祖所愛，是他當了皇帝後才出生的諸子中之最愛者。武德四年，高祖封他爲宋王，後來改封徐王。貞觀六年（六三二），太宗授他爲潞州（治今山西省長治縣）刺史；十年，改封韓王，授潞州都督。

元嘉授任潞州刺史時，年齡才十五歲，在州聽到太妃（宇文昭儀爲太妃）有疾，便涕泣不食；及至太妃病逝，京師發喪，更加哀毀過禮。太宗嘉其至性，對他屢加慰勉。元嘉是一個讀書人，藏書甚多，閨門修整，生活樸素得好像是一個寒素士大夫，與其他大多數兄弟不一樣。

他的同母弟弟李靈夔，精通音樂和書法，兄弟兩人特相友愛。兄弟集會見面時，常如布衣之禮，並不以親王身份相見。總之，韓王李元嘉修身潔己、內外如一，而且兄友弟恭，行爲最爲人所稱道，當時諸王沒有人能比得上他。

(81)高祖第十四子霍王李元軌是張美人所生，爲兄弟中聲譽僅次於韓王元嘉的親王。他武藝過人，又勤力讀書，言行謹愼而溫和，在貞觀十年（六三六）才改封爲霍王，以前則爲吳王。

貞觀七年，他以吳王身份授任壽州（治今安徽壽縣）刺史。至九年五月，太上皇（李淵）駕崩的消息傳至，他哀毀過禮，辭去官職，自此常穿布衣，以示有終身之戚。

太宗曾經問侍臣：「朕的子弟誰最賢？」魏徵答道：「臣愚暗，不完全知道他們的才能，只有吳王和臣談過幾次話，每次都令臣自我覺得有過失。」太宗又問：「那麼，卿以爲前代誰可以和他相比？」答道：「經學文雅嘛，可與漢朝的河間王和東平王相比，至於孝行，則像古代的曾參和閔損！」經這麼一贊，太宗由此更加寵愛和禮遇他，甚至親自作媒，撮合他和魏徵之女結婚。

後來他轉任徐州（治今江蘇銅山縣）刺史，與處士徐玄平爲布衣之交。有人問玄平：「霍王有何長處？」玄平答道：「無。」問者怪而再三追問，玄平乃說：「人因爲有所短，所以就見他有所長，至於霍王，無所不備，我怎樣說他才是呢?!」

可見其爲人。

⑻貞觀中期，有一個突厥人叫史行昌，他是大內的侍衞。某天，輪到他當值戍守玄武門；那天吃飯，他把肉擱在旁邊不吃，卻把飯吃完了。人問其故，史行昌答道：「我拿回去給母親吃。」

太宗聽到了這件事，大爲感動，贊歎地說：「仁孝之性，豈因華、夷不同而有所差異！」遂賜給他一匹尚乘馬（大內御用馬），並詔令供應肉料給他母親。

四、論公平

⑻太宗即位翌月，論公行賞，列定中書令房玄齡等五人功居第一（參第四十五條）。房玄齡跟着敍列功臣，並啓奏道：「秦府（太宗即位以前的秦王府）舊人還沒有昇官的，都埋怨前宮（指故太子建成）和齊府（指元吉的齊王府）的左右反而昇官在他們之前，大有埋怨陛下忘舊之意。」

太宗聽了，馬上解釋及指示說：「古人所謂至公，是指平恕無私而言，丹朱和商均是堯舜的兒子，而堯舜卻廢之；管叔和蔡叔是周公的兄弟，而周公誅之，故知君臨天下的人，以天下爲公，無私於物。從前諸葛孔明，只是小國之相罷了，猶說『吾心如秤，不能爲人作輕重』，何況我如今統治大國哩！

朕與公等，衣食皆出於百姓，此則人力已奉於上，而上恩未被於下。如今所以選擇賢才，主要的目的在爲百姓求安，因此用人只應問是否適當，豈能以新舊異情作標準！凡人見過一面尚且相親，舊人怎麼會頓忘呢？才幹若不堪用，也怎能因爲舊人而優先敍用？如今公不論他們能與不能，而直言他們的嗟怨，豈是至公之道啊！」

這年，太宗爲了要雪「渭水之耻」（參第一五八條），親自在政餘訓練侍衛部隊，羣臣多認爲不妥當，恐有安全的問題。所以在第二年——貞觀元年，有人封事（用封套封好的奏章）建議應該授予秦府舊日侍衛以武職，追令他們入宮守衛。

太宗不以爲然，說：「朕以天下爲家，不能私於一物，惟有才、行兼備者我就任用他，豈以新舊不同而有差異的待遇哩！舊日侍衛之外，難道更無可信的人了嗎?!古人說：『兵猶如火，不戢則將自焚。』你的意思，絕非有益於政治的構思。」

(84)貞觀元年（六二七）上半年，發生了兩件事涉刑法的事件，情況是這樣的：

某天，吏部尚書長孫無忌被召入宮。無忌和太宗原是布衣之交，而且又是姻戚（無忌是大舅子，太宗是妹夫）、第一功臣、首席部長、皇上心腹，素來太宗對他的禮遇，冠於群臣，所以侍衛部隊看他來到，就讓他立卽直入東上閤門（此地是唐朝皇帝日常議政、會見侍臣之處），沒有加以檢查。

及至無忌出閤門後，監門校尉才發覺他未解下佩刀，是帶刀入見皇帝的。右僕射封德彝尋卽建議：監門校尉失職，嚴重危害元首安全，罪當死；長孫無忌非法携械入宮，誤觸法網，判徒刑二年、罰銅二十斤。太宗從之，交付大理寺執行。

太理少卿戴胄駁還此案說：「校尉不覺和無忌帶刀入內，同是誤犯，但臣子對至尊不得稱有所誤，故依據法律『供御湯藥、飲食、舟船誤不如法者，皆死』的條文，兩人均應判重罪。陛下若考慮無忌的功勞，此則不是司法機關的職權；如果要依法律進行，則無忌只判罰銅，未爲得理。」

太宗看到案件駁還，瞭解其駁辭後，乃說：「法者，非朕一人之法，乃天下之法，何得以無忌國之親戚，便欲撓法耶？」下令再議此案。封德彝執議如初，太宗將從其議，戴冑又上書駁奏：「校尉因無忌以致罪，於法當輕；若論其過誤，則兩人情況是一樣的，然而一判以生、一判以死，這裏就有差異，因此膽敢堅持鄙見。」

太宗於是乃免校尉之死。

當時，唐朝用人改變了隋朝在每年十一月會集於首都、在尙省銓選的制度，更爲四時聽選、隨缺擬用，這是由於應選人數衆多，而選期短促的緣故。

太宗鑒於大開選擧，可能有人會僞造證件，冒充有官階資歷（隋時資歷及戰地臨時所用之資歷，此時均被承認，故甚混亂），於是下令詐僞者必須自首，不自首而被發覺，卽罪至于死。不久，有人詐僞而被發覺，送到大理寺審判。戴冑依據法律判人流刑，並上奏此案。

太宗不同意，說：「朕當初下達敕令，不自首者死。如今卿的判決依據法律而不依敕令，我的話還有信用嗎？」

「陛下當初卽應依據行政命令立刻殺了他，這就不是臣的職權範圍。」戴冑答：「既然陛下不殺，移送到司法機關來，臣不敢虧法。」

「卿自守法，而令朕失信於天下嗎?!」太宗有點惱怒。

「法律乃是國家所以布大信於天下的公理，陛下之言雖是命令，但卻是一時喜怒所頒發的。」戴胄力爭道：「陛下發一朝之忿而許殺人，事後既知不可而移送法司，欲置之於法，這是忍小忿而存大信。如果不這樣做，臣竊爲陛下可惜！」

「朕法有所失，卿能正朕之失，朕還有甚麼可憂的哩！」太宗嘉賞戴胄，並從其言。

(85)貞觀二年（六二八），太宗某日和房玄齡等談論布公道的問題。太宗說：

「朕近見隋代遺老，他們都稱贊高熲善爲宰相，使朕興趣盈然地研讀高熲的傳記（熲爲隋開國元勳、姻戚，秉執政甚長、名氣最大的宰相）。他的確公平正直，尤識治體，是一身維繫國家安危的人；可惜煬帝無道，將他枉殺了。朕何嘗不想見此人，而爲他廢書欽歎！又自從漢、魏以來，諸葛亮爲丞相亦甚公平正直。他曾經廢黜廖立和李嚴，將他們外放到南荒。後來廖立聞得諸葛亮死，遂泣道：『我永無回朝的一天，長爲南蠻之人了！』李嚴聞訊，也因此發病而死。所以，陳壽撰三國志，力稱諸葛亮的爲政是『開誠心，布公道。盡忠益時者雖讎必賞，犯法怠慢者雖親必罰』卿等豈可不企慕他們！

朕如今常常仰慕前代的好帝王，卿等也可仰慕前代的好宰相。若能如此，則榮名高位可以長守。」

「臣聞治國的要道在於公平正直，所以尚書說：『無偏無黨，王道蕩蕩；無黨無偏，王道平平。』孔子也說：『舉直錯諸枉，則民服。』現在聖上思慮所崇尚的標準，眞是足以窮極政教的源泉——極盡至公之要，囊括區宇，化成天下。」玄齡等答道。

太宗聽了，豪邁地說：「這眞是朕的抱負，豈有和卿等說了，卻不認眞地實行的哩！」

治國必須用人，宰相大臣薦用人才，常會發生一些嫌疑或糾紛，右丞魏徵曾被批評阿黨親戚，太宗派溫彥博調查後，警告他要行爲檢點（參第二十八條），所以有些大臣會有避嫌或難於推薦，甚至不推薦的情況出現。

貞觀初期，太宗爲鼓勵大臣推薦人才，曾對侍臣說：「朕如今孜孜求士，目的是要專心政道，聽說有好人，則不次提拔。然而，有些人說被提拔的人都是宰相親故，所以用人不當。不過朕的看法卻不同，公等以至公行事，不須爲了躲避這類言論的批評，便自我拘束檢點；古人內舉不避親，外舉不避讎，一心只爲了舉得眞正的人才；但能舉用得才，雖是子弟及讎嫌，都應不得不舉，這才算公平。」

(86)太宗第五女——長樂公主——是文德皇后長孫氏所生，夫婦一向愛之逾恆。貞觀六年（六三二）三月，公主將出降（公主出嫁稱爲出降）她的表哥長孫沖——長孫無忌之子，親上加親，喜氣更是洋洋。太宗夫婦爲了表示寵愛和大喜，特敕有關機關送嫁粧給男方要倍於長公主（皇帝的姊妹稱長公主）

敕旨降下，宰臣魏徵提出反對，說：「從前漢明帝欲封其子，卻說『朕子豈得和先帝之子禮遇相同，只可比照楚王、淮陽王（二王皆光武帝子，明帝的兄弟）的一半就好了』這件事遂成爲歷史上的美談。天子的姊妹爲長公主，天子之女則爲公主，既加『長』字，實因尊於公主的緣故！情雖有殊，義無等別，如果讓公主的婚禮超過長公主，於理恐怕行不通，實願陛下思之。」

太宗稱善，入內將魏徵的話轉告給皇后。皇后非但不怒，反而贊歎道：「常聽說陛下敬重魏徵，殊未知其故，如今就此諫言，乃能以義理抑制人主的情感，眞社稷之臣啊！妾與陛下結髮爲夫妻，曲蒙禮敬，情義深重，但是每次有話相告，必先察顏觀色，尚不敢輕犯威嚴；何況身爲臣下，情疎禮隔，竟能如此抗言哩?!所以韓非謂之說難，東方朔聲言不易，實有原因啊。忠言逆耳而利於行，是有國有家者應該奉爲要急之事，接受這種言論則世治，拒絕則政亂，願陛下詳思之，則天下幸甚！」

說完，又因此而請求派遣使臣前去魏府，贈送給魏徵絹帛五百匹。

(87)張亮出身農夫，倜儻有大節，但心機甚深。他是太宗的得力助手，玄武門兵變事件中即曾扮演重要的角色；因而在太宗即位後，他長期擔任方面大員；太宗親征高麗之役，他更是遠征海軍的統帥。張亮自貞觀中期以後，即以刑部尚書（相當於法務部長）參預朝政而成爲宰相。以他的人事背景看，只要不出差錯，即能更上一層樓——前途如錦如繡。

他出身寒微而驟至宰相大臣，似乎在學識上追不上仕途提昇的速度，尤其他和他的繼室夫人李氏都信旁門左道，自以爲具有異相天命，而又收養義子多達五百人，令人矚目。貞觀二十年（六四六），有人告發他收養五百人，又與術士談論天命，有造反的陰謀。

太宗特令宰相馬周審理此案，張亮不認罪。太宗說：「他收養五百個義子幹甚麼？正是想造反罷了！」因此再命令百官討論此案。大家多言張亮有罪當誅，只有李道裕聲明張亮反形未具，不應有罪。

太宗在盛怒之下，對道裕之言未加深思，竟派長孫無忌和房玄齡就獄與張亮訣別，轉告他說：「法律是維持天下公平的標準，朕與公在此標準之前一視同仁，皆需遵守。公自己不謹慎，與凶人（指術士）往還，致使陷於法網，如今奈何?!公好好去吧！」於是斬於西市。

一年多後，刑部侍郎（法務部副部長）出缺，詔令宰相選用適當人選來擔任。宰臣們多次提名，均遭太宗否決。最後太宗說：「朕已經找得適當人選了。以前李道裕聲明張亮反形未具，可謂公平的啊，當時朕雖不用其言，至今則追悔不已。」於是就任用了李道裕。

(88)貞觀十一年（六三七）時，由於經常用宦官充任使節，承命外出公幹，他們回宮後亦妄有奏論是非。事情爆發，太宗為之震怒，魏徵鑒於前代有過宦官之禍，因此適時進言說：「閹豎（指宦官）雖然地位低微，但是每天狎近天子，時常說話，令人輕而易信，浸潤之譖，爲患特深。當今主上聖明，不必多所憂慮，但是爲了教導子孫，卻不可不杜絕問題的根源。」

太宗領悟，說：「要不是卿，朕怎能聽到這種話呢？自今以後，停止派令宦官充任使臣。」

事後，魏徵回府想了又想，決定上疏對這些問題詳加討論，讓太宗眞正而充份的瞭解接受。他這道長疏大意這樣的：

「臣聞爲人君者，在乎善善而惡惡，近君子而遠小人。善善明則君子進用，惡惡著則小人退避。親近君子則朝無秕政，疎遠小人則視聽不會邪私。小人不是沒有小善，君子也不是沒有小過；君子的小過猶如白玉的微瑕，小人的小善猶如鉛刀的一割。鉛刀一割不爲良工所重視，因爲小善不足以掩衆惡的緣故；白玉微瑕不爲善賈所放棄，因爲小疵不足以妨大美的緣故。如果善小人的小善可以謂之善善，惡君子的小過可以謂之惡惡，此則無異蒿草和蘭花同嗅、美玉和石頭不分，足以令人沮喪泣血。如果既識玉、石的差異，又能分辨蒿、蘭的不同，然而卻善善而不能進，惡惡而不能去，這也足以令人欷歔遺恨的啊！

陛下聰明神武，天姿英叡，志存泛愛，引納多途，但卻好善而不甚擇人，疾惡而未能遠佞，又出言無隱，疾惡太深，聞知人的善處未必全信，聽到人家的惡劣則以爲必然，雖有獨見之明，猶恐理或未盡。……」

太宗覽疏後，親手撰寫詔書作答說：「前後讀卿多篇諷諫開喩的奏章，都感到無比的切至之意，這當然是朕所以厚望於卿的做法啊！朕出身權貴的門第，但是小時候卻缺乏師傅的教誨，極少聽到先達之言。後來遭遇隋末大亂，朕即以二九之年，立志執干戈救萬民，自後東征西討，日不暇給，居無寧歲。幸賴上天降福，祖宗庇佑，義旗所指，無不平定，即是外國也俯首稱臣。及至恭承寶位，推行無爲息民的政策，於今已十有餘年，世道清平寧靜，皆是羣臣協德同心的效果啊！朕自以爲寡道薄德，卻能厚享這種福賜，因而常感憂深責重，恐怕曠廢萬機、杜塞聰明，所以時常戰戰兢兢，坐以待旦，向公卿以至於隸皂詢求意見，推以赤心，希望如此而能使德業永傳於史籍，鴻名常列於前茅！

朕以虛薄，多慚於往代。如果不任舟楫，則豈能渡過大海，不用佐料，又怎樣能調和五味哩！」

遂又賜絹三百匹給他。

五、論誠信

(89)貞觀初，有人上書，建議趕走佞臣。太宗召見此人，問道：「朕所任用的人，依所知都是賢人，卿知道誰是佞人嗎？」

「臣居草澤之中，不能確知誰是佞人。」上書人回答，並且跟着建議說：「請陛下假裝發怒以試羣臣，如果有人不畏雷霆之怒，仍敢直言進諫，則此人便是正人；如果有人順情阿旨，屈服於天威，則此人便是佞人。」

太宗回顧在旁的封德彝說：「流水是清是濁在乎它的源頭，人君是政之源，人民就是水流，人君自爲詐欺而要臣下直道而行，簡直就如源濁而望水清一樣，欲求至治，實遙不可得。朕常常認爲魏武帝（曹操）多詭詐，深鄙其爲人，如果朕也這樣做，則豈可示範庶民而指揮天下！」

接着，他回覆上書人說：「朕想要讓大信普行於天下，不得以詐道訓俗，卿言雖善，朕所不取。」

(90)貞觀中，洛水流域水災。天災地荒向被解釋爲天意示警，君主需採訪羣言，改正過失的。所以魏徵上疏說：

「臣聞治國之基必資於德和禮，人君所保則惟在誠與信。誠信立則下無二心，德禮形則遠人來服，然則德禮誠信，乃是國之大綱，君臣父子所不可暫時離棄的；所以孔子說：『君使臣以禮，臣事君以忠。』又說：『自古皆有死，民無信不立。』不信之言和無誠之令，可以使君上敗德，而臣下身危。

十餘年來，威加海外，倉廩日積，然而道德未加厚，仁義未加博，原因何在？在於待下之情未盡誠信，雖有善始之勤，而未睹克終之美的緣故。以往在貞觀之初，陛下聞善則驚歎；八、九年間，猶能悅以從諫；自此以後，則漸漸厭惡直言，雖或勉強接受，已不如往時的豁如，使謇（ㄐㄧㄢˇ）諤之輩不敢犯顏，便佞之徒肆其巧辯，正臣不得盡其言，大臣莫能與之爭。熒（ㄧㄥˊ）惑視聽，妨政損德，原因就在此吧?!

如今陛下將求致治，事權委托於君子，得失則訪之於小人；待君子敬而疏，待小人卻輕而狎。待他們狎近的，他們則無所不說；待他們疏遠的，則他們情意不能上通於人君；這樣就會造成毀譽在於小人、刑罰加於君子的情勢，實爲國家興亡所在，可以不愼重嗎？誠如荀子所說：『使智者策劃，而讓愚者來評論；使高潔之士來實行，卻讓汙鄙之人來懷疑。』這樣做而想得到成功，可以嗎？中智之士豈無小惠，然而才幹卻不一定能經國謀遠。這種人雖竭力盡誠，也不一定能免於失敗，何況內懷奸利、承顏順旨的人？用這種奸詖之徒做事，禍患也就深了！立直木而疑影之不直，雖竭盡精神，勞動思慮，終無所得，道理是明顯而易曉的。君禮臣忠的基礎在內外無私和上下相信，信之爲道可大了。

如果要使君子和小人的是非不雜，就必須懷之以德，待之以信，厲之以義，節之以禮，然後善善而惡惡，審罰而明賞，這樣則小人絕其私佞，君子自強不息，無爲之治，何遠之有？否則，善善而不能用，惡惡而不能去，賞罰失當，則危亡可待，那還談得上永保國祚！」

太宗覽疏，嗟歎地說：「若不遇公，何由得聞此語啊！」

(91)魏徵是力主以德、禮、誠、信四德治天下的大臣，也就是走「以德服人」的路子，不走「以力服人」的路線。基本上，唐太宗政權之所以建立，是以武力兵變作爲基礎的。因此，魏徵的意見，無異是要太宗揚棄以往的做法，作一個政策上的大轉變。

貞觀中，太宗就曾與長孫無忌提到這次轉變的關鍵。他對無忌等回想當年，說：「朕即位之初，有很多人上書提出意見，有些主張人君必須獨裁，不得委任臣下；有些主張把全國的注意力引向外國，向四夷揚兵耀武；只有魏徵主張偃武興文、布德施惠，待中國安定後，四夷自然順服。朕當時採用魏徵的主張，作爲政策，終於達至天下大寧、四夷來朝的盛局。這些都是魏徵之力啊！朕任用人才豈不是如願以償嗎?!」

「陛下天縱聖德，又留心政術，」魏徵在旁謙虛拜謝：「臣實庸碌凡才，承受陛下的領導還來不及，怎會有益於聖明哩！」

(92)**貞觀**十七年(六四三)，太宗又在討論之中，向侍臣們說：「古書說『去食存信』(寧願不要食物也要信用)，孔子也說：『人無信不立。』可見信之重要。從前項羽進入咸陽，已控制了天下，那時他若能力行仁信，誰能奪得了他的政權?」

房玄齡在旁答道：「仁、義、禮、智、信謂之五常，廢棄其中之一都是不可能的事，若能勤而行之，則甚有裨益。從前殷紂王狎侮五常，江山就被周武王奪走；

項羽因爲無信，遂爲漢高祖所奪；他們的失敗，確如聖旨之意。」

太宗一生重大特色之一就是有信用，也能相信別人。這種優點使到「貞觀之治」有兩大特色：一是人才濟濟，而且各盡其才，發揮盡致；一是因爲守信而引伸爲守法，使政府具有法治的趨向。

第六章　論美德（下）

一、論儉約

(93)貞觀元年（六二七）某日，太宗與侍臣談論，從營建宮室開始，談到了社會風氣，認爲社會風氣太過講究排場和豪華，因而決定加以整頓。太宗的看法是這樣的，他說：

「自古帝王凡是有所興造，都必須以順應民意爲貴。從前大禹治水，動用了全國人力而人民沒有埋怨，原因在大禹的計劃是大家都希望做的，而他的工程偉構則是爲大家所共同享有的。然而秦始皇營建宮室，則招致了很多人的批評反對，其原因在於始皇的工程不是公共的，也不是爲公衆利益而做；他的動機是滿足個人的私欲，事情的成果也不是由人民所共享。

朕最近本來想建造一座宮殿，材木器具已經準備好，但是遠想秦始皇之事，因此就不再建造了。古人有云：『不作無益害有益。』『不見可欲，使民心不亂。』可知顯露慾望則心必亂。至如雕鏤器物、珠玉服玩等奢侈品，若讓人們恣意地、驕奢地花用下去，則危亡之期可立待了。從今以後，自王公以下百官，他們的府第、車服、婚嫁、喪葬各依官階而加以規定；身份不合，不應服用的，理應一切禁止。」

太宗因爲這次談話而作了這種決定，並且貫徹執行，由是貞觀時代二十多年之間，風俗簡樸，衣無錦繡，財帛富饒，人民無饑寒之弊。

(94)關於建造宮室之事，太宗在貞觀中期以後也不是不做的。不過他的興建，主要動機不外是：第一，因長期患氣疾病而要避暑，如建翠微宮於終南山；第二，兼爲行幸巡視之用，如東都的飛山宮；第三，爲太上皇休憩之用，如大明宮。而且，他所興造的行宮規模不大，數目也少，所以即使有侍臣勸諫，終究不構成財經及人民的負擔，這和秦始皇與隋煬帝是不同的。下面幾段談話，即可表明太宗對營建宮室的態度：

貞觀二年（六二八）夏秋之間，公卿大臣奏請說：「依照禮記的說法，季夏之月可以居住臺榭，如今夏暑未退，秋霖方始，宮中低下潮濕，請建造一閣以作居住之用。」

「朕有氣疾之病，豈適合居住於下濕之地？」太宗表明態度說：「但是如果批准你們的請求案，則實感糜費良多。從前漢文帝要建露臺，得知建築費用相當於十家的財產，因而疼惜的打消了原意。朕之德比不上文帝，但是所花費用卻超過了他起露臺，那豈是爲民父母之道啊！」

公卿固請再三，太宗就是不肯，最後就取消了構想。

貞觀四年（六三〇）某日，太宗與侍臣又談起建造宮室的事情，魏徵給了他很深刻的印象。

太宗說：「帝王的慾望之一在崇飾宮宇，遊賞池臺，這是帝王所欲而百姓所不欲的。帝王喜歡放縱逸樂，百姓則不希望勞碌疲弊。孔子說：『有一言，可以終身行之者，其恕乎。己所不欲，勿施於人。』勞碌疲弊的事情，誠不可加於百姓身上。朕爲帝王，富有四海，每事由己，所以最好能夠自我控制；如果百姓不欲，朕必須要能順從他們的民意。」

「陛下本來就憐愛百姓，常常節己以順民。」魏徵說：「臣聞『以欲從人者昌，以人樂己者亡』，隋煬帝的慾望永不滿足，惟好奢侈，所司每有供奉或營造，小不如意，則加以嚴刑峻罰。上之所好，下必有甚焉，驕奢永無休止限制，就會導致滅亡；這不但是書本所寫的東西，也是陛下所親自看見過的。正由於隋朝無道，所以上天才命令陛下取代他。陛下如果認爲滿足了，今日就不啻滿足了；如果認爲不滿足，則萬倍過此，也會感到不足。」

太宗聽了這番偉論，不禁說：「說得好極了，要不是公，朕怎能聽到這種言論哩！」

貞觀十五、六年（六四一），太宗在大內頗有營作，宰相房玄齡和高士廉也不大知道建造些甚麼，曾以此詢問過主管之一的竇德素。太宗認爲大內事情不關宰相事，導致了魏徵的諫諍，令太宗深自慚愧。

某天，太宗向侍臣談到了要興建一座宮殿之事，但是不久卽取消了原意。他向侍臣解釋原因說：

「朕近讀『劉聰傳』，劉聰要爲劉皇后建造鷃儀殿，廷尉（相當於最高檢察長）陳元達切諫反對。劉聰大怒，命斬之。劉后親筆寫了一封信，辭卻劉聰的雅意，情甚懇切，令劉聰怒意消解，而且感到甚爲慚愧。人之讀書，目的是要增廣聞見、修養自己罷了，朕讀到這段歷史事實，覺得可以作爲自己深誡警惕之用。近來本想建造一座殿閣，且在藍田縣的採木工程已經完成，但遠想劉聰之事，就決定將它停止了。」

(95)太宗三十八歲那年——貞觀九年（六三五）——大唐太上皇李淵駕崩。太宗爲人頗稱孝順，而且玄武門兵變事件多少使他內心有咎，所以下詔依照漢高祖的陵寢制度，極隆重的爲父皇舉行喪禮。幸得虞世南等人勸諫，才決定略爲減省，不要太過奢華。

又過了兩年，太宗行年已屆四十歲，自忖人生已過其半，而且古代帝王慣例皆在生前預先建造陵寢，以免臨事張惶；加上太宗也怕子孫在他死後，比照世俗的奢靡風氣來爲他舖張舉喪，所以就有了預建山陵的念頭。這年二月，他頒發了自己的「終制」（指示葬禮的詔令），大意是這樣的：

「天地以生爲大德，壽命以百爲極限，所有人都是如此，不可以作分外企求。末世以來，人們多對生死拘忌畏懼，希求遐年永生，眞是愚蔽極了！隋末海內分崩，豺狼肆暴，朕奮袂舉義，又得股肱宣力，遂得以拯救生民於塗炭，使天下大定。朕的宿志，至此已經完成。但是，朕猶恐身死之日，子子孫孫習於流俗，勞民傷財地建築陵寢，因此今天預先頒發此制。

朕決意由今天開始，慢慢修建朕的陵寢，不讓政府和人民一下子負擔沉重；而且一切建造，務從儉約，於九嵕山上鑿一足可容棺的墓穴就夠了。佐命功臣和懿親密戚，與朕情深義重，何日可忘，他們如有薨亡，應在陵區內賜塋（一ㄥ）地一所，陪葬於陵墓附近。所司依此原則營建準備，以符合朕的意思。」

九嵕山在醴泉縣東北，因山有九峯非常峻聳而命名，太宗看中它孤聳迴繞，遂產生終焉之思，選擇它作爲身後埋葬之地，他的陵寢稱爲「昭陵」。

太宗把他儉約的心意宣示了以後，不久卽下詔批評世俗厚葬之風，頗有以身作則之意。這道詔令是這樣說的：

「朕聞死的意思就是終，要人物返回大自然；葬的意思就是藏，要別人不得而見。上古葬禮淳樸，後世日益僭奢。批評僭奢風氣的人不喜愛厚費而葬，推崇儉樸薄葬的人其實覺得無危才是最可貴，所以唐堯、秦穆公、孔子等聖君、明王、孝子等，都懷有無窮之慮，儉樸簡單的舉行葬禮。吳王闔閭、秦始皇帝等，皆以珠玉金銀等陪葬，也就因爲多藏珍寶而莫不被挖掘，速禍而招辱。發墓而焚，暴骸於野，朕想起以前經常發生的這種事情，豈不悲哉！由此觀之，奢侈者可以爲戒，節儉者可以爲師了。

朕居四海之尊，承百代之弊，未明思化，中夜戰慄警惕。雖然送終大典國家具有明文規定，失禮之禁也在刑書上列有科條，但是功勳、親戚之家，多習染世俗的風尙，侈靡而傷害風化，以厚葬作爲奉終，以高墳作爲孝行，遂使衣衾棺槨，極盡雕刻之華，靈車冥器，窮致金玉之飾，富者以僭越法度爲尙，貧者則傾家蕩產而猶感未佳。這些行爲徒然有損於敎義，而無益於泉壤裏的死人。爲害既深，應該痛懲而革新。

從今以後，王公以下，至於庶民百姓，送葬有不依照法令規定而行事者，各級地方長官須明加檢察，按照他們的情狀科以罪罰；京官五品以上與及功勳、國戚之家若有違犯，亦得記錄他們的情狀，呈上奏聞。」

太宗之意，固在革新社會風氣；但是古人很重視死後入土爲安，而太宗希望墳墓簡樸而沒有珍寶，自己得以避免暴骸之禍外，還希望天下人民也得以避免此禍，可謂仁者之心了。

(96)本書尚記載了貞觀一朝，幾則宰相大臣節約的事例：

岑文本文才姿儀俱美，唐初李靖經略江南時得之，後來又得李靖推薦，乃繼顏師古出任爲中書侍郎，專門處理機密要務。

文本自以出身書生，故待人謙虛，住宅也很簡陋卑小，室無茵褥帷帳之飾。太宗認爲他弘厚忠謹，親而信之。貞觀十八年（六四四），文本五十歲，太宗晉拜他爲中書令正宰相。文本接受拜命後回家，賀客盈庭，但他卻面有憂色。

他的母親怪而問之。文本回答說：「我不是國家的功勳大臣，也不是聖上的故舊，濫荷寵榮，責重位高，所以憂懼！」

有人勸他在得令當道之時，經營一些私人的產業。這種風氣在王公貴戚之家是頗流行的。文本歎道：「我本南方一布衣（文本籍貫南陽），當年徒步入關，不過只是希望當得秘書郎或縣長一小官罷了；如今毫無汗馬之勞，徒以文墨致位宰相，這也到達頂點了！荷俸祿之重，戒愼已多，何得更談產業呢？」建議者聞言，歎息而退。

拜相翌年，太宗委託他籌劃親征高麗的大事。文本努力以赴，竟在東征中途因勞病逝。

戴冑貞正而有幹局，行政能力極強，由大理少卿，歷尚書右丞、左丞，進遷民部尙書。貞觀四年（六三〇），以本官參預朝政，成爲宰相。七年六月，戴冑逝世，太宗爲之擧哀，廢朝三日。

太宗在他死後，知悉戴冑生前儉約，居宅又破又陋，竟然連祭享的地方也沒有，不禁大爲感動，特令有關機關爲他建造一所廟宇。

溫彥博一門俊傑，位居顯要。彥博曾以參謀長身份出征突厥，兵敗被俘，堅不向突厥吐露國家機密，因而被囚於陰山苦寒之地。太宗卽位，因兩國修好，才爲太宗徵召回國，突厥只得放人。貞觀十年（六三六），遷拜尚書右僕射，翌年六月卻以六四高齡逝世了。

彥博做官謹愼努力，很少和賓客交往，太宗得悉死訊，顧謂侍臣說：「彥博因爲憂慮國政以至勞精竭神，我見他精力不行已經兩年了，恨不早點讓他閑逸休息！」又得悉彥博竟然死後蕭條，貧到連正寢也沒有，逝世之日亦只殯於旁室，於是命令有關機關立刻爲他建造正堂，並厚加賻贈。

(97)太宗卽位後，在貞觀十一年（六三七）首次駕臨洛陽。該年夏天七月，洛陽水災，太宗下詔請百官各上密封，極言他的過失。於是百官紛紛上疏，其中侍御史馬周之疏，議論縱橫，批評直切，他說：

「臣歷觀前代，自夏、殷、周，以至於漢，傳祚多者八百餘年，少者也有四、五百年，主因都是積德累業，恩結於民心。他們之中豈無壞的帝王，只因賴以前的哲王而避免了亡國之禍罷了。自從魏、晉以還，降及（北）周、隋，年祚多者不過五、六十年，少者才二、三十年就亡了。良由創業之君不務推廣恩化，當時僅能自守，以後無遺澤可思，故繼任之主政敎稍衰，一夫出而大呼，天下卽刻土崩瓦解了。如今陛下雖以大功平定天下，然而積德日淺，故當崇揚禹、湯、文、武之道，廣施教化，使恩有餘澤，為子孫奠定萬世之基。豈能耽於但令政教無失、以保持當年水準而已！

自古以來，明王聖主雖因人設教，寬猛隨時而改，然而大要以『節儉於身』和『恩加於人』二者為原則，努力以赴。因此之故，臣民愛之如父母，仰之如日月，敬之如神明，畏之如雷霆。這就是國祚遐長而禍亂不作的原因了。

如今百姓承喪亂之後，人口比隋朝盛時僅得十分之一，但是官方徭役道路相繼。陛下雖每有恩詔命令減省，但是有關機關的工作計劃不廢除，就自然必須那麼多人來義務工作，變得徒行文書，而役使如故。臣多次訪問百姓，最近四、五年來，人民頗有嗟怨，以為陛下不存養他們。從前唐堯住在茅茨土階之屋，夏禹則惡衣非食，這種事情臣知不再可行於今日。不過，漢文帝惜百金而罷露臺的修建，將書囊集在一起縫作殿帷，連最愛的夫人也是穿着衣不曳地的衣服；至於景帝，更以錦繡妨害女工，特詔廢除這種製作。連續兩任皇帝皆是如此節儉，所以百姓得到了安樂。到了武帝，雖然窮奢極侈，然而承受了文、景二帝的遺德，因此人心也不動搖。若使漢高祖之後就有漢武帝，天下必不能保全。這是比較近代的事實，事迹尚可知道。

現今京師和益州各處都製造供奉器物，與及諸王、王妃、公主的服飾，輿論都不以爲是節儉。陛下少處民間，知道百姓辛苦，前朝成敗也目所親見，猶且如此，至於皇太子生長深宮，不更外事，千秋萬歲之後，卽爲聖慮當憂之時。臣研究古代成敗之事，但有人民怨叛、聚爲盜賊的事發生，其國無不立卽滅亡；到時人主雖想悔改，未有能夠重獲安全的。凡修政教，當修於可修之時，否則事變一起，雖後悔也無益處了。所以，人主每見前代之亡，則知前代喪亂的原因，而不知自身已有過失；因此殷紂王笑夏桀之亡，而周幽王、周厲王也笑殷紂王之亡，隋煬帝又笑（北）周、（北）齊的失國。然而如今之視隋煬帝，亦猶煬帝之視周、齊啊！所以京房（漢代大學者）告訴漢元帝說：『臣恐後之視今，亦猶今之視古。』此言不可不戒啊！

以往貞觀初年，全國艱苦，一匹絹才換得一斗粟，然而天下卻怡然安寧，這是因爲百姓知道陛下非常憂憐他們，因此人人自安，曾無謗怨。自今五、六年來，頻年豐稔，一匹絹可得十餘石粟，然而百姓都以爲陛下不再憂憐他們，所以咸有怨言。

又當今所經營的頗爲不急之務。自古以來，國之興亡，關鍵不在財經發展得怎樣，唯在百姓生活的苦樂。例如隋朝建洛口倉（在今河南鞏縣東南，周迴二十餘里，共有三千個窖，每窖可貯納八千石米），大量貯儲糧食，結果李密因之而起事。東京（洛陽）儲積了大量的布帛，王世充據之以作爲奪權叛亂的本錢。西京（長安）國庫裏亦貯有大量物資，結果成爲國家（指唐朝）開國征戰的經費，用到現在還未用完。這樣看來，財經的成就正是隋朝滅亡的原因，因爲向使洛口、東京都無物資，則李密、世充就未必能聚集大衆而起事。財政貯積固爲國家的常事，但要在人民有餘力的前提之下才可爲之；如果人民勞苦所得而政府強加徵歛，最後不過用以資寇罷了，毫無利益可言。

貞觀之初，陛下已做到儉以息人，所以當今再度推行也不該有所困難。只要陛下一日爲之，則天下普知，而載歌載舞了。倘若人民已經辛勞，而陛下猶且徵用不息，一旦中國蒙受水、旱之災，邊疆有風塵之警，狂狡之徒乘機起事，則國家將有不可預測的危機，非僅害到聖上旰食晏寢而已！以陛下的聖明，若真要勵精圖治，其實不必遠求上古的方法，只要恢復貞觀之初的形態，則天下幸甚！」

太宗覽疏，大爲感嘆，說：「近來命令製造一些細小的隨身器物，不料百姓遂有嗟怨，這就是朕的過失啊！」因而勒令停止製造。

二、論謙讓

(98)太宗個性本來剛烈，常得理不饒人。自從當了皇帝，決心勵精圖治，要當一名聖君。志氣既在於此，首先就必須修養自己的個性，必須謙虛爲懷。貞觀二年（六二八）二月某天，他向侍臣們說：

「人家說，作天子就可以樹立權威，自我尊崇，而無所畏懼；朕則以爲作爲天子，正該自守謙恭，常懷畏懼。從前大舜教訓大禹說：『只要你不矜不伐，則天下莫能與你爭能爭功。』易經也說：『人道惡盈而好謙。』凡爲天子的人，如果惟自尊崇、不守謙恭，則自身儻有不是，誰肯犯顏諫諍？

朕每思出一言、行一事，必定上畏皇天，下懼羣臣。皇天雖高高在上，但是天聽自我民聽；下民的意旨可以上達於天，何得不畏？羣公卿士皆見瞻仰，一言一行他們都知道，何得不懼？以此思之，但知常謙、常懼，猶恐不能稱合天心和民意啊！」

「古人有云：『莫不有初，鮮克有終。』」魏徵順着太宗的意思勉勵地說：「願陛下守着這常謙常懼之道，日愼一日，則宗廟和社稷可以永固，而無傾覆敗亡的危險了。堯舜所以太平，實在是因爲運用了這種方法。」

(99)貞觀三年（六二九）十二月，太宗有一個問題請教於大經學家孔穎達，穎達當時在門下省任給事中。太宗問：「論語說：『以能問於不能，以多問於寡；有若無，實若虛。』這是甚麼意思？」

穎達回答：「聖人設教，欲人謙光，雖有才能也不要自我矜大，仍然要就教於沒有才能的人，以求訪能事；自己才藝雖多，猶嫌以爲少，仍然就教於才藝寡少的人，以更求有益的東西；自己雖有其狀卻如沒有一樣，自己雖然充實卻如空虛一般，這種態度不但是普通人該如此，即使是帝王也該當如此。

標準的帝王，應該是內蘊神明，而外表則必須玄默，使人深不可知，因此易經說：『以蒙養正，以明夷莅衆。』（蒙是微昧闇弱的意思；明夷則是闇主在上，明臣不敢顯其明智的卦象）如果人君位居尊極，而又炫耀聰明，以才陵人，飾非拒諫，這樣則上下之情有阻隔，乖違了君臣之道。自古滅亡，莫不由此。」

太宗聽了，援着說：「易經說『勞謙君子有終吉』，誠如卿的說法！」詔令賜穎達二百匹絹帛。

(100)太宗的隴西李氏宗族裏面，有兩個文才武功都很出色的堂兄弟——李孝恭和李道宗。

孝恭是太宗的堂兄，大太宗七歲。他在開國初期，即奉命經略長江流域以南的半壁江山，得名將李靖之助，經略事業一帆風順，累封爲趙郡王，拜任東南道行臺尚書左僕射（相當於行政院東南分院院長），先後討平了長江中、下游及五嶺南北各武裝集團，統攝戰勝區內軍政大權，威名甚著。太宗卽位以後，任命他爲禮部尚書，後來一度授他世襲刺史。

孝恭個性雖然奢豪，但卻也是寬恕退讓，毫無驕矜自伐之色的人。太宗待他極爲親重，宗族中無人能比。

道宗是太宗的堂弟，十七歲卽追隨太宗麾下從軍作戰，極爲英勇，中年以後被太宗許爲當世三大名將之一。道宗以將略馳名，晚年兼且好學，敬慕賢士，動修禮讓，不以地位權勢欺凌他人。他和李孝恭二人俱爲當時所重，太宗待他也和待孝恭一般。

三、仁惻之心

(101)唐初因襲隋朝舊制度，內宮除皇后一人之外，另有妃嬪百餘人，各有品帙等級，稱爲「內職」；此外尚有一羣數目龐大、員額不定的服務女性，稱爲「宮人」或「宮女」。

唐高祖卽位後，曾放出了許多宮女。太宗兵變卽位後九天，下詔說：「王者的內職原有一定的法度，隋末奢淫，搜求無度，睠顧省宮廷，人數實多。她們深閉宮中，久離親族，實可憐憫！今宜減省人數，讓她們出宮各從娶聘。」於是放出了一批宮女。

兩年之後——貞觀二年（六二八）的春天，關中很少下雨，形成旱災。三月，中書舍人李百藥上封事說：「陛下卽位以來力行善政，但是陰氣鬱積，亦恐是旱災的咎徵。往年雖然放出一批宮人，但未爲盡善，聽說宮中無用宮人，動有數萬；她們固然花用了許多經費，而且幽閉之寃，亦足以感動和氣。最近亢陽爲害，或許也由於此因。」

到了七月三日，太宗才對此有所反應，指示侍臣說：「婦人幽閉深宮，情實可愍。隋末求採不已，至於離宮別館，連皇帝也不去的地方，都收聚了不少宮人。這些都是竭人財力之舉，朕不會效法遵行。如今計劃放出宮人，任由她們在外求取伉儷，不單止爲了節省費用和平息她們的幽怨，也是爲了讓她們各自追求幸福，各得遂其情性。」於是命令左丞戴胄、給事中杜正倫等人，在掖庭宮西門簡選宮人放出回家。前後兩次簡放，人數多達三千餘人。

(102)貞觀二年春天這次旱災，造成了大饑荒，有人賣子以援濟生活。太宗瞭解情況以後，告訴侍臣說：「水、旱失調，皆爲人君失禮所招致。朕不修德，上天該當責備朕躬，百姓何罪而多遭困窮?!聽說有人淪至販賣兒女，朕內心非常憐愍。」於是命令宰臣杜淹巡視災區，並且拿出御府的金寶，爲販賣者贖回兒女，讓他們重回父母懷抱，重享天倫之樂。

第二天，太宗頒發「罪己詔」（皇帝自我怪罪的詔書），大意說天災降禍應只對他一人才是，若使年穀豐稔，天下乂安，即使移災朕身也在所心甘情願，絕不吝惜己身云云。詔書頒發未久，即所在有雨，人民大悅。

(103)張公謹是太宗兵變最得力助手之一，後來又與李靖平定了東突厥，因而昇遷至襄州（治今湖北襄陽縣）都督，封爲鄒國公。貞觀六年（六三二）四月辛卯日，竟以三十九歲英年病逝於任所。太宗聞奏，嗟悼不已。

第二天即爲壬辰日，太宗爲他舉哀。有關官員奏說：「依照陰陽之書所說，日在辰則不可哭，這是流俗所忌諱的事情。」當時社會確實有此迷信，連父母重哀；至辰日（十二支的第五序日）也不哭，他們認爲這是重喪。有些達識的官員，也曾爲此上表批評過這種迷信。

太宗聞奏，乃說：「君臣之義與父子相同，情發於中，怎能避開辰日！」於是不理忌諱，爲公謹哭喪，並追贈他的官職。（太宗改革此風俗又參一三六條）

(104)親征高麗之役計劃了一段不算短的時間，貞觀十八年（六四四）十月十四日，太宗大駕從京師出發，翌月抵達洛陽。在洛陽過了年，十九年二月十二日，大駕又啓程去定州（治今河北定縣），三月即進抵定州，駐紮了半個月。這期間，有些兵士陸續來到結集，太宗曾親至州城北門樓巡視撫慰。其中有一名士兵因病不能行，太宗將他召到床前，慰問他的疾苦，仍命令地方醫療機構盡心治療他。將士聞訊，莫不感動，欣然甘願從征。有些原本就不在出征名單內、自願私裝從軍的義勇軍，更是盡力爭取機會。

同年秋天，由於安市之役牽制了唐軍主力的推展，基於戰略的構想，太宗只得下令班師（安市之戰可參第七十七條）。十月十一日，大駕回抵營州（治今熱河朝陽縣），太宗下詔滙集遼東陣亡將士骸骨於柳城（今朝陽縣）東南，設太牢致祭，祭文是親自所作，並駕臨祭祀場所哭之盡哀，在場軍人亦莫不灑淚。士兵們後來解散回家，將此情形告訴父老，陣亡將士的父母都說：「吾兒之喪有天子臨哭，死無所恨！」

李思摩原爲東突厥王族，後來太宗讓東突厥復國，即任命他爲復國的元首，稱爲「乙彌泥孰俟利苾可汗」。貞觀十八年因不善於領導統御，導致衆叛親離，而又受到漠北的薛延陀攻擊之威脅，於是再度入唐請求收留庇護。在這一戰役中，他也以右衞大將軍身份從征。

十九年五月，思摩所部隨太宗進軍至白巖城（在今遼陽縣東北五十七里），在戰鬪間身中弩矢。太宗見狀，親自爲他吮血，將士莫不感動憤發，爭先奮擊，大敗高麗援軍。翌月，白巖城上卽豎起大唐旗幟，請求投降。

征高麗之役，交戰雙方都有不少可歌可泣之事發生，這幾段記載僅是其中小部份罷了。

四、論愼所好

⑽太宗資兼文武，是一個理想和現實並重的人，對於文弱清談的風氣有點瞧不起。他認爲上之所好，下必有甚焉，所以多次談到人之所好必須愼重此一問題。貞觀二年（六二八）六月，他就與侍臣以南朝的梁朝爲例，作爲批評的對象，他說：

「古人說：『君猶器也，人猶水也。』形狀是方是圓在於器皿本身，而不在於水。器是方，則水倒進去也是方形；器是圓，則水也呈圓形。所以，堯舜率天下以仁，則人民也追隨他們以仁；桀紂率天下以暴，而人民也追隨以暴。在下位的行爲，皆追隨摹倣在上位者的愛好。

至如梁武帝父子，志尚浮華，惟好佛敎和道敎。武帝晚年頻幸同泰寺親講佛經，百官皆大冠高履，乘車扈從，君臣終日談論苦啊空啊的，未嘗以軍國典章爲意。及至侯景舉兵叛變，百官大多連騎馬逃命也不會，竟至狼狽步行，死者相繼於道路，武帝和他的繼承人簡文帝，終也爲侯景幽禁逼害而死。孝元帝（武帝第七子，簡文帝之弟，起兵討侯景而即位）移都江陵（今湖北江陵縣），爲北魏南侵大軍所包圍，竟然猶講老子不輟，百官皆穿上軍服來聽演講；不久城陷，君臣俱成階下囚。大文豪庾信也對這種反常現象大加嗟歎，後來作『哀江南賦』，即嚴加批評說：『宰衡以干戈爲兒戲，縉紳以淸談爲廟略！』

像這類事情，即足以作爲我們的鑒戒。朕如今所好者，惟在堯舜之道和周孔之教，就像如鳥有翼、如魚依水一般，認爲失之必死，不可暫無。」

⑽同年，他又和侍臣談及神仙之事，說：

「神仙的事情本是虛妄，空有其名。秦始皇過分愛好，被方士所詐，派遣童男、童女數千人，隨着他入海求神仙。方士逃避秦朝的苛政，因而留在海中不再歸航，可笑始皇還在海邊踟躕以待，最後才失望而回，還至沙丘而死。

漢武帝也好此道，爲了求神仙，居然將女兒嫁給了方士（指方士欒大），及至

事情不成功，便將他誅殺了。

根據這兩件歷史事實，即可知神仙是不煩妄求的了。」

秦皇、漢武喜愛神仙方術，民間風起雲從，終於造出了勞民傷財的大笑話。太宗引二人爲例，目的在表明在上位者應該愼其所好。

(107)貞觀四年（六三〇），太宗和侍臣談起隋煬帝，就以他的好猜疑和防範別人的事做爲話題。

太宗問蕭璟：「卿在隋世常能看到皇后嗎？」蕭璟是蕭后的兄弟，宰相蕭瑀之兄，故太宗有此一問。

「他自家兒女且不得見到皇后，臣是何人，有幸能見到皇后！」璟答道。

「臣聽說煬帝不信他的兒子齊王，常派中使去偵察他。」魏徵在旁也說：「煬帝聽說齊王宴飲，就會問『他幹完了甚麼好事而値得這樣子宴樂』；聽說他憂愁，則會說『他有別的念頭才會這樣子耽憂』。父子之間猶且如此，何況他人哩！」

太宗聽他們各自提出見聞，接着自己也說：

「隋煬帝性好猜防，專信邪道，這是他最大的缺點。他大忌胡人，乃至把胡床說成交床，胡瓜說成黃瓜，重建長城以防避胡人，結果到頭來卻被胡人宇文化及命令令狐行達將他殺了。

他又迷信方士之言，以爲『當有李氏爲天子』，於是把將軍李渾給殺了，而且波及朝廷姓李氏的臣僚，姓李的幾乎都被殺光，到頭來又有何益？

朕意是君臨天下的人，惟須正身修德罷了，此外虛事，都不足以介懷。」

(108)貞觀七年（六三三），工部尙書段綸奏請徵召一個技術優異的工匠楊思齊。思齊應召而至，太宗命令立刻試驗他的巧技。段綸指示思齊先製造一些傀儡戲具給皇帝看，思齊遵命完成。

儒家的敎訓是重農而輕工的，尤其反對奇巧淫技的新奇設計。太宗看了，責備段綸說：「徵召巧匠原是爲了給國家工作，卿命令他先製造這種東西，豈符百工相戒不要製造奇巧東西的信條呢？」因而下令削段綸官階以爲懲罰，並禁止再表演此戲了。

五、論語言須愼重

⒆傳說古代史官制度分爲左史和右史。左史記載人君的言論，右史記載人君的行爲，所以君主不敢隨便戲言。貞觀二年（六二八），太宗向侍臣說：「朕每日坐朝，想說出一言，立卽就想到這一句話對百姓是否有利益，所以不敢多言。」當時杜正倫任給事中兼知起居事。古代皇帝的日記稱爲起居注，唐制「知起居事」就是史官，爲皇帝日記的主筆人，與古代的左史、右史性質相同。（又參第一一六條及一三三條）因此杜正倫進言說：

「古代人君的行動必定被記載下來，他們的言論記錄則存於左史那裏，臣的官職兼修撰起居注，所以不敢不盡愚直奉告於陛下——如果陛下有一言違背道理，則千載以下還會成爲聖德的負累，不僅損害百姓於當今而已。願陛下愼重！」

太宗大悅，賜綵絹百匹給他。

⒇貞觀八年（六三四）某天，太宗又和魏徵談起戲言的問題。

「言語這種東西，是君子表達意思的樞紐，談何容易！」太宗感慨道：「普通人衆，如果一言不善，則會被別人記住了，成爲他終生的耻累，何況萬乘之主，更加不可出言有所乖離錯失，否則虧損德行至大，豈與匹夫相同！我常以此爲戒，不敢忽怠。記得隋煬帝初到甘泉宮（在陝西淳化縣西北的甘泉山上）時，對宮中的溪泉奇石都很滿意，然而卻怪沒有螢火，遂隨口說：『捉取一些到宮中照夜也蠻好的啊！』負責官員馬上遵照指示，派出數千人各處去捕捉螢火蟲，送了五百車到宮側來。小事尚且如此，何況大事哩！」

魏徵應聲說：「人君位居至尊，若有虧失，古人比喻爲日月之蝕，人人都可看得見，所以陛下應該要戒愼啊！」

(三)太宗卽位早期，努力克制自已，虛心納諫。中年以後，自制力已不如前，往往與發言者往返辯駁，詰難再三，爲此曾被一些敢言的臣子當面批評過。貞觀十六年（六四二）四月，散騎常侍劉洎看太宗與公卿論道，也常是返覆詰難，忍不住上書諫道：

「帝王之與凡庶、聖哲之與庸愚，上下懸絕，不能比擬，故知以至愚而對至聖、以極卑而對極尊，徒思自強也是不可得的。陛下降恩旨，假慈顏，靜佇以聽其言，虛襟以納其說，猶恐臣下未敢回答或發言，何況動神機，縱天辯，飾辭以折其理，援古以排其議，陛下將要他們怎樣應答?!

臣聞皇天以無言爲貴，聖人以不言爲德，老子稱大辯若訥，莊生稱至道無文，這些都是教人不要勞煩。而且記得多則損害心，說得多則損害氣，心氣內損而形神外勞，以後必定成爲負累。陛下須爲國家自愛，怎能爲了個性所好而自我斲傷哩！

竊以爲今日升平，皆是陛下力行所完成，若要保持長久，卻不是博辯所可做到的；但當忘記愛憎，謹愼取捨，每事須秉持敦朴和至公的原則才能完成，心態如能像貞觀之初那樣則可以了。至於秦始皇強辯，就因爲他的自矜而失掉民心；魏文帝宏才，也因爲他喜歡虛說而有損衆望。像這些帝王都因爲有才辯而造成負累，是皎然可知的。伏願陛下省略雄辯，養浩然之氣，以讀書爲樂而調怡性情，則天下幸甚，皇恩斯畢！」

太宗閱完諫書，親作手詔解釋說：「非慮無以臨下，非言無以述慮；近有談論，遂至煩多，輕物驕人，恐由此道；形神心氣，非此爲勞。今聞讜言，虛懷以改！」這道手詔，太宗是用他最擅長的飛白書寫成的。

六、論杜絕讒邪

(112)貞觀初年，太宗某次與侍臣談到研究歷史的心得，說：「朕觀前代史迹，知道讒邪之徒，皆爲國之蟊賊。他們或者巧言令色，或者朋黨比周，那些暗主庸君莫不因之迷惑，而忠臣孝子則莫不因此泣血銜寃。所以，叢蘭欲茂而被秋風吹壞，王者欲明而爲讒人曚蔽，這類事實寫在史籍之上，多得不可一一列舉。」

「就拿（北）齊、隋之間，朕親眼所見、親耳所聞的讒譖事例來說，略和公等談談吧！」太宗要舉出事實來，作爲推論：

「斛（ㄏㄨˊ）律明月是齊朝的良將，威震敵國，（北）周朝怕他怕得每年都要砍破汾河之冰，以防備他率兵西渡。及至明月被祖孝徵讒搆伏誅，周人才開始有吞齊的意圖。

高熲有經國大才，幫助隋文帝完成霸業，主國政二十多年，天下賴以安寧。文帝竟然惟婦言是聽，因獨孤皇后的說話而擯斥了他；後來他被煬帝所殺，隋朝刑政就由此衰敗了。

又如隋朝太子楊勇，撫軍監國凡二十年，名份早已固定好了。楊素欺君罔上，賊害良善，使文帝與太子互相猜疑，父子之道一朝而滅。逆亂之源，從此開了。隋文帝既然混淆嫡庶，不料竟然禍及其身，社稷尋亦覆敗。

古人有云：『世亂則讒勝。』誠非妄言！朕常防微杜漸，堵絕讒搆之端，然而猶恐心力有所不至，或者不能覺悟。以前的史書說：『猛虎處於山林，則藜（ㄌㄧˊ）藿（ㄏㄨㄛˋ）因此無人敢來採摘；直臣立於朝廷，則姦邪的陰謀就會平息。』這實在是朕所望於羣公的境界啊！」

「禮云：『戒愼乎其所不睹，恐懼乎其所不聞。』詩云：『愷（ㄎㄞˇ）悌（ㄊㄧˋ）（樂易之貌）君子，無信讒言；讒言罔極，交亂四國。』又孔子也說：『惡利口之覆邦家。』這些話就是爲此而發的啊！」魏徵勉勵太宗說：「臣曾觀察自古以來有國有家的人，如果曲受讒譖，妄害忠良，則必然導至敗亡。願陛下深愼之！」

(113)貞觀十二年（六三八），太宗由洛陽西還，途中行幸蒲州（治今山西永濟縣），刺史趙元楷徵集當地父老，穿着黃紗單衣，迎謁於道左。爲了恭迎天子降臨，元楷曾經預先大事整修裝飾，又暗中養羊百餘隻、魚數千條，準備讓隨駕貴戚們大享一頓。

太宗知道了這種情況，召見元楷，責備他說：「朕巡視河、洛一帶，經歷了幾個州，凡有所需要，都由官府供給。卿私下飼羊養魚，雕飾院宇，這是亡隋的弊俗，當今不可再有這種現象！卿該體會朕的心意，切實將舊日心態改過來才好！」

太宗原來爲了趙元楷在隋朝時代有邪佞的行爲，所以才發言警戒他。不料元楷又慚又懼，幾天也吃不下飯，因而死去了。

⑾⑷太宗曾經舉周成王和秦二世爲例，表明上智之人自無所染，但中智之人則因教育和環境的差異，接受了不同的薰染和陶冶，所以決意要爲太子、諸王精選師傅。（參第五十四條）

貞觀十年（六三六），太宗三十九歲，某日他又舉了相同的事例，提出相同的意見。但是這次他不區分甚麼上智或者中智，在說完成王和二世的事情後，卻下結論和另提疑義道：「……以此而言，人之善惡誠由近習。奇怪的是，朕弱冠交遊的好友只有柴紹、竇誕等人，以他們的爲人算起來也不是三種益友（指友直、友諒、友多聞）；但是及至朕居此寶位，經理天下，雖然比不上堯舜之明，然而再怎樣講也不會像孫皓（吳末主）、高緯（北齊後主）那麼昏暴呀！以此而言，人的善惡似乎又非由後天的薰染來決定的了，這究竟該怎樣解釋呢？」

魏徵答道：「中智之人可與爲善，也可與爲惡；不過，上智之人自然是不受薰染的。陛下受命自天，平定寇亂，救萬民之命，治致升平，豈是那些絝紈子弟和放誕之徒所能拖累薰染的?!但是論語說：『放鄭聲（指淫靡之音），遠佞人。』陛下對近習之間，特別應該加深戒愼才好。」

「好！」太宗贊同地說。

⑾⑸貞觀初期，太宗對房玄齡、杜如晦說：「朕聽說自古上合天心、以致太平的帝王，皆得助於股肱之力。朕近來所以開直言之路，是爲了希望因而知道寃屈之事和聽到諫諍之言，但是所有呈上密封給我的人，多是告訐百官之事，瑣細而無從採訪證實。

朕曾經評鑒前代的帝王，但有君懷疑於臣的事情發生，則下情不能上達，如此而欲求臣下盡忠極慮，何可得哉！然而無識之人務行讒毀，離間君臣，殊非有益於國。自今已後，有上書告訐別人小惡者，當以『讒人之罪』罪之。」

這期間，右僕射杜如晦曾上奏說：「監察御史陳師合奏上『拔士論』，主張才學兼人之人的思慮也有所限，一人不可身兼數職。他的用意其實在批評臣等。」如晦曾以兵部尙書・檢校侍中・攝吏部尙書・總監東宮兵馬事（相當於國防部長兼代理宰相兼暫署銓敍部長兼東宮兵馬總監）的官職昇遷爲右僕射，但仍然掌理全國銓敍的政務，所以說陳師合影射他們。

戴胄當時爲尙書左丞兼諫議大夫，太宗對着他說：「朕以至公治天下，如今任用玄齡和如晦，絕非因爲他們是我的功臣或舊人，而是因爲他們有才幹和德行的緣故啊！這人妄事誹謗，只想離間我君臣關係。從前蜀後主昏弱，（北）齊文宣帝狂悖，然而國家卻稱治安，原因在他們任用了諸葛亮和楊遵彥而不加以猜忌之故。朕如今任用如晦等人，不過是採用同一種方法罷了。」於是下詔流放陳師合於嶺南。

大約與陳師合事件略同時，有人告新任秘書監魏徵謀反。

太宗自信地說：「魏徵從前是我的仇敵，只因他忠於所事，所以拔而用之，何乃妄生讒搆?!」

竟然連魏徵也不查問一下，立刻下詔斬了告發者。

(116)貞觀十六年（六四二），太宗問於諫議大夫褚遂良，他當時兼知起居注：「卿負責起居注，最近記了我那些善事，那些惡事？」

「史官設立的目的，是人君凡有言行舉動必定要記載下來，所以善既必書，過亦無隱。」遂良答。

「朕如今努力實行三件事情，希望史官也不要寫我的過惡。」太宗主動提出：「第一件是利用前代成敗之事作爲借鑑。第二件是進用善人，共同完成良好的政治。第三件是斥棄小人，不聽他們的讒言。這三件事我能把持得住，怎樣也不會改變的！」（起居注可參第一〇九條及一三三條）

七、悔過之言

(117)貞觀二年（六二八），太宗才三十一歲，不知爲了何事，向房玄齡懺悔說：「做人大須學問！朕以往爲了平定羣兇，東征西討，躬親主持軍事，沒有空暇讀書。近來四海安靜，身處殿堂之上，雖然不能自執書卷閱覽，卻也使人讀而聽之。君臣、父子、政教的道理，全都包含在書內了，古人說『不學牆面，莅事惟煩』，不是徒言的。回憶少年時代的行事，大覺其非！」

(118)貞觀十六年（六四二），由於太子李承乾多爲不法，而魏王李泰則爲兄弟中最以才能稱著，故爲太宗所特別重視，特詔他移居於武德殿。

魏徵聞訊，上疏諫道：「魏王雖是陛下愛子，但必須使他知道名份已定。陛下若想長保他的安全，則每事應該抑制他的驕奢，不讓他處於嫌疑之地。現在命令他移居武德殿，使他住在東宮的西邊，那是海陵王（指李元吉，當年與太子建成同時被兵變所殺的太宗四弟）從前居住的地方。海陵王當年遷入居住時，人們就以爲不可以，現今雖已時移事異，但是猶難保別人不多所閒言閒語，到時候連魏王本人的心情恐怕也不會寧靜平息。與其屆時讓魏王以承寵爲懼，伏願陛下不如現在就成人之美。」

太宗覽疏，爲之驚悟地說：「我幾乎沒想到，眞是甚大的錯誤！」遂命令李泰回歸魏王府居住。

當時太子和魏王競爭繼承權，幾乎接近了白熱化，太宗驚悟卽在於此。同年六月，太宗頒詔恢復他大哥和四弟的身份——追復建成爲皇太子，追封元吉爲巢王——也是對此事有所覺悟和反省的緣故。

(119)貞觀十七年（六四三）的某天，太宗讀到漢末名人徐幹所著的中論。徐幹在書中主張恢復三年之喪。帝王不實行爲父母守喪三年，始於西漢文帝（西元前二紀中期），至太宗時已經經歷八百年，慣例是以日代月，僅守喪三十六天；太宗守太上皇之喪也是如此。

第二天，太宗咎悔自責地向侍臣們說：「人情之至痛莫過於喪親，所以孔子說：『三年之喪，天下之通喪，自天子達於庶民也。』又說：『何必高宗（指殷高宗武丁），古之人皆然。』近代帝王遂行喪禮不及三年，其實漢文帝的以日易月制度甚違背禮典。朕昨天讀徐幹中論，他主張復行三年之喪，義理甚深，恨不早見此書！對照之下，自己往年所爲太過疏忽簡略，現在除了但知自咎自責之外，又追悔何可及呢！」說着說着，太宗因而悲泣起來。

八、論貪鄙

(120)貞觀初，太宗與侍臣談及「殺頭之事有人做」的貪汚問題。他說：「人有明珠，莫不貴之重之，假如拿來當彈丸以彈雀，豈非可惜得很嗎?何況人之性命，遠較明珠爲貴重，如果看見金錢財物就連刑網也不恐懼，立即收受，這簡直是不惜性命的行爲。明珠是身外之物，猶且愛惜而不用它作彈丸，何況性命之貴重，居然不加珍惜而用它來賭博財物嗎?!

羣臣若能備盡忠直，益國利民，則官爵立刻可以得到。若不能順着此途徑以追求榮華，便妄受他人財物，一旦贓賄旣露，其身亦殞，實爲可笑。帝王也是如此。恣情放逸，勞役無度，信任羣小，疏遠忠良，四者只要有其一，則國家豈能不滅亡?隋煬帝奢侈而自以爲是，到頭來身死匹夫之手，這也是可笑的事。」

(121)有些人不瞭解眞正的愛財應該是怎樣的，貞觀二年(六二八)某天，太宗開解侍臣們說：

「貪贓的官員最不懂愛財。例如五品以上官員待遇優厚，一年所得累積起來自然就多；如果受人財賄，數目不過數萬，一旦洩露，則待遇非削卽奪，前途也沒有了。這豈是懂得如何愛財的人呢，只看到小得而喪失了大利？

從前，魯相公儀休嗜好吃魚，而不接受別人送給他的魚，結果則長期有魚吃。身爲人主而貪，則必喪其國；身爲人臣而貪，則必亡其身。詩云：『大風有隧，貪人敗類。』此言實非謬言啊。以前秦惠公想要伐蜀，卻不知道進軍的路線該如何走，於是命人刻石牛五頭，各在其後面置放金塊。蜀人以爲這是拉金糞的牛，蜀王趕緊派五丁力士拖牛入川。秦軍隨着拖牛的蜀道推進，蜀國因而滅亡了。又如漢朝的大司農（財政部長）田延年，因爲收賄三千萬的事情東窗事發，只得自刎而死。如此之流，何可勝記！朕今以蜀王作爲借鏡，卿等亦須以延年當作覆轍才好！」

⑿貞觀四年（六三〇），太宗某日和侍臣由貪贓而談到犯罪心理的反應，覺得很划不來。太宗這樣說：

「朕終日孜孜不倦，不但爲了憂憐百姓，其實也爲了要使卿等長守富貴。天非不高，地非不厚，朕常兢兢業業以畏天地；卿等若能小心奉法，常像朕畏天地一樣，則非但百姓安寧，自己也常得歡樂。

古人說：『賢者多財損其志，愚者多財生其過。』這話說得極好，可以作爲深誡。如果徇私貪濁，不僅敗壞了公法，也損害了百姓。縱然事情尙未敗露，但是此期間的心情，豈不常常陷於恐懼？恐懼既多，精神壓力則愈大，也有人承受不了，因而致死的。大丈夫豈得苟貪財物，以害及自己的身心性命，而且又使子孫每懷恥呢！卿等應該深思此言。」

(123)貞觀六年（六三二）三月，太宗一行到九成宮避暑，直至十月才還京師。某天，右衛將軍陳萬福從九成宮赴京公幹，中途住在驛站休息，並違法取去驛家麥麩（ㄈㄨ）數石。事爲太宗所悉，乃詔令賜麥麩給陳萬福，而且命令他親自背負回去，讓他恥辱一頓。

(124)權萬紀自從被魏徵在太宗面前批評了一頓，因而調官後（參第二十九條），過了一段時間，太宗仍然以爲他忠直，將他調回治書侍御史原官。

貞觀十年（六三六），萬紀上書說：「宣、饒二州（宣州治今安徽宣城縣，饒州治今江西鄱陽縣）各山大量發現銀礦，開採極有利益，每年可增加收入數百萬貫

（每貫一千文）。」

太宗看了他的建議，召見他說：「朕貴為天子，不缺少這種東西，只須採納嘉言，推行善事，做有益於百姓的事情。而且，國家賸得數百萬貫錢，何如得到一位有才幹德行之人！朕不見卿推賢進善，又不見卿按舉不法、震肅權豪，惟道稅鬻銀坑以為利益。從前堯舜抵璧於山林，投珠於淵谷，因而獲得崇名美號，見稱於千載。後漢桓、靈二帝好利賤義，為近代庸暗之主，卿難道想將我比作桓、靈不成?!」即日敕令將他黜放還家。

(125)貞觀十六年（六四二），太宗提示侍臣注意，說：「古人說：『鳥棲於樹林，猶恐樹木不高，所以結巢於樹的最高端。魚藏於水中，猶恐河水不深，所以在河牀窟下穴居。』然而它們都被人類捉到，原因皆在貪吃餌食的緣故。

如今人臣受任為官，居高位，食厚祿，就該當行為忠正，遵守公清的原則，這樣則無災無害、長保富貴了。古人說：『禍福無門，惟人所召。』然則陷身法網者，都是為了貪財二字罷了，這和魚鳥有何差異呢？卿等宜思此語，以當作鑒誡。」

第七章　崇揚學術

一、崇揚儒學

(126)武德九年（六二六）九月，太宗即位才一個月，爲了大闡文教，於正殿——太極殿——之左，門下省東面，設置了一個機關，稱爲宏文館。裏面藏書二十餘萬卷。又精選天下文、儒之士虞世南等人，各以本官兼學士，供給五品官吃用的伙食，輪日入內值班。太宗聽朝之餘，則引導他們進入內殿，或討論書籍文義，或商量政事，有時至夜分才散。後來又詔選擔任三品官以上的功臣、賢能大臣子孫爲弘文館學生，進入館內學習，以培養人才。

唐初以來，國子監原本各立周公、孔子廟一所，四時致祭的。貞觀二年（六二八）十二月，宰臣房玄齡、國子博士朱子奢建議說：「武德中詔釋奠於太學，是以周公爲先聖，而孔子配享。臣以爲周公、孔子俱被稱爲聖人，而學校置奠原本是爲了孔夫子而來，故晉、宋、梁、陳及隋煬帝時代，皆以孔子爲先聖、顏回爲先師。這是歷代所行的慣例，伏請停祭周公，升夫子爲先聖，以顏回配享。」

太宗同意，下詔停止周公先聖的地位，國學裏單存孔子廟堂，並研習古代釋奠禮儀以祀孔。從此以後，政府就只祀孔子而不祀周公，成爲定制。

同一年，太宗邀集全國儒士來京師，賜贈以絹帛，由官方用車迎他們前來。太宗對這些人不次拔擢，任以官職，連學生通一經以上都得署任爲吏，於是來學的人日益增加。相對的，太宗爲了興學及容納求學的人數，國學增築學舍四百餘間，國子學、太學、四門學等（唐朝此三學是儒學教育，律、書、算三學爲專門人才教育，合稱「六學」，均隸屬於國子監）亦擴充學生名額，書、算之學亦各置博士和學生，正式設立。

稍後，太宗又多次親自駕臨國學，令國子祭酒（國學校長）、司業（相當於教務長或助理校長）、博士（相當於教授）演講學術；演講完畢，各賜以束帛。由於太宗如此提倡，所以四方儒生負書而至者甚衆，六學學生人數達三千多員。後來連吐蕃（西藏）、高昌（吐魯番）、高麗、新羅等各國政要，亦鼓勵他們的子弟來唐留學，使國學人數擴充幾至萬人。儒學之興盛，學校教育的發展，實空前所未見。

(127)漢末以來，玄學大盛而儒學漸衰，經書因輾轉手抄而有謬誤，名儒解經亦各成一說，意見紛歧。貞觀中期，太宗爲了頒定最標準的版本，以整齊百家雜說，於是命令免職不久的前中書侍郎顏師古主持考定五經的工作。

工作在秘書省進行，及至完成，太宗又令左僕射房玄齡召集諸儒重加詳議，以示愼重。當時，諸儒傳習師說已久，遂各持所學批評之，異端蜂起，顏師古面對非難，輒引晋、宋以來古、今版本加以解答，由於引證詳細明確，諸儒莫不歎服，太宗也稱贊了多次。

討論完畢後，特賜絹帛五百匹給師古，並加授官職，頒他所校定的書於天下，命令採用學習。

版本校定的工作已完成，跟着就必須進行義理的統一工作。太宗又詔顏師古，會同名儒孔頴達等人推動此工作。諸儒詳徵博引、考論疏通，最後完成了五經正義一百八十卷。太宗詔令交付國子監頒行採用。

這項工作尚有一段尾聲，即是有人駁論頴達等所完成的書。太宗爲了表示愼重，命令再度詳議。這次討論的工作爲時頗長，駁論者太學博士馬嘉運在貞觀十九年（六四五）逝世，三年後孔頴達亦逝世，猶未有所決定。直至唐高宗即位兩年——永徽二年（六五〇）——再次召集中書省、門下省、國子三館（即國子學、太學、四門學）博士、弘文館學士等聯合進行考正工作，最後對原書就加增刪，才正式頒下採用。由於此書實際上在貞觀中完成，由孔頴達以國子祭酒身份主持工作，故五經正義迄今仍掛孔頴達之銜。

(128) 太宗做了上述提倡儒學的各種重要工作之外，又曾公開褒揚前代學者，提倡尊儒重道之風。

例於貞觀十四年（六四〇）二月，太宗躬臨國子監觀釋奠大典（唐朝孔廟釋奠一年兩次，分在仲春、仲秋進行，由祭酒、司業、博士行三獻禮）。禮畢，即命祭酒孔穎達演講孝經。演講完畢，太宗遂賜祭酒以下學官與及優良學生絹帛各若干。十九天後，太宗下詔說：

「梁朝皇侃、褚仲都，（北）周朝熊安生、沈重，陳朝沈文阿、周弘正、張譏，隋朝何妥、劉炫等，皆爲前代名儒，經術可紀，加以所在學徒（唐人稱學生爲生徒）多採用他們的講義，所以應加優賞，以勸後生。可訪其子孫現存者，錄姓名奏聞。」

顯示太宗褒揚這些學者，並推恩賞及他們的子孫，僅是勵學的措施之一，目的則在崇揚儒術。

又如貞觀二十一年（六四七）二月十五日，太宗下詔褒揚歷代名儒二十一人，說：

「左丘明、卜子夏、公羊高、穀梁赤、伏勝、高堂生、戴聖、毛萇、孔安國、劉向、鄭衆、杜子春、馬融、盧植、鄭玄、服虔、何休、王肅、王弼、杜預、范甯等二十一人，歷世採用他們的著作，學說垂之於國胄；既奉行他們的道理，於理則合該褒崇。自今以後，若在太學舉行典禮等事宜，他們可一並配享於尼父的廟堂。」

自從去年底，太宗親至靈州（治今寧夏靈武縣西南）督師討伐漠北的薛延陀，回來後卽因疲頓而抱恙在身，由太子監國。然而太宗爲了表示崇學尊儒，仍然頒下了這道詔令，約在同月二十日，命令太子李治至國學釋奠於孔廟。

(129)貞觀二年（六二八），太宗對侍臣說：「爲政之要在於得人，如果用非其才，則必難致治。當今所要任用的人，必須要以德行和學識爲本。」

「人臣若無學業，不能識前言往行，豈堪承當大任！」王珪在旁說，並且舉了一件歷史例證，繼續說：「漢昭帝曾經表示：公卿大臣當用經術之士。這就表明經術之士，固非刀筆俗吏所可比擬。」

「確實如卿所說一樣！」太宗贊許地說。

不久，太宗又將此意對代理吏部尚書杜如晦提及，說：「近見吏部選拔人才，只就言詞刀筆範圍挑選，一點兒也不瞭解其人的德行；幾年之後，其中有人惡跡昭彰了，然後才加以懲罰。要知卽使那時將他殺了，而百姓也已經蒙受其害，於事無補了。你說說看，如何可以得到人才？」吏部主持全國人事行政，所以太宗才如此向如晦說話。

如晦回答：「漢代選拔人才，其人都是德行著稱於鄉閭，而得地方政府推薦，然後才入京任用。這些人的德行學識都不致太差，所以歷史上號稱當時多士。如今實行考試科舉，方式與漢代不同，每年入京考試的人，多至數千人，考試官對他們一點兒也不認識。他們是否僞裝成道貌岸然，或者是否粉飾其詞，考官也不能一下子就知道，只好依照成績配以等第，依等第次序任用罷了。銓敍簡拔的方式，確實有所未盡善，所以不能得到眞正的人才。」

太宗有意因此復行漢朝的辦法，尋因他事而停止，以後卽不再提及此問題。

(130)太宗晚年仍是那樣重視論學取才的，而且對爲學與做人的關係更爲瞭解。某天，他對中書令岑文本討論起來。他說：「人性雖有一定，但是必須博學才能成道，猶如蜃（ㄕㄣˋ）的性含水，待月光昇起而吐氣成樓閣；木的性懷火，待燧一動則光燄爆發；人的性含有靈氣，必待學成而後爲美。所以，蘇秦爲讀書而刺股，董仲舒爲求學而垂帷不窺園三年，不勤於道藝，則其名不能建立。」

文本不大同意太宗的說法，提出性、情不同來作補充。他說：「人性確實相近，但是人情則各有不同，變化不居，必須靠着求學才能整飭它，並由此才能成性。禮經說：『玉不琢，不成器；人不學，不知道。』所以古人勤於學問，稱之爲懿德。」

二、論史學的意義與功用

(131)太宗是重視實際的人，所以不喜歡標榜浮誇的純文學。貞觀三年（六二九），拜房玄齡爲左僕射，並令他監修國史。唐朝制度上，國史的修撰權由原來的秘書省著作局獨立出來，直隸於宰相機關的門下省，並例由宰相監督修撰。

有一天，太宗和房玄齡談起文、史之別及歷史的功用，由於太宗有重史輕文（純文學）的觀念和政治史觀，所以他說：「近來讀書，讀到了漢書和後漢書，發現二書收錄了不少著名文學家的賦，例如『楊雄傳』選錄了他的『甘泉賦』和『羽獵賦』，『司馬相如傳』收錄了他的『子虛賦』和『上林賦』，『班固傳』收錄了他的『兩都賦』等。這些大文章雖美，但卻文體浮華，無益於勸誡，何必寫在史書上面？朕意史書不是不可以錄用大文章，而是要錄用有益於敎化的文章。如果當今有人上書論事，只要詞理切直，有裨益於政治的，不論朕聽從採納與否，皆必須完備的記載下來。」

⑬²魏晉南北朝文學發達，文士濟濟輩出，他們不是自我將文章收集成文集，就是死後由故友門生爲他結集成文集，將之視爲一生的成就所在，傳之於後世。這是時代的風氣，連很多皇帝也不免染上此風。

貞觀十一年（六三七）三月，著作佐郎（秘書省著作局的官員，唐制著作局職掌修撰碑誌、祝文、祭文等官方文章）鄧世隆上表，請求編次太宗的文章以爲文集。編次文集本爲盛事，太宗照理應該高興地批准才對，不料太宗竟然否決說：

「朕處理事情和頒發命令如果有益於民，國史上必然會記載下來，足爲不朽。如果事不師古，亂政害物，則雖有詞藻，終將貽笑於後代。這件事情並不是必須要做的事啊！例如梁武帝父子（武帝蕭衍及其兒子——昭明太子蕭統，皆爲南朝著名的文人）、陳後主（陳叔寶）與及隋煬帝，不也大有文集行世？然而所作所爲大多不法，使宗廟、社稷傾刻覆滅。大凡人君首務之要，惟在德行，何必要汲汲於計較文章哩！」

(133)唐初制度，爲天子撰寫日記的史官稱爲起居郎，隸於於門下省；所撰的起居注，是有關天子言動法度的廣泛史料所在，故每一季的終了，就必須移送史館，當作修撰國史的重要憑藉。褚遂良在貞觀十年（六三六），從秘書郎（秘書省屬官，掌四庫圖書）遷調爲起居郎。十五年，又升遷爲諫議大夫，仍兼知起居注事。

太宗某天問遂良道：「卿近日署理起居事，記述何等事情？大抵上可以讓人君觀覽嗎？朕想閱讀這些注記，是要回顧以往行爲的得失，以作爲今後自我警戒罷了。」

「當今的起居官員就是古代的左、右史，職掌記載人君的言行。由於善、惡必書，使人主受到警戒，這樣或許能使人主不敢爲非作歹。」遂良肯定地回答：「所以沒有聽說過帝王親自閱讀所寫有關他的歷史。」

「這麼說來，朕如有不善，卿必然記載下來了？」

「臣聞守道不如守官，」遂良再答：「臣的職責在撰寫陛下的歷史，爲甚麼不記載下來呢？」

黃門侍郎劉洎也在旁插嘴說：「人君如有過失，就像日月之蝕一樣，人人都見得到的。假如遂良不記載下來，天下之人也都會加以記載的。」

「是，」太宗說：「確實如此。」

關於歷史對帝王有警戒約束的功能，從太宗和房玄齡之間的另一次談話，就更能明白表示出來。

貞觀十四年的某天，太宗問監修國史的房玄齡說：「朕常觀前代的史書，大多表揚善事而批評過惡，足以成為未來的規誡。然而不知從古至今，當代的國史因何不讓帝王親見？」

「國史既然善惡必書，或許因而能使人主不敢為非作歹。只怕帝王看後，認為史官的記載對他有所冒犯，令史官因此產生畏懼而不敢直書，所以帝王不能親讀記載他自己言行的史書。」玄齡加以解釋。

「朕的意思和古人殊不相同，」太宗申辯說：「現在朕想自看國史的原因，有善事固然不須論，如有不善，也想知道一下，以作為鑒誡，使得自己能自我修正改善罷了！卿可撰錄呈上來看看。」

玄齡無可奈何，只得刪削國史，寫成高祖實錄和太宗實錄（由太宗降生至貞觀十五年）各二十卷，呈上給太宗。太宗看到武德九年六月四日玄武門兵變的記載，文字多有微意，遂指示玄齡說：

「從前周公誅管、蔡（管叔、蔡叔皆周公兄弟）而使到周室安定，季友鴆叔牙（叔牙爲季友之兄）而使到魯國安寧，朕當年殺太子和齊王，意義與此相同，是爲了安社稷、利萬民罷了。史官執筆撰述，何必有所隱諱？應該馬上將浮詞改掉，忠實地記載其事。」

太宗兵變殺兄弟、逼父親，不見得是光彩的行爲，如果他不是親索史書自覽，史官或會在史書上直書其事的。如今太宗要自覽，史臣畏懼禍患，只得隱約其詞，不敢明確直述。這就是帝王不能看記述他自己的歷史之原因。反過來說，人君位極至尊，權威無限，言行也無所忌憚，惟有怕國史將他的壞事記載下來而已。史臣畏懼冒犯惹禍的原因固然在此，帝王有所忌憚而受到約束的原因也在此，中國古代常用政治力量干預歷史的修撰，原因實在也在於此。（參一〇九及一一六條）

三、批評禮、樂和社會風氣

(134)中國有一種諱名的慣例，即臣子不得稱呼君父之名，寫字時寫到君父之名的字亦須避開。例如太宗名世民，依當時慣例，臣子均不得提「世」及「民」兩字，寫也不成；本書貞觀政要內，凡有「世」字處多改爲「代」字，凡有「民」字處多改爲「人」字，連正式官名如「民部尚書」也改寫成「戶部尚書」等等。

太宗即位之初，曾經批評這種慣例說：「依照禮的規定，人之名在死去後才要避諱。事實上前古帝王在生前也不生諱其名，所以周文王名昌，周詩卻云『克昌厥後』；魯莊公名同，春秋經在十六年卻書『齊侯、宋公同盟于幽』。只有近代諸帝妄立規矩，特令臣子生前就避其名諱，不通道理之極，應有改革才對。」

由於這個觀念，因而太宗下詔說：「依據禮的規定，名有兩個字的義不遍諱，近世以來曲爲規矩，兩字兼避，廢缺已多，率意而行，有違經典。今應依據禮典，務從簡約，仰效先哲，以垂法將來——凡官號、人名及公私文籍裏有『世』及『民』兩字不連續的，並不須避諱。」

至於前面所述避開『世民』之任一單字，乃是太宗死後的情況，太宗生前的確不諱名之單字的。不過，太宗若能將諱名的慣例完全取消，應是更好的決定吧。

(135)太宗十四個兒子中，最疼的就是第四子李泰和次子李恪，這兩人都在貞觀十年（六三六）正月同時徙封，李泰由越王徙封爲魏王，李恪由蜀王徙封爲吳王。就在這年，有人說三品大臣輕視魏王，引起太宗大怒，召集大臣加以責備，幸得魏徵直諫，才使太宗感到深愧（參第三十三條）。恪、泰兄弟兩人旣然最得父皇喜愛，他們的叔父尊長及三品以上大臣，平常都對之優禮有加。

貞觀十一年，中書舍人高季輔上疏，批評恪、泰兩兄弟與他們的叔父們抗禮，說：「竊見密王元曉（密王乃唐高祖第二十一子，年齡大約與恪、泰兩兄弟相當，甚至可能還年輕一點）等，都是陛下的懿親。陛下兄弟友愛之懷，義高古昔，分給他們車服，委任他們爲藩鎭，一切依照禮儀，以副全國瞻望。最近看到皇子向諸叔禮拜，諸叔亦卽答拜。皇子和皇弟均爲親王，爵位雖同，但家人之禮則有別，豈可如此顚倒昭穆！伏願陛下垂訓他們，警誡他們要永循規矩。」

太宗於是詔令皇弟元曉等，不得答李恪和李泰兄弟倆之拜。

翌年正月十五日，禮部尚書王珪奏言：「依據法令：三品以上大臣遇親王於路，不合下馬。今大臣下馬致敬，皆違犯法令，有乖朝廷制度，理應改正。」

「卿等想自我尊榮，而卑視我兒子嗎?!」太宗不滿道。

「漢朝以來，親王的班位皆次於三公之下。」魏徵爭辯說：「如今的三品大臣，並爲天子的六部尚書和九卿，爲親王而下馬致敬，親王也實在不宜當此禮。此舉在慣例上無可憑據，若行之則違背國法，於理實爲不可。」

太宗聞言，立即辯論道：「國家建立太子，就是爲了作人君的副儲。人的壽命有長短，不一定老的比幼的先死，假設太子不在了，則他的同母弟弟將依次序繼立。以此而言，安得輕我兒子呀!」

「殷人崇尚實質，所以有兄終弟及之義。自從周朝以降，繼承法規定立嫡必長，因此能夠杜絕了庶孽的窺覦，堵塞了禍亂的根本。統治國家的人，應該對此深自愼重!」魏徵反駁道。

太宗無辭可駁，亦覺有理，遂批准王珪的奏請。

王珪爲人體道履正，交不苟合，任禮部尚書時，幼子王敬直選尚太宗之女——

南平公主。公主出降，來至王府，身爲新翁的王珪說：「依據禮的規定，婦人娶歸家，有拜見舅姑（卽公婆）之儀。自從近代風俗弊薄，公主出降至邸，此禮不再施行。當今主上欽明，動遵法制，我援受公主的謁見，豈是爲了本身的虛榮，只是爲了成全國家之美罷了！」

說完，毅然與妻子就位而坐，命令公主親自執巾拜見，行盥（ㄍㄨㄢ）饋之禮，禮成而後退下。太宗聞知，大爲稱善。從此以後，公主下降至有舅姑的夫家，雖貴爲天子之女，皇帝也吩咐實行此禮，以端正人倫家規。

(136)太宗曾經命令改革幾種社會不當的禮俗。

第一件在貞觀四年（六三〇），太宗指示宰相侍臣說：「京城士庶居父母之喪的人，竟有迷信巫書之言，每逢辰日則不哀哭，以此作爲推辭弔問的藉口。這些人拘於流俗所忌而不舉哀，傷風敗俗，極乖人理。應命令州縣地方政府加以教導，齊之以禮。」

後來功臣張公謹卒，太宗卽不避辰日，舉哀哭悼他（參第一〇三條），率先以身作則。

翌年正月，太宗有感於僧道漠視人倫，遂斷然命令改革，指示侍臣說：「佛、道設教，本來是爲了行善事，豈是要和尚、尼姑、道士之流妄自尊崇，坐受父母之拜的?!這種行爲損害風俗，悖亂禮經，應即禁斷，仍令他們致拜於父母。」

同年，太宗指示左僕射房玄齡：「山東（指華山以東地區）的崔、盧、李、鄭四姓，從前雖曾顯赫一時，近代則已累世陵遲。然而他們的子孫猶且恃仗着舊日的門第，好自矜大，自稱爲士大夫，每有嫁女給別人，必定廣索聘金，以多爲貴，竟至論數定約，如同做買賣一樣。這種風氣甚損風俗，有紊禮經，而且輕重失宜，理須改革。」

於是詔令吏部尚書高士廉、御史大夫韋挺、中書侍郎岑文本、禮部侍郎令狐德棻等有學識的官員，進行刊正姓氏的工作。自從漢晉以來，社會重視門第家風，大都修有族譜、家譜等譜籍，有些門第低下的人，甚至僞造譜籍，以攀附高門。因此，這全國性的釐正家族和評定門第的工作，是吃力而不討好的。參與工作的官員全國性普遍徵求譜籍作爲依據，兼採史書的記載，剪去浮華，評定眞僞，褒揚提昇忠賢的人，貶低降黜悖逆的人，撰成了一百卷的氏族志，於貞觀十二年正月十五日獻上給太宗。

氏族志所評定的氏族等第，以崔民幹列爲第一等。太宗不滿，責備說：「我與山東四大家族以前沒有仇嫌，只因他們世代衰微，全無官宦，而猶自誇爲士大夫，婚姻之際則多索財物；他們或又才識庸下而自視甚高，販鬻松檟（ㄐㄧㄚˇ）而依託富貴。我不瞭解民間爲何重視他們？

而且，士大夫有能立功建業，爵位崇高，善事君父，忠孝可稱，或者道義清素，學藝通博，這也就足以自成門戶，可以稱爲天下士大夫了。如今崔、盧之屬，唯有將遠祖的衣冠功名拿出來自誇自傲，那能和本期的貴族相比？公卿以下官員，何遑多送錢財給他們以求婚，這樣不但滅自家威風，兼且助長他們的氣勢；貪慕這種虛榮，我不知道究竟爲了甚麼緣故？

我現在評定氏族的原因，是要確立本朝冠冕的地位，因何崔民幹仍列爲第一等？難道卿等不以爲我朝的官爵可貴嗎?!不要再論數代以前的舊帳，只以今日的官品和人才當作評定等級的標準吧。如果一經評定以後，就該作爲永久的標準。」

高士廉等既獲責備和指示，便將氏族志再加修改，而列崔民幹爲第三等。太宗遂將成書頒示於天下，並又下詔申明厭惡這種風俗的至意。聲明此風既紊人倫，又虧名教，以往弊俗多已懲革，只有此風未能盡變，自今以後，民間務必要嫁娶有序，合於禮典的規範。

(137)太宗有兩件推己及人，爲他人着想，對社會觀瞻有所影響的事情，被史官記載了下來。

唐期制度，各都督、刺史每年年初必須親自或派遣高級僚佐，賫帶貢物進京朝賀元旦，兼且向中央提出施政報告。入京官佐擁有專用名稱——朝集使或考使。

貞觀十五年（六四一）正月，太宗對侍臣說：「古代諸侯入朝有湯沐之邑，芻禾百車，待以客禮；白天坐正殿，晚上燃庭燭，思與相見，詢問他們的勞苦。漢朝的制度也爲刺史、郡守創立邸舍於京師，讓他們在京居住休息。頃聞考使至京，皆租賃客房，與商人雜居，房間小得僅能容身而已。對他們禮遇不週，必是人多怨歎，豈肯再竭情共同努力治理天下呢？」

到了十七年十月一日，下詔命令在京城內空閑的坊里（唐朝長安城劃分爲百餘坊，或稱爲里，相當於現在都市裏的區），爲各州考使建造邸第三百餘所，以作他們安頓休息之用。建築物落成之時，太宗尚且親臨參觀。

太宗在開皇十八年（五九八）十二月出生。四十六歲誕辰那天（貞觀十七年），太宗感觸地向侍臣們說：

「今日是朕生日，民間以生日那天舉行宴樂，在朕的心情則翻成感傷追思。朕現在君臨天下，富有四海，想追求侍奉承歡於父母的膝下，實已永不可得！子路有負米之恨（子路貧時常食藜藿，而為雙親負米於外以作奉養；後來子路發達，願再負米養親而不可復得，引以為恨），原因也在此啊！何況詩經云：『哀哀父母，生我劬勞！』奈何以劬勞的這一天，便為宴樂的事情！這種行為甚是乖違於禮度。」

說着，太宗竟然淚泣數行，左右受到薰染，也陪同悲傷在一起。

⒀唐太宗資兼文武，崇尚實際，但是對文化藝術、歌舞音樂也頗內行。他的詩文書法自有成就不必說，對音樂歌舞的表現，史官也有記載下來。例如貞觀四年（六三〇）消滅東突厥王朝後，太上皇高興得邀請貴臣、諸王、妃嬪和公主，置酒於凌煙閣慶祝雪恥勝利。酒酣，太上皇親自彈奏琵琶，由太宗起舞助興，歡飲至夜

分才散。

這裏有一段太宗論音樂的記載：

祖孝孫是著名的天文、數學及音律學家，官拜太常少卿（相當於文化部副部長），建議高祖改創樂府，修定雅樂。經過長期的研究，考以古音，終於創作了大唐雅樂，在貞觀二年（六二八）六月十日奏上呈獻給太宗。

太宗說：「禮樂的創作，是聖人因情以設教，作爲節制人情的工具罷了，政治的善惡豈由於此？」

宰臣杜淹反駁說：「前代興亡實由於音樂。陳朝將亡，就有『玉樹後庭花』的豔曲；南齊將亡，也有『伴侶曲』的流行。路人聽到這些音樂，莫不悲泣傷感，所謂『亡國之音哀以思』。以此觀之，政治的興亡實由於音樂啊！」

「不然。」太宗申辯說：「音樂豈能感人。只是聽的人如果心情歡樂，則覺得此音快樂；心情哀傷，則覺得此音悲涼罷了，快樂和悲涼在於人心，並非由於音樂啊。將亡之政，人心必愁苦，苦心相感，所以聞樂而生悲罷了，難道說是樂聲哀怨，就能使快樂的人產生悲涼嗎？現在這兩曲仍然存在，朕能爲公演奏一番，公難道會悲哀嗎？」

右丞魏徵在旁靜聽兩人辯論，這時插嘴進言：「古人說『禮云禮云，玉帛云乎哉！樂云樂云，鐘鼓云乎哉！』樂的確在於人和，而不在於音調。」

太宗同意他的說法。

⒀貞觀元年（六二七）正月初三，太宗大宴羣臣，演奏「秦王破陣樂」之曲。太宗告訴羣臣說：「朕從前爲秦王時東征西討，世間遂有此曲，怎料今天竟然成爲在朝堂演奏的雅樂哩！這舞曲表演起來覺得有發揚蹈厲的氣勢，雖與文德之雍容不同，但是朕的功業實由於有此氣概以致於有今日，所以被於樂章，表示不忘本罷了。」

右僕射封德彝頌揚說：「陛下以聖武戡難，立極安民，此舞曲盛烈壯觀，豈是文德足可與之比較的！」

封氏曾勸太宗威權獨任，張兵撻伐四夷，是主張權威統治的宰相，所以太宗答覆他說：「朕雖以武功定天下，但是終當以文德綏海內。文武之道，理應各因時宜而定，公謂文德不如武功，這是過份了！」

德彝聽了，頓首謝罪。

到了七年的正月初七，太宗親自繪製「破陣樂舞圖」，由呂才依照圖示，教導樂工一百二十人被甲執戟作練習。這個龐大的舞集共有三次變化，每次變化則有四陣，交錯屈伸，首尾回互，有來往、疾衝、慢步、擊刺等各種動作，以象戰陣之形，以應和歌唱音樂的節拍。數日之後，練習完成，再令魏徵、虞世南、褚亮（遂良之父）、李百藥改制歌詞，更名為「七德之舞」。

同月十五日，大宴三品以上大臣、各州刺史及蠻夷君長於玄武門，命令舞團表演此舞。觀者見其抑揚蹈厲，莫不扼腕踴躍，懍然震悚。武臣列將全皆向太宗敬酒，說：「此舞皆是陛下百戰百勝的形容！」於是高呼萬歲。

太常卿蕭瑀奏說：「如今『七德之舞』已為全國所共同傳習，不過陛下的聖功，此舞還未能形容盡致。前後所破劉武周、薛舉、竇建德、王世充等集團，臣願繪其形狀，以寫戰勝攻取的容象。」

太宗答道：「朕當四方未定，為了拯救天下遺黎，所以才不得已從事戰爭，因而民間遂有此舞，國家也因此進一步制定為雅樂。然而雅樂之容只得陳其梗概，如果詳細寫實，則其狀易識。朕因為現在的將相，大多曾經是那些人的部屬，有過君臣的關係，如今若重見舊主被擒獲之狀，內心必當有所不忍，因此才不這樣做啊！」

「此事不是愚臣所能想及！」蕭瑀佩服而謝道。

第八章　論治國的實際問題

一、談務農

⑭貞觀二年（六二八），太宗告訴侍臣說：「凡事都必須務本：國以民爲本，民以衣食爲本，經營衣食以不失時爲本，而不失時嘛，則需人君簡樸安靜才可達致。如果兵戈屢動，土木不息，而想不剝奪農民耕作的時間，可以做得到嗎？」

王珪在旁補充說：「從前秦皇、漢武外則窮極兵戈，內則崇侈宮室，民力既然竭盡了，禍難遂跟着興起；他們豈是不願安民嗎？不是的，他們只是迷失了所以安民的途徑罷了。亡隋的覆轍殷鑒不遠，陛下親承其弊，完全知道當年如何輕易的取代了楊家的天下。然而在初開頭則容易，終了卻實在很難，伏願陛下愼終就如同愼始一樣，才能克盡其美！」

太宗答覆道：「公言是也。安民寧國惟在於君，人君無爲則人民康樂，人君多慾則人民痛苦，朕所以要抑制情慾、克己自勵才是！」

這段對話，顯然已勾劃出貞觀時代的農業政策——即盡量不在不適當時間徵用民力，以防農耕受到妨碍。最明顯之例就是太子承乾行冠禮的事情。

貞觀三年——上述談話的次年——正月，由於太子年滿十一歲而進入十二歲，依禮必須擧行冠禮（常人二十而冠），有關官員於是上書奏請道：「皇太子將行冠禮，宜用二月爲吉，請追徵府兵入京備作儀仗部隊。」

太宗說：「如今春耕方開始，恐怕會妨碍農作(府兵自給自足，分田而耕的)，宜改用十月爲吉。」

太子少傅蕭瑀奏道：「依據陰陽家的說法，用二月比較好。」

「陰陽家過於拘忌，朕所不行。」太宗不從，堅持說：「若一動一靜皆必須依照陰陽家的預測來做，不顧禮義，這樣子來求福祐可以嗎？如果所行皆遵守正道，自然就能常常與吉利際會；況且吉凶在人，豈能假借陰陽來拘泥禁忌？農時至爲重要，不可以因此受到妨碍而有錯失。」

(141)貞觀二年夏天，京師地區突然旱、蝗交起，玄武門北面的禁苑也有蝗蟲。太宗在六月十六日入苑視察禾稼（古代皇帝每年舉行親耕之禮，皇后則行親蠶之禮，故禁苑有禾稼），見到蝗蟲，遂捉得數隻，並禱告說：「人民以禾穀爲活命之物而你們把它吃掉，這就有害于百姓了。百姓有過，都在我一人的身上，你們有靈的話，但當害蝕我心，不要傷害百姓！」禱罷即欲將蝗蟲吞入腹中。

「陛下不可！」左右失色，急來阻止說：「吃了恐怕會生病。」

「朕所希望的，就是能將災害轉移到身上來，如何會因疾病就逃避了！」說罷即吞食入口。奇怪的是，太宗不但沒有因而生病，反而蝗蟲卻迅速消失，不再爲害了。

(142)太宗即位初年，由於饑荒、旱災、蝗蝻、水災相繼而起，米價高漲，一斗米抵值一匹絹。貞觀四年時，天下大稔，米價劇降，一斗米只值三、四文錢而已。這種盛況，自此一直持續下去，成為「貞觀之治」的基礎。

貞觀十六年（六四二）十一月，太宗以天下米價每斗率計只值五錢，尤賤處且降至三錢，因而向侍臣說：「國以民為本，民以食為命，如果五穀不登，則人民非復為國家所有。如今既然如此豐足，朕忝為億兆人民的父母，只有更加節儉省約，必不動輒做出奢侈的事情。朕常想賜天下人民人人富貴，如今減省徭役，不剝奪他們的時間，使比屋之人得以恣其耕稼，這就是賜富給他們了；至於敦行禮讓，使鄉閭之間，少年的尊敬長輩，為妻的敬愛丈夫，這就是賜貴給他們了。但願天下人人如是，既富且貴！朕雖然不聽管絃，不去畋獵，卻也樂在其中了。」

二、論刑法的原則

(143) 貞觀初，大理寺每月滙報，呈上囚犯登記帳册。太宗問道：「這些人中或許有情有可原者，何容一一依據法律來作判決？」

「原情有過，不是臣下所敢做的事。」大理少卿胡演解釋。

「死者不可再生，用法務需寬簡。」太宗指示判案原則，而又徵求意見說：「

古人說：『販賣棺材者希望歲有疾疫，原因並不是對人痛惡，只是基於銷售棺材的利益着想罷了。』當今的法官審理一案，必求深刻苛嚴，希望自己的考績優良。現在有甚麼法子可使審檢平允？」

王珪建議道：「應該選擇爲人公直良善而又斷獄允當的模範法官，昇遷他的官秩，賞賜以金錢，加以公開表揚，這樣則奸僞自息。」

太宗採用了王珪的建議，然而更想建立一種公平愼刑的制度。他又說：「傳說古代斷獄時，必定先訊問於三槐、九棘之官，當今的三公九卿就是那樣的官職。自今以後，大辟罪（死刑）必須經過中書省和門下省四品以上官員，與及六部尙書和九卿合議過後，才能定讞。如此庶幾可以避免有寃枉濫判的事情發生。」

於是三省九寺重要官員合議的制度建立了，從這時降至貞觀四年（六三〇），由於寃濫減少，判決死刑定讞的囚犯，全國僅有二十九人而已，刑法幾乎置而無用。

(144)刑罰必須愼重，這是太宗一個很重要的觀念。這個觀念也是促成太宗建立大臣合議死刑案件制度的因素之一。這個制度創立不久，太宗又因另一死刑案，進一步創立了死刑覆奏制度。

張蘊古文詞頗佳，曾在太宗即位之初獻上一篇名爲「大寶箴」的韻文，大意說今來古往，爲君實難；人君受命統治國家，應該順應民心，至公無私，是以一人治天下，而非以天下奉一人；跟着縷述人君要注意的事情和必須警惕的行爲云云。太宗嘉獎其文，賜帛三百匹，任用他爲大理寺丞（相當於最高法院祕書長）。

到了貞觀五年（六三一）八月，蘊古奉詔令審訊相州（治今河南安陽縣）人李好德的言論案。好德素有精神問題，所以言論常常涉及妖妄。張蘊古偵訊後，提出報告建議說：「李好德患有瘋癲病，並有確實的證據，依照法律規定不當坐罪。」

太宗原要批准他的建議，但是御史權萬紀卻彈劾他，說：「張蘊古籍貫在相州，李好德之兄李厚德是該州刺史，所以蘊古情有阿縱，偵訊不實。」（權萬紀以告訐爲直，此年即被魏徵批評而調任，後又被黜放，參第二十九條及第一二四條）太宗大怒，命令斬蘊古於東市。

不久，太宗就感到後悔，責怪房玄齡說：「公等食人之祿就必須憂人之事，事無巨細都應加以留意，如今朕不問則不說話，看見事情不對都不諫諍，拿甚麼來作輔弼?!例如張蘊古之事，即使欺君罔上的罪名成立，若依據一般法律，罪雖重也不至於極刑。朕當時在盛怒之餘，立即命令斬決，公等竟然沒說一句話，所司又不中覆奏請，就馬上執行極刑，這豈是道理的啊！」

因而在八月二十一日下達一道詔令：「凡有死刑，雖命令立卽斬決，所司仍必須三次覆奏請示後才能執行，在京師者必須要五次覆奏。惟有犯下惡逆罪（十惡大罪之四，依次爲謀反、謀大逆、謀叛、惡逆，此皆不赦之罪）者，得一覆奏後立卽執行。本詔令列入法令之中，共同遵行。」

同年十二月，太宗鑑於覆奏的速度太快，尙未思之詳熟卽已覆奏完畢，因而又下詔命令門下省參與覆視，凡依據法令合該處死，而情有可矜者，皆應錄狀奏聞。同詔又規定在京機關奏決死囚，必須於斬決之日前一天及兩天各覆奏一次，斬決之日覆奏三次，才可執行。

⑷⑸李靖在貞觀八年（六三四）出任西征軍最高統帥，統率五個兵團征伐青海一帶的吐谷渾；每個兵團的統帥皆爲一時之選，甚至有由宰相充任之，如兵部尙書・參預朝政侯君集，卽爲第一路兵團的司令官。從十二月至翌年五月，號稱難以征服的吐谷渾就完全被征服了。

大軍班師回朝後，第五路軍司令官——鹽澤道行軍總管高甑生，自恃爲秦府舊臣（太宗未即位前任秦王），曾經違犯了李靖的指揮，誤失軍期，被李靖所按，所以懷恨在心，誣告李靖謀反（十惡的首罪），引起訴訟。偵訊結果，發現高甑生誣告的真相，遂判決他減死一等，下放邊疆。這時，有人向太宗求情說：「甑生是秦府舊人兼功臣，請寬恕其罪！」

太宗說：「他雖是朕的舊臣，有過功勳，朕誠不可忘記。然而治國守法，事須畫一，現在若赦免了他，則人人犯法，開啓了僥倖之門。而且國家起義於太原，功臣甚衆，如果甑生獲免，誰不生心？朕所以必不赦免，正是爲了這個原因。」

(146)貞觀十四年（六四〇），戴州刺史賈崇因爲管區內有人犯「十惡」大罪（前條所述四惡之外，再加上不道、大不敬、不孝、不睦、不義、內亂六罪名），遂爲刺史所彈劾。

太宗不同意此彈劾案，指示侍臣說：「以前大聖如帝堯，卻有一個甚不肖的兒子丹朱；大賢如柳下惠，也有一個惡名昭彰的弟弟盜跖。以聖賢的訓育，父子兄弟的親情，尚不能使子弟陶治向善，如今要求刺史化被下民，使他們咸歸於善，這事怎麼可能?!如果就此連帶坐罪，將他貶降，恐怕全國的地方長官會因此疑懼，從此遞相掩蔽，連罪人都消失了。自今以後，各州有犯十惡罪者，刺史不須連坐；但令明加糾訪科罪，或許可以肅清奸惡。」

(147)貞觀初，太宗曾指示大理寺審判務須寬簡，不必太苛嚴。到了貞觀十六年（六四二），太宗和當時的大理卿孫伏伽交換意見，再度指示他說：

「製作盔甲的人都希望將他的產品打造得很堅實，因為恐怕穿着的人受到傷害；製作弓箭的人都希望他的產品銳利，因為恐怕不能殺傷人。為甚麼這樣呢？這是由於各有本份，利於稱職的緣故啊。朕常詢問法官有關刑罰輕重的問題，他們都說法網寬於往代，但仍怕主獄的官員利在殺人——因為危人自達是一種手段，可以提高自己的聲望和身價。如今朕之所憂正在於此，此風極應禁止，務必以寬平作為原則！」

三、論特赦和法令的統一

(148)太宗對刑法的觀念，是務在寬平、簡約、愼重。但是，量刑寬愼，並不意謂縱容赦免。貞觀二年（六二八），太宗卽對侍臣申明刑法的意義和不應特赦的原因，他說：

「天下愚人多而智人少，智者不肯爲惡，愚人卻好犯刑章。大凡特赦的恩惠，只有那些不軌之徒才能享受得到。古語說：『小人之幸，君子之不幸。』又說：『一歲再赦，善人喑啞。』要知養稂（ㄌㄤˊ）莠（ㄧㄡˇ）者傷禾稼，赦奸宄者害良民。從前周文王創立刑罰，卽明文聲言『刑玆無赦』。蜀先主也曾對諸葛亮說：『我研讀陳元方、鄭康成的學問，每見他們啓示治亂之道甚爲完備，但從不提特赦。』所以後來諸葛亮治蜀十年，實行不赦政策，而蜀國大化。梁武帝每年特赦多次，結果竟至於傾敗。須知謀求小仁的人，乃是大仁之賊，所以我有天下以來，絕不特赦。如今四海安寧，禮義盛行，像這種非常之恩的特赦更不可行，否則愚人常盼僥倖，惟想犯法而不能改過。」

太宗不願數行特赦的原因，連長孫皇后也曾體會得到，他們伉儷倆經常在一起討論古今、交換意見。她三十六歲那年——貞觀十年（六三六）夏天，氣疾的病況轉變得沉重起來。太子李承乾當時十八歲，向他母后建議說：「醫藥治療已經盡力，如今尊體不能痊癒，請奏特赦囚徒和度人入道（指入佛教或道教），希望得蒙上天福祐！」

皇后回答說：「死生有命，不是人力所能支配，如果修福可以延年益壽的話，我確是素非為惡的人；如果行善無效的話，又有何福祐可求?!特赦是國家的大事，至於佛、道之教，皇上只是為了宗教自由和容忍而讓祂們存在罷了，他也常怕祂們成為政治上的負累，你豈能因我一婦人而亂天下之法？我不能依你！」

太子因而不敢向太宗奏請，私下告訴了房玄齡。玄齡向太宗報告此事。太宗正為皇后之病焦慮，也頗嘉勉太子的孝心，遂想頒發特赦令，因皇后固爭不可而止。不久，皇后終於延至六月而駕崩。

⑽唐高祖初入關時，除隋苛法，惟約法十二條。稍後不斷下詔修定法令，直至武德七年（六二四）始正式頒行大唐的新律令，這部律令大略以隋文帝的「開皇律令」為準。

太宗對「武德律令」並不滿意，也曾下詔修定研究。貞觀十年（六三六），新的律令已進行整理，太宗指示侍臣說：「國家的法令必須要簡約，不可一罪作得幾種判決、幾條科文。因爲法令煩多了，官吏則不能盡記，而且更生奸詐。如要使犯人脫罪，即能援引輕條來判決；如要入人以罪，亦能援引重條來量刑。經常變法實在無益於道理，卿等應該審愼細心，不要使科條有互文。」

十一年正月初四，太宗終於頒發了新的律令——「貞觀律令」。跟着他又勉勵侍臣說：「法令如果不常定，則人心多疑惑，奸詐的事情就會更多。周易說：『渙汗其大號。』意思是指發號施令，就如汗出身體，一發而不復回。書經說：『愼乃出令。令出惟行，弗爲反。』也是這個意思。況且漢高祖忙碌得日不暇給，蕭何則出身於刀筆小吏，兩人制法之後，猶被歌頌爲法令畫一。我們的情況遠勝於他們，今後更應詳思此義，不可輕易地發出詔令；必須每詔審定，用以作爲行之久遠的條文。」

四、有關朝貢的談話

(150)唐朝制度，大朝會以元旦最爲隆重。那天，羣臣——包括各州朝集使和各國朝貢使——均齊會於正殿，由皇太子率先獻壽，揭開朝賀的序幕；而朝集使及朝貢使，依禮皆須貢上代表州或代表國的名貴土產。

貞觀二年（六二八），太宗要求朝集使說：「根據前典記載，貢品以各州土產爲主，近來聽說都督、刺史們爲了邀取視聽的注意，本土出產或嫌不夠好，遂一意外求更名貴的貢品，大家更相倣效，成爲風氣，極爲勞煩騷擾。卿等應該改正此弊，不得再度如此。」

(151)林邑國（今越南南部地）曾先後多次進貢唐朝。貞觀五年（六三一）冬天又派遣朝貢團入唐，這次貢獻給太宗一隻白鸚鵡。這隻鸚鵡極爲聰明，尤善於應對。太宗逗它聊天，它多次訴苦，說這裏天氣寒冷云云，使太宗憐憫不已。

恰巧新羅（今朝鮮半島南部）朝貢團接踵而至，貢獻了美女兩人。魏徵以爲不應接受。太宗說：「林邑的鸚鵡猶能自訴苦寒，想回祖國，何況二女別鄉離井哩！」於是連同鸚鵡一併交還給各該朝貢使帶還其國，囑咐回去後將鸚鵡放回森林，還它自由。

⒂疎勒國和朱俱波國均在葱嶺之西，甘棠國則遠在南海，同在貞觀十二年（六三八）派朝貢團入唐，向太宗貢獻該國土產。

太宗因此黽勉羣臣說：「假使中國向來不安，這些遙遠國家的朝貢使怎麼會到來，朕又有何德以承受他們的朝貢？看到他們，反而令我心懷危懼。近代統一天下、拓定邊方者，首推秦皇、漢武。但是始皇暴虐，至二世而亡；漢武驕奢，國祚也幾乎斷絕。朕提三尺劍以定四海，遠夷率服，億兆乂安，自謂功業不比這兩個皇帝差。然而這兩主皆晚節不保，使我常自危懼，內心不敢懈怠，惟有希望公等直言正諫，以相匡弼。如果只有揚美隱惡、共進諛言，則國家的危亡可立而待了！」

⒃貞觀十六年（六四二）十一月，唐朝接到東北邊防報告，說高麗國發生兵變，國王高武被蓋蘇文所殺，王侄高藏已被立爲新王，蓋蘇文自稱「莫離支」（相當於內政部兼國防部長），實行專制國政。

十八年，太宗將伐高麗。九月，鴻臚寺（主管外交的部會）奏稱：「高麗莫離支來貢白金。」

新任宰臣褚遂良諫阻太宗接受，說：「莫離支虐殺其主，九夷所不容。陛下爲此準備興師問罪，爲高麗人民報弒主之仇，古代討弒君之賊則不受其賂。從前宋國華父兵變弒君，魯國興師討伐，但魯君接受華父賄贈的郜鼎，而且置之於太廟。大夫臧哀伯諫諍，謂將來有官員受賄，又將如何處置？武王克平商朝，將九鼎遷到洛邑，義士猶且非之，何況公然將賄物安置於太廟。陛下須知春秋這部書，乃是百王取則的寶典，如果接受不臣或弒逆者的賄禮，就等於不承認他有罪愆。不以爲有罪愆，則討伐如何能師出有名？臣認爲莫離支的貢獻不合接受。」

太宗採納其議，並且責備貢使說：「你們都曾臣事於高武，不能爲他報仇，如今更爲他來作遊說，以欺矇大國，罪孰大焉！」遂下詔將朝貢團全部人員押交大理寺治罪。

貞觀十九年太宗親征高麗之役，儘管在戰場上頗有斬獲，但在戰略上唐朝不能算是成功。太宗在翌年三月還至京師，尚在休養狀態，高麗卽於五月主動派使至京謝罪，並貢獻美女二人。

太宗告訴來使說：「朕可憐這些女孩離開父母兄弟和祖國，如果愛她們的美色而傷她們的心，我就不會要她們！」遂將二女卻還。

五、論國家興亡之機運

⒁右僕射封德彝薨於貞觀元年（六二七）六月一日，當時左、右兩僕射都出缺。太宗左思右想，再度拜命前任左僕射蕭瑀爲左僕射。十六天以後，太宗和蕭瑀等宰相侍臣從容聊天，提及周、秦興亡的問題。太宗說：「周武平紂之亂而擁有天下，秦皇因周之衰遂吞滅六國，得天下的結果兩者並無不同，爲甚麼祚運的長短卻如此的懸殊呢？」

蕭瑀進答：「紂王無道，天下苦之，所以八百諸侯不期而會武王於盟津。周室衰微，六國無罪，秦國專任智力而蠶食諸侯。兩者平定天下雖然相同，不過人情卻不同。」

「公知其一，未知其二。」太宗不滿意他的看法，說：「周朝滅殷以後，務在弘揚仁義；秦朝既得志後，卻專行詐力。兩者不但取天下的方式有異，抑且守天下的方式也不相同，祚運的長短，關鍵就在這裏吧！」

仔細推敲，太宗的識見確在蕭瑀之上，所以蕭瑀遜謝不已。

(155)貞觀二年（六二八）正月，太宗與黃門侍郎王珪討論隋朝的滅亡，並提到了一個治國的重要觀念——藏富於民。太宗是這樣說的：

「隋文帝開皇十四年（五九四）的大旱災，人民大多饑餓困乏。當時倉庫盈溢，朝廷竟然不許開倉賑濟，反而命令人民逐糧而食。文帝不憐百姓而愛惜倉庫，到了末年，總計全國儲積的糧食物質，足以供應五、六十年之長。煬帝恃仗富饒，所以奢華無道，遂致滅亡，國家覆亡也由於此。

大凡治理國家的人，都應該知道一個道理——財富務積於民而不在使國庫充盈。古人說：『百姓不足，君孰與足？』但使倉庫能夠準備充足凶年時候的緊急需要，此外何煩儲蓄？後世子孫若賢，他們自能保得住天下；如果不賢，則多積倉庫徒然使他們更加奢侈，成爲危亡的根源罷了。」

(156)貞觀初年，長城以北大雪，人民饑困，羊馬並死，中國僑民皆入山作賊，人情騷動。歸朝人（回國的華人）將情況報告朝廷，太宗顧謂侍臣說：「朕觀古代人君行仁義、任賢良則治，行暴亂、任小人則敗，突厥所任用的人才，朕和公等都看得清楚，可說略無忠正可取的人；而且頡利（突厥元首頡利可汗）也不再爲國家憂慮，百姓則所爲放恣。朕以人事的角度來作觀察，頡利政權也不會長久了。」

自從「渭水之恥」後，頡利確實志驕意滿，不再憂慮，所以魏徵就這點作補充說：「從前魏文侯問李克：『諸侯誰先會滅亡？』當時吳國最強大，李克回答說：『吳國先亡。』文侯又問：『何故？』李克分析說：『屢戰屢勝的緣故。因爲勝利多了則君主會驕傲，戰爭多了則人民會疲累，不亡何待？』晚近頡利遭逢隋末中國的喪亂，遂恃衆入侵，至今仍未停止，這是必亡之道。」

太宗深以爲然。

貞觀四年（六三〇），李靖果然滅了東突厥，生擒頡利可汗。翌年，太宗和侍臣談起突厥以怨報德，合該滅亡，說：「天道降福於善而降禍於淫，就像如影附形、音響隨聲一般。從前啓民可汗（頡利的父汗）亡國，來投靠隋文帝。文帝不惜財力物力，給予保護安置，啓民乃得存立。既而富強以後，子孫不念報德，反而起兵突襲，包圍煬帝於雁門（今山西省代縣一帶）；及至隋朝大亂，又恃強深入，遂使以前安立其國家的人，連同自己本身及子孫，並爲突厥所破亡（突厥除了入侵外，當時尙支持反隋各集團），豈非忘恩負義所造成的嗎？」

羣臣都說：「誠如聖旨！」

太宗鑑於東突厥的以怨報德、忘恩負義，所以處理東突厥的善後政策，不在扶立其國內的親唐政權，而是徹底清除其力量及分化其子民。一念之間，國家興亡就如此決定了。

(157)貞觀九年（六三五）某天，太宗和魏徵討論讀史心得。太宗說：「頃讀（北）周史和（北）齊史，末代亡國之主，爲惡的情況大多相同：齊後主深好奢侈，所有府庫的儲蓄幾乎用盡了，所以在關市上想辦法，全面增加稅斂。朕常說這種情況猶如饑人自食其肉，肉盡必死——人君賦斂不已，百姓旣然蒙受其弊，人君也會滅亡，齊後主即是例子。然而，天元皇帝（北周宣帝的稱號）如果與齊後主比，究竟是誰優誰劣呢？」

「二主亡國雖同，但是行徑則有別。」魏徵表示意見：「齊主懦弱，政出多門，國家已無綱紀可言，所以至於滅亡。天元則不同；天元個性凶狠而剛強，威福在己，專斷獨行，所以亡國之事，皆是由於他自己本身闖出來的大禍。就此而論，天元為優，齊主為劣。」

魏徵的意見，無異是以君主的個性和個人能力作為衡量比較的基礎；事實上君主政治的興亡關鍵確亦在此。

第九章　論戰爭與國防

一、論戰爭與國防

(158)太宗才即位半個月，突厥元首頡利可汗及其東面可汗突利（頡利之侄），率領二十萬騎，突然推進至京城之北渭水的便橋，這是一次嚴重而成功的大部隊突襲。

頡利頓兵便橋之北，派心腹執失思力入見，虛張聲勢地說：「我國兩位可汗總兵百萬，現在已來到渭水北岸。」

執失思力以前曾多次入唐，太宗與他認識，故聞言即勃然大怒，指責他說：「

我和你的可汗曾經親自面對面和親，如今你的可汗背盟負約，引兵深入，自誇強盛。我無所愧，先把你斬了再說！」思力懼而求饒。蕭瑀和封德彝兩位僕射也上前求情，建議禮而遣之。太宗拒絕放人，說：「今天我若放他走，他們必定以為我畏懼！」下令將他囚禁起來。

太宗尋卽分析形勢給宰相們知道，說：「頡利聞知我國新近有內難，又知我初卽位不久，所以率兵直至於此，以為我不敢迎戰。朕如果閉門拒守，無異是示之以弱，胡虜必縱兵大掠，氣勢更盛。雙方強弱之勢，決於在今一策：朕將單騎獨出，表示輕視他們；然後你們跟着在我身後布設戰陣，耀以軍容，表示不惜一戰。這樣則出其不意，破壞了他們本來的構想，制服突厥在此一舉。」遂單馬進至便橋，隔津和頡利對話。

太宗的心理作戰甚為成功，頡利見他單騎前來，莫測高深，內心狐疑之間，唐軍突然繼至，在太宗身後不遠處結陣，而且軍容壯盛；既而又知悉執失思力已被囚禁，由此而知，太宗可能不惜一戰，內心不無恐懼。於是在兩日後，與太宗斬白馬，盟於便橋之上，並引兵退出國境。當然，頡利的結盟而退是由於獲得太宗給予相當利益的保證的，而太宗被逼作此城下之盟也是基於國內情勢的考慮，所以在唐朝而言，這次「便橋之盟」就無異是「渭水之恥」了。

(159)嶺南高州（治今廣東省茂名縣東北）高氏，屢世任刺史、太守，甚得附近少數民族擁戴，勢力極大。高祖時，李靖奉詔經略嶺南，高盎統率所屬二十州、數千里地來歸順，高祖授他爲高州總管，封越國公。

貞觀初，嶺南各州紛紛奏報，說高盎與另一酋帥談殿互相攻戰，阻兵反叛。太宗決定任命將軍藺謩徵召長江、嶺南數十州府兵討伐他。魏徵適時諫止說：「中國初定，瘡痍未復，嶺南是瘴癘之地，山川阻深，戰線遙遠而補給困難，若一旦遭遇疾疫，戰事即不能如意，到時悔不可及。而且高盎若反，即應在中國內亂未寧時進行，並且會有交結遠人、分兵斷險、破掠州縣、署置百官等行動出現，何以諸州告變紛紛已數年之久，高盎兵不出境，更未攻城掠池呢？這是反形未成的證明啊，陛下無須勞師動衆。」

接着又建議說：「陛下既獲高氏反叛的報告，然而從未派遣特使前往觀察實情，只一味聽信一面之詞；這種情況之下，即使高盎入京朝謁自辯，恐怕也不見得朝廷能夠眞正明瞭。如今若遣使前去，向他曉諭分明，則可不必勞動師旅，他就會自動入京。」

太宗從之，高盎果然表態，命令兒子高智戴跟隨特使入朝，留京擔任太宗的侍從，不發一卒而嶺南悉定。侍臣與太宗談起這種成就。太宗欣慰地說：「當初嶺南各州盛言高盎造反，朕也決意討伐他，魏徵頻頻諫止，以爲只要懷之以德，高盎必不討而自來。朕採納他的意見，遂得嶺表無事，不勞而定，勝於十萬之師。不可不賞！」乃賜魏徵絹五百匹。

(160)貞觀四年（六三〇），南方的林邑國呈獻火珠給太宗。當時正好平定了東突厥，唐人都有意氣風發之感，有些官員認爲林邑國的「呈獻表」語氣不夠恭順，請求太宗發兵問罪。太宗沒有讓勝利衝昏了頭腦，否決說：

「兵者凶器，不得已才用它，所以漢光武說：『我每一發兵，不覺頭髮爲白！』自古以來，窮兵黷武未有不亡的。例如苻堅自恃兵強，欲吞晉朝，與兵百萬，一舉而自己滅亡。再如隋主亦必欲征服高麗，頻年勞役，使人人不勝怨恨，遂身死於匹夫之手。又如頡利可汗，往年數來侵略我國，使部落疲於征役，遂導至滅亡。朕瞭解這些事實，怎會動輒發兵？而且遠征林邑，必須經歷山險、瘴癘之地，若我士兵因此染上疾疫，則雖剋平此國，又有何補益呢？言語之間，何足介意！」

(161)貞觀四年（六三〇）太宗一舉消滅東突厥，令世界震驚。年底，西域最親唐的高昌國王麴文泰入朝，西域諸國也想透過文泰而遣使入貢。翌年，連遙遠的康國（今新疆北部及俄屬中亞一帶）也請求歸附了。

康國是西域重要的國家之一，太宗審愼的考慮了這個問題，最後決定不接受他的請求。他向侍臣解釋理由說：「前代帝王大有務廣土地以求身後虛名的人，如果開拓疆土而無益於本身，則其人必定甚困；假令有益於身，但有損於百姓，朕也絕不會做，何況求虛名而損百姓哩！

康國旣來歸朝，但是道路相隔遙遠，其國一旦有緊急危難，我國則不得不加以救援。兵行萬里，補給線長，豈能避免勞動人民？如果勞累人民以求虛名，此事決非朕之所欲！他們歸附的請求，不必考慮接受了。」

隨着唐朝日益強盛，西域很多國家都紛紛來朝貢了。然而，高昌王與唐的關係卻反而日漸惡化，他仗着得到西突厥（當時中亞及西亞的最強國）的支持，一方面對唐蕃臣無禮，一方面則阻絕西域各國入唐的道路，甚至聯合西突厥攻擊唐朝在西域的屬國。貞觀十三年（六三九）底，太宗命令宰相侯君集統兵西討。

麴文泰聞唐朝出師，竟誇口說：「大唐距離我國七千里，其中有二千里是沙漠，地無水草，寒風如刀，熱風如火，怎能行得大軍？往年我入朝，見秦隴一帶城邑蕭條，今來攻我，兵多則補給不繼，兵少則沒有大用，若兵力在三萬以下，我的力量即足以制服他們。我們的戰略應該以逸待勞，等唐軍頓兵城下，不過二十日，糧食用盡則必然撤退，屆時可縱兵追擒，何足憂也！」

十四年夏五月，侯君集西征軍擁兵進至柳谷（約在吐魯蕃縣北）。偵騎來報，說麴文泰聞唐兵入境，驚憂而死，如今其國民已立文泰之子智盛爲國王，並剋日爲文泰舉行葬禮；乘其國人會葬故王之時，只要兩千騎兵進行襲擊，即可一網成擒。將領們也都同意此策。侯君集否決說：「天子因高昌驕慢，命我恭行天誅，如今在墳墓間襲人之喪，我軍固不足以稱武，也不足以代表堂堂問罪之師！」遂按兵不動，待其葬禮完畢，然後才進軍平定其國。（善後可參一六六條）

(162)自從東突厥平定後，漠南無復強國，各部落散弱而受唐朝保護，然而也同時受到來自漠北的強權——薛延陀——的威脅。薛延陀外表對唐稱臣恭順，內心卻一直想當北亞霸主，吞併漠南。

貞觀十五年（六四一），薛延陀元首眞珠可汗聽聞太宗將東至泰山封禪，遂統兵二十萬南渡沙漠，想乘機吞併，造成事實。太宗聞報，分命名將李世勣等統兵北援，大破薛延陀軍。薛延陀損失慘重，撤回漠北。

武力戰的勝利並不表示問題已經解決，太宗本人是名將兼政治家，當然瞭解這道理。到了十六年冬天，形勢稍緩，太宗與宰相侍臣商量對策；自己先提兩策，以徵求意見。他說：

「北狄世世入寇中國，突厥平定後，薛延陀又繼起強大，我們必須預早安排對策。朕熟思之，對付他們惟有兩策：第一是徵兵十萬北征，徹底征服他們，這樣可換得一百年無大患。第二是答應他們的請求，與他們和親。朕爲蒼生父母，苟有利於蒼生，豈惜嫁一女給他！北狄風俗多由內政，宗女嫁出生子，即我外孫，由女制孫，將來不侵中國斷可料知；以此而言，邊疆亦可得三十年無事。這兩個計策，何者優先？」

「和親爲上。」司空房玄齡回答：「中國遭隋末大亂，戶口至今大半未復。兵凶戰危，聖人所愼。採用和親之策，實天下幸甚！」

太宗原本要將新興公主嫁給眞珠可汗，後因政策改變，藉口眞珠聘禮不備而停止。第二策旣不能行，所以後來採取第一策。

(163) 太宗一生對付外國，最不能算成功的，乃是晚年之對付高麗。這裏保留了有關高麗問題的五段談話及奏章的紀錄：

貞觀十六年（六四二）十一月，太宗第一次得到高麗政變的報告（參第一五三條），當時卻沒有很明快的反應，也無意討伐他。翌年九月，新羅使節入朝告急，說百濟聯合高麗攻取其國四十餘城，復又斷絕了新羅入朝之路，請求唐朝出兵救援。至此，太宗才命大使至高麗等，命令兩國卽時停戰，否則明年出兵攻擊他們。這時候，太宗首次考慮到武力干預的問題，徵求侍臣意見說：

「今日以國家的兵力取之不難，但朕不能立卽動員軍隊，且令契丹、靺鞨（均爲東北屬國，一爲高麗西鄰，一爲北鄰）出兵騷擾他，如何？」

房玄齡反對說：「古自各國無不強凌弱、衆暴寡，弱肉強食。如今陛下撫養蒼生，將士勇銳，力量有餘而不攻取他們，眞得『止戈爲武』的精神啊！從前漢武帝屢伐匈奴，隋煬帝三征高麗，因而造成了民貧國敗之局，希望陛下詳察。」

太宗同意，說：「好！」

今日檢討看來，這次討論的結果，無異是以後失敗的根源了。房玄齡是一位溫和派的名相，是對外徹底主張非戰的主和派領袖。但他忽視了一個問題：唐朝皇帝是世界的元首——天可汗，唐朝是宗主國，他有責任和義務以實力來維持世界的秩序，除非大唐退出世界舞臺，恢復地區性政權的身份。前年薛延陀大擧南侵漠南，李世勣等立刻奉命大擧救援，卽已十足的表明了這種意義。

太宗既要維持世界秩序，保持現有的世界權力均勢，卽應及早對高麗的政變採取行動，讓政變者不能有機會穩定國內情勢，並向外發展。就這一點看，太宗已喪失先機。及至高麗和百濟聯軍攻新羅，唐朝站在宗主國立場，理應立卽有效反應才是，否則無異鼓勵國際上的侵略戰爭，而且唐朝也無以在屬國面前再維持威望和信用。派遣特使提出調停和警告，未嘗不是辦法。然而縱使唐朝此時不便以武力干預，不過太宗的「以夷制夷」代替戰爭構想應該是適當的，尤其配合外交的調停和警告，作用力將會更大。太宗一再坐失良機，採納了玄齡的承認現實——承認國際政治弱肉強食的殘酷現實——觀念，希望本國在殘酷的鬪爭中獨善其身，這無異是「袖手看鄰火災起」的態度，足以自招危機。先機一再喪失，待對手的力量穩定了和壯大了，才不得已討伐，不敗已屬萬幸，還有何言？

十八年二月，至平壤特使回朝，報告莫離支蓋蘇文不服調停，並建議爲了維護世界秩序，不可以不討伐。太宗才認眞地思考出兵的問題，並且想親自出征。此時朝臣分爲主戰派和主和派，主和派聲勢較大，諫議大夫褚遂良屬於此派。他進諫說：

「陛下兵機神算人莫能知，從前克平隋末寇亂，討平失禮西蕃（指高昌），大破侵邊北狄（指薛延陀），當時陛下要命將出師，而羣臣莫不苦諫。唯陛下明略獨斷，卒奏成功。今聞陛下將伐高麗，羣臣意旨大惑，然而陛下神武英聲，不比周、隋之主，兵若渡過遼水，事則必須剋捷；萬一不勝，國際聲威則受損傷，屆時陛下必更發怒，再動干戈，頻頻不已，事勢到此可就安危難測了。」

今日檢討看來，遂良的意見甚是。有些人不能失敗，一失敗則想挽回，以至於身死而後停止，隋煬帝是這種人，太宗也不免有此性格，遂伏下大唐與高麗以後頻年交戰的原因。諫阻太宗親征而改爲命將出師，確爲上策。然而遂良歌頌太宗神武在先，則不免先助長他的驕氣，然後才勸他收斂，是爲不懂心戰的言論，難怪太宗最後仍堅持親征了。

十八年秋天，太宗開始部署從戰人事與物資裝備。十月十四日，大駕啓程先到東都，留房玄齡爲京師留守，李大亮副之。翌年二月十二日，太宗又從洛陽出發，命令蕭瑀爲洛陽宮留守。同月十七日，下詔說離開定州（治今河北省定縣）後，留皇太子在定州監國。退休名將尉遲敬德乘機建議說：

「皇上親往遼東，太子又在定州監國，然而東、西二京才是府庫所在之地，雖有留守，終是空虛。遼東路遠，恐怕會有楊玄感之變發生（玄感爲隋名相楊素之子，身爲大臣，乘煬帝親征高麗，而在國內擧兵起事）。而且高麗不過只是邊隅小國，不足以親勞萬乘之尊前往。如果能勝，固不足以稱武；萬一不勝，翻爲世人所笑。伏請委任良將，自可應時摧滅。」

太宗雖不採納他的意見，但識者都同意他的看法。

唐師分海、陸兩路征伐高麗，海軍由張亮任總司令——平壤道行軍大總管，陸軍由李世勣任總司令——遼東道行軍大總管，禮部尚書・江夏王李道宗副之。世勣、道宗皆爲當代名將，指揮的兵力約在六萬多人以上（包括部份外族兵團），海軍兵力亦有四萬餘、戰艦五百艘。由於考慮到天子親征，非同小可，所以陸軍正、副總司令不放心由別人當先鋒，兩人親自負責先行事宜，太宗的意思也是如此。

十九年三月底，先鋒部隊約數千人正式出發，由世勣、道宗親自率領，急速搶渡遼河，攻擊遼東各城市。四月十五日，二將合攻蓋牟城（今奉天蓋平縣），激戰至二十六日而攻拔之，俘虜二萬餘人，糧食十餘萬石。這時，太宗御駕才到北平，尋即親統大軍出發。

五月，高麗步騎四萬馳援遼東，唐先鋒軍兵力較弱，軍中僉議築深溝以保險，等待太宗的主力到來，然後才慢慢推進會戰。李道宗反對說：「不可，賊軍又急又遠的奔來馳援，將士實已疲頓。他們現在恃衆輕我，我軍一戰即可摧毀他們。從前耿弇（東漢名將）不以賊留給君父，我們既爲先鋒軍，應當清道以接待聖駕才是。」世勣甚表同意，遂決志合戰。

道宗率領驍勇的騎兵數百人直衝敵陣，在陣中左右出入；世勣見敵陣已動搖，遂揮軍合擊，大破援軍。稍後太宗已至，深加勞賞。後來安市之戰（參第七十七條），道宗在陣傷足，太宗親爲他針灸，並賜以御膳。

太宗在二十年三月班師回抵京城，高麗在東北亞益更意氣風發。九月，下詔不再接受高麗朝貢，另議下一次征討事宜。翌年初，朝議認爲攻取高麗受自然環境的限制，不易奏功，建議以後每逢耕作季節則遣兵更迭騷擾，採用中級兵力的游擊戰和騷擾戰，幾年持續下來，則鴨綠江以北社會經濟必然崩潰蕭條，屆時可不戰而下。太宗採納了。自此以後，東北的營州（治今熱河朝陽縣），山東的萊州（治今山東掖縣），遂成爲專對高麗採取行動的軍事基地，中央特遣部隊配合營州都督府部隊以陸戰爲主，萊州基地的部隊皆爲特遣，是海陸兩棲作戰的部隊。戰略改變後如此連連騷擾，果然奏效，至高宗即位不久，終於征服了朝鮮半島。

不過，在二十二年的夏天，太宗眼看高麗受困，遂與長孫無忌決意於明年徵發三十萬兵力再度大舉征伐，並立即下令大造戰艦，後勤總動員。這時，太宗在新造的玉華宮（在坊州宜君縣，今陝西宜君縣）避暑，房玄齡留守京師。七月，玄齡病危，太宗徵赴玉華宮相見，並留宮休養。玄齡告訴諸子說：「當今天下清平，庶事各得其宜，只有東討之事最爲國家之害，羣臣莫有諫止。我知而不言，死有餘責，可謂銜恨入地啊！」遂力疾呈上他一生中最後的諫表，說：

「臣聞『兵惡不戢，武貴止戈』。當今聖化所及，無遠不屆，上古所不能臣服的，陛下皆能臣服之；所不能控制的，亦皆能控制之。詳觀古今，爲中國禍患的國家莫過於突厥，而陛下也能坐運神策，不下殿堂，使大小可汗相次束手入侍；其後薛延陀鴟張，不久卽遭夷滅，使沙漠以北，萬里無塵；至於高昌叛亂於流沙，吐谷渾首鼠於積石（指青海省之積石山），僅派偏師薄伐，二國卽俱從平蕩。高麗逃過歷代之誅，莫能討擊。陛下責其逆亂，殺主虐民，故親征問罪。不過旬日，卽拔遼東，前後俘獲數十萬計，分配各州，無處不滿（親征之役攻拔高麗三州十城，將其中部份戶口七萬遷移至中國各州居住）。往代的宿耻已經洗雪，校功則已超出前王，此聖主所自知，微臣安敢備說！

且陛下仁風孝德被及天下，神算用人他人莫及，資兼文武，才情煥發，臣心識昏憒，豈足以論聖功的深遠、天德之高大呢？陛下身兼衆美，臣深爲陛下惜之重之、愛之寶之！周易說：『知進而不知退，知存而不知亡，知得而不知喪。』又說：『知進退存亡而不失其正者，其惟聖人乎！』由此言之，進有退之義，存有亡之機，得有失之理。老臣所以爲陛下惜之者，就是指此而言啊！老子說：『知足不辱，知耻不殆。』臣以爲陛下的威名功德亦可以滿足了，拓地開疆也可以停止了，高麗本是邊荒小夷，野蠻而不知仁義道理，自古卽寬容以待之，必欲滅絕他們，恐會作困獸之鬪。

陛下聖慈，每決死囚皆必命令三覆五奏、吃素食、停音樂，以示人命之重，況今將士無一有罪，驅使他們作戰，肝腦塗地，魂魄無歸，忍看老父孤兒、慈母寡妻摧心哀痛，此實天下之寃痛啊！且武力只能不得已而用之，向使高麗違失臣節，則陛下誅之可也；侵擾百姓，則滅之可也；能長期爲患中國，則除之可也。有一於此，雖日殺萬夫不足爲愧。今高麗無此三條，陛下卻坐煩中國，內爲舊主雪怨，外爲新羅執讎，豈非所存者小，所失者大？願陛下遵皇祖老子（老子姓李，唐高祖時卽有老子爲唐室祖先之說，高宗以後卽尊爲太上元元皇帝）『止足』之誡，以保萬代巍巍之名；並發恩詔，允許高麗以自新，停罷動員的準備。自然華夷慶賴，遠近肅安。

臣老病三公（當時任司空），朝夕入地，謹罄殘魂餘息，預申結草報恩之誠；儻蒙錄此哀鳴，卽使臣死，骨且不朽了！」

太宗覽表，感動地對玄齡的媳婦高陽公主（高陽乃太宗所嬌愛之女，嫁房遺愛）說：「這人病危如此，尚能憂我國家，朕雖不採納，但是這種意見終究也是善策啊！」遂親自臨視，和玄齡握手訣別，悲不自勝。玄齡不久卽逝世。

⒃貞觀二十二年（六四八），太宗晚年多病，似乎自知大限將至，遂撰「帝範」一書贈給太子，敎他如何做皇帝，至說：「一旦朕有不諱，更無所言了！」

帝範共有十二篇，其中有一篇命名爲「閱武」，內容談論到戰爭在人類社會中的地位和作用，說：「武力乃是國家的凶器：土地雖廣，好戰則人民凋弊；中國雖安，忘戰則國家危殆。人民凋弊不是保全國民的技術，國家危殆不是擬度寇敵的方法。因此，武力之事，不可以全除，也不可以常用。在農閒時候講武，是爲了練習軍隊的威力和陣容，三年大治兵一次，是爲了辨別軍人的等級，所以勾踐修德治兵而卒成霸業，徐偃王棄武修文卻終以喪邦。何以有如此的差異呢？這是由於越國練習威武，而徐國則忘卻守備啊。孔子曰：『以不敎民戰，是謂棄之。』不敎人民作戰就等於遺棄他的國家人民，因此可知，武力之威是爲了天下之利而產生的。用兵的職志，就是要發揮這種利天下的威力。」

這也可以視爲太宗晚年，對戰爭與國防之認識的總結。

二、安邊問題的爭論

(165)貞觀四年（六三〇），李靖平定東突厥，俘虜了頡利可汗，漠南各部落多來歸降，人數多達十萬人。太宗爲此，下詔廷議安邊的問題。會議在激辯中進行，大體分爲包容派和驅逐派，前者以宰相溫彥博持之最力，後者以宰相魏徵爭辯最堅。

溫彥博的建議是：依照漢武帝的處置降人政策——把匈奴安置於河南（指河套以南），整個部落仍得聚居在一起，以作爲中國的屏藩，又可保存他們的文化。認爲這樣一來既可以充實無人居住的地方，另一方面則表示中國對他們沒有猜疑之心，符合含育之道。

魏徵則說：「匈奴（泛指北方民族）自古至今，未有如此的破敗過，這是上天要勦絕他們、我宗廟顯示神武的緣故。而且他們世代寇侵中國，爲萬姓的寃讎，陛下如果因爲他們歸降，不能誅滅，卽應將之遣送回河北（指河套以北）舊地。匈奴人面獸心，非我族類，強則必然寇盜，弱則卑伏不出，天性就是不顧恩義，所以秦漢大感禍患，時發猛將以擊之，吞併他們的河南地區以爲領土。如今陛下以內地讓他們居住，他們人數多達十萬，幾年之後滋息過倍，屆時居我肘腋，接近首都，心腹之疾，將爲後患，所以尤其不可以讓他們居於河南。」

「天子對於萬物如同天覆地載，有歸我者必養之。」溫彥博反對魏徵：「如今突厥破亡，殘餘部落來歸附，陛下如果不加憐憫而容納他們，這絕不是天地含育之道，而且也阻塞四夷來附之意。臣愚，以爲魏徵之策甚不可接納；應該安置他們於河南，所謂『死而生之、亡而存之』；他們懷我厚恩，終無叛逆之憂。」

「晉朝初年，胡人部落分居中國內地，江統提出『驅戎論』，晉武帝不聽，數年之後，伊洛遂傾敗（指五胡亂華）。前代失敗的教訓不遠，陛下一定要採用彥博之言，無異是『養虎爲患』啊！」魏徵說。

「臣聞聖人之道無所不通，突厥餘魂以命歸我，我將他們收居內地，敎以中國禮法，挑選他們的酋長入京侍衞，他們必定畏威懷德，何患之有？而且光武帝建都在洛陽，卻把匈奴安置於內郡，以作爲漢朝的屛藩，他們終漢一代也沒有叛逆。」

彥博反駁魏徵的論調，又說：

「隋文帝勞兵傷財地協助啓民可汗即位復國，他們卻寡恩失信，後來反將煬帝圍困在雁門。陛下仁厚，如今想順其希望，任由他們居住於河南、河北一帶，讓他們各自追隨自己的酋長，而部落之間卻互相沒有統屬的關係，使他們力量分散、勢力割裂。這種情況又安能爲害？」

杜如晦之弟——給事中杜楚客，支持魏徵的意見，說：「北狄人面獸心，難以以德讓他們感懷，卻易於以威力懾服。如今命令其部落散處河南，逼近中華，日子久了必爲禍患。至如雁門之圍，雖是突厥背恩，其實也導因於隋主無道，使中國大亂，是咎由自取，豈得說協助復國以招此禍？『夷不亂華』是前哲的明訓，『存亡繼絕』乃列聖的通規，臣恐怕事不師古，難以長久。」

當時，太宗正要實行懷柔政策，所以不採用魏徵等一派的意見，卒用溫彥博之策，於長城沿邊設立四個都督府以安置他們，遷入長安居住的酋長幾乎達到一萬家，皆拜爲將校，布列朝廷；官職在五品以上的就有百餘人，幾與朝臣的總數相等。

降至貞觀十三年（六三九）四月，發生「九成宮兵變未遂案」，太宗對突厥的政策乃有改變。

當月太宗來到九成宮避暑，突厥突利可汗之弟——中郎將結社率，秘密聯絡舊部，並擁突利之子賀羅鶻，實行夜襲行宮。襲擊失敗而逃，不久皆被捕獲，結社率處斬。自此以後，太宗即不再讓突厥人侍衞當值，後悔安置他們在中國。同年七月，下詔送突厥人回歸故土，仍建都於河北定襄城（在今綏遠清水河境），立其王族李思摩（突厥國姓爲阿史那氏，思摩賜姓李，當時受封爲右武侯大將軍・化州都督・懷化郡王，他太過唐化，爲後來國人不擁戴的原因）爲「乙彌泥熟俟利苾可汗」（當時頡利、突利二可汗已死），重新建國，是爲東突厥第二帝國。太宗並令薛延陀眞珠可汗統治漠北，俟利苾可汗統治漠南，不許互相侵犯。

稍後，太宗感嘆地說：「中國百姓實爲天下的根本，四夷之人如同枝葉罷了。勞擾根本以厚枝葉，而又希望求安，是從未有過的事啊！當初不用魏徵之言，遂覺勞費日甚，幾失久安之道。」

關於太宗感嘆之語，其實李大亮早就在貞觀四年七月——滅亡東突厥後五個月——提出了。他當時任涼州都督（他諫求鷹的事參第二十三條），奉詔招慰逃散在伊吾國（今新疆伊吾一帶）的東突厥部落。在接到命令後，他上疏諫諍道：

「臣聞綏遠者必先安近，中國百姓，是天下根本；四夷之人，猶如枝葉。勞擾根本以厚枝葉，是從未有過的事。自古明王以『信』化中國，以『權』馭夷狄，所以春秋說：『戎狄豺狼，不可厭也；諸夏親昵，不可棄也。』自從陛下勵精圖治，民富兵強，四夷自服。如今招致突厥進入中國，臣愚蠢，稍覺此事只有勞費，未悟有何利益？然而河西（指甘肅走廊地區）人民居住於前線，本來就州縣蕭條，戶口稀少，加上隋末大亂的減耗，戶口尤其不多。突厥未平之前，他們尚不安業；突厥衰弱以來，才開始安心務農。現在卽要勞役他們以招撫突厥，恐有妨礙損失。臣愚惑，敬請停止招慰。

而且，遠荒蠻夷，古來卽臣而不納，拒絕與他們來往，所以周室愛民攘夷，竟延八百之祚；秦始皇輕易開戰，故四十年而亡。漢文帝養兵靜守而天下安豐，漢武帝揚威遠略而海內虛耗，雖有『輪臺之悔』（武帝晚年後悔用兵，乃頒輪臺之詔與民休息），追已不及。至於隋室，早得伊吾，兼統鄯善（今新疆鄯善一帶），既得之後，勞費日甚，使國內空虛，最後有損無益。遠尋秦漢，近觀隋室，動靜安危，昭然若揭。

如今伊吾雖已稱臣內附（涼州都督兼統伊吾），但遠在沙漠，地多沙鹵，人民不是中國人。他們內附稱藩，猶請採取羈縻政策（即維持主從名份而不過問內政的政策），使居塞外；他們必懷威畏德，永爲藩臣。如此則行虛惠而收實福了。近日突厥傾國入朝，既不能安置於江淮以同化他們，反而安置於離京不遠的地區，雖有寬仁之義，卻也不是久安之計啊！

每見有一人投降，陛下則賜絹五匹、袍一領，酋長則悉拜大官。祿厚位尊，糜費卽多。以中國的租賦供給積凶的凶虜，他們來附的人也就益多，絕非中國之利啊！」

太宗不接受他的建議，同年九月卽正式批准伊吾內屬，改置爲西伊州。

⑯東突厥是世界強權，領土廣大，善後事宜當然是極頭痛的事。東突厥亡後，另一世界強權就是西突厥（東、西約以阿爾金山爲界），它是雄霸中亞及西亞的霸主。唐朝若與西突厥一旦衝突，則西域（今新疆）將是二國必爭的戰略要地。西域之中，則以高昌國較強，依違於大唐與西突厥之間，尤爲戰略焦點。

貞觀十四年，侯君集平定高昌（參第一六一條）之後，太宗卽欲將其地建置爲中國的州縣，直接成爲中國的領土。魏徵反對說：「陛下卽位之初，高昌王麴文泰率先入朝謁見，後來數有胡商抱怨他遏絕入唐貢獻之路，加之對我國不禮，才有誅伐之詔。這樣看來，罪止於文泰就足夠了，不如因撫其民而立其子繼任爲王，這才符合弔民伐罪的意義，而使威德被於外國，實爲治國的善策。如今若利其國土，而收之爲我國的版圖，則經常需派千餘部隊駐紮鎮守。幾年輪調一次，來往交替，死者十有三四，並且還須遣辦衣資，離別親戚。十年之後，隴右空虛，陛下終不得高昌撮穀尺布以助中國，所謂散有用之財而事無用，就是指此而言。臣認爲不可。」

太宗不從，把高昌改置爲西州，並設立安西都護府於此，以作爲監護西域各國的大本營，每年調發千餘人前往防守。

後來褚遂良爲此上疏說：「臣聞古代哲后明王，必先華夏而後夷狄，推廣德化而不事遠荒。陛下誅滅高昌以爲州縣，軍隊第一年調發時，河西人民供役沈重，十室九空，數郡蕭條，五年不能恢復元氣。以後每年調發，軍人離鄉別井，自辦軍備。中途若有死亡，又需派罪人增防補充；駐軍若有逃亡，官府捕捉，爲國生事。高昌乃沙鹵之地，對中國無益，設令張掖或酒泉萬一有警，陛下豈能得高昌一人一粟以爲助呢，還不是要靠隴右各州星馳支援嗎？由此而言，河西實爲腹心，而高昌不過是手足罷了，豈得糜費中華以事無用？

陛下當年平定突厥和吐谷渾，都爲他們的殘餘部衆更立元首，因此恢復高昌王國，並非沒有前例可援。這就是所謂的『有罪而誅之，既服而存之』的道理了。臣的意思是應該選立新的高昌王，讓他復國統治，如此則他必負載洪恩，長爲屏藩了。中國不再勞擾，既富且寧，可以傳之子孫，以貽後代。」

至貞觀十六年（六四二），西突厥遣兵攻西州，幸得當時的涼州都督・行安西都護・西州刺史郭孝恪是名將，又得軍民擁戴，才告無事。不過，太宗還是很後悔的對侍臣說：「朕聞西州有警急，雖不足爲害，然而豈能無憂呢?!以前魏徵、褚遂良勸朕立文泰子弟，讓他依舊治國，朕竟不用其計，今日才自我後悔責備。從前漢高祖遭匈奴包圍於平城，事後即獎勵婁敬預先主張不可前往的忠言；袁紹敗於官渡之戰，事後卻將預料必敗的田豐殺死。朕常以這兩事爲誡，豈得忘記向之所言哩！」

第十章　有關私生活的言論

一、關於旅遊

(167)唐太宗不是內向型的人物，少年時即已活潑好動、積極主動，而且也會享受生活。只是隋朝滅亡的例子太親近太明顯了，所以努力克制，借隋朝爲鏡子以自我糾正。

貞觀初年，他即曾向侍臣批評隋煬帝的缺點，說：「煬帝爲了肆意旅行遊樂而廣造宮室，從西京到東都，離宮別館相望於道次，甚至在幷州（今山西省一帶）、涿郡（今河北省一帶）也莫不如此；所修建的馳道（高速公路），每條皆寬數百步，道傍種樹以增美觀。於是民力不堪負擔，相聚爲賊，及至末年，尺土一民，非復自己所有。由此言之，多建宮室和頻頻旅遊，畢竟有何益處？這些事情都是朕耳所親聞、眼所親見的，朕深以爲自誡，故不敢輕用民力；只有孜孜努力，使百姓安靜，沒有怨恨和叛亂罷了。」

(168)貞觀十一年（六三七）二月，太宗即位後首次駕幸洛陽宮，在西苑宴罷，泛舟於積翠池上。抒情寫意之間，顧謂侍臣說：「此宮觀台池皆是煬帝所作，所謂驅役生民，窮此雕麗。復又不能守此一都，以萬民爲慮，反而喜愛旅遊而不停息，使人民不能忍受。從前有詩人說：『何草不黃，何日不行！』又說：『大東小東，杼軸其空。』正是指此而言。因此，遂使天下怨叛，身死國滅，如今宮苑盡爲我所有。

隋朝的敗亡，豈僅其君無道而已，亦由股肱無艮所以造成。例如宇文述、虞世基、裴蘊等人，居高官，食厚祿，受人委任，但卻惟行諂佞、蔽塞聰明，想使國家沒有危機，如何可以達到！」（又參第五條）

司空長孫無忌答曰說：「隋朝的滅亡，由於其君杜塞忠讜之言，而其臣則苟欲自全。左右有過而不糾舉，寇盜滋蔓也不實說，據此即知不但上天降罪，其實也是因爲君臣不相匡弼所致。」

太宗同意說：「朕與卿等承其餘弊，只有弘道移風，才能使萬世永賴啊！」

(169)大駕一行往洛陽宮，中途抵達壽安縣（今河南宜陽縣）的顯仁宮，此宮爲隋煬帝大業元年所建。由於官府供備不足，官員多被太宗責罰。

侍中魏徵認爲不當，進言說：「陛下今幸洛陽，這是陛下從前征行所止的大本營所在地（太宗即位前，曾長期擔任陝東道大行台尚書令，統治潼關以東，大本營即在洛陽）。陛下庶幾希望這裏的人民生活安定，所以要加恩於故老居民，現在居民未蒙德惠，官方卻已先後遭到罪罰，原因不外乎供應之物不精，而又不向御駕獻食招待罷了。如此實則表示了陛下不思滿足，志在奢靡的心意，乖違了行幸洛陽的本心，何以符百姓所望？

以前煬帝行幸，先命地方官吏多作獻食招待，獻食不多則有威刑。上之所好，下必有甚，上下索求應酬沒有限制，遂導致滅亡之禍發生。這不是從書本所讀到的，而是陛下親眼所見。正爲了隋朝如此無道，所以上天才命陛下取而代之。陛下應當戰戰慄慄，凡事省約，上追先王，下則用以昭訓子孫才是，奈何今日想作等而下之的帝王？陛下如果以爲足，今日則不啻足了；若以爲不足，萬倍於此也不足啊！」

「要不是公，朕不會聽到此言，自今以後，希望再無這類事情發生！」太宗大驚道，幷又顧謂長孫無忌說：「朕從前經過此地，也不過買飯而食、租舍而宿罷了，現在官府供頓（官方招待皇帝諸設備的正式稱呼）如此，豈得嫌不足哩！」

二、關於畋獵

(170)秘書監虞世南因太宗愛好打獵，遂上疏諫道：「臣聞『秋獮（ㄒㄧㄢˇ）冬狩』（秋天打獵稱爲獮，冬天則稱爲狩），乃是古代的常典。伏惟陛下公餘而順着秋冬肅殺的天道，然後才再加以圍獵，將欲摧班碎掌，親自駕馭獵車，翦除凶猛的禽獸，以維護人民的安全，幷收其羽革以作軍器。然而陛下以黃屋之尊，八方仰德，萬國繫心，怎能冒此危險，不爲社稷着想呢？且天弧星網，所殪（ㄧˋ）已多，伏願時息獵車，且韜長戟，不要拒絕庶民的細小請求，將袒裼（ㄒㄧˊ）追搏的責任委之羣下，是則可貽範百王、永光萬世了。」太宗深嘉其言。

當時又有諫議大夫谷那律，曾從太宗出獵，中途遇到下雨。太宗問他說：「雨衣要怎樣做才得不漏？」

古代的雨衣皆以油紙做成，可以防小雨而不大可以防大雨。谷那律回答說：「最好能用瓦來做，就不會漏了。」

太宗聽出弦外之音，很欣賞這小幽默，遂賜給他絹帛五十匹和一條金帶。

⑰貞觀十一年（六三七），太宗一行來到洛陽宮，前後在此住了一年，平常則經常出獵。有一次，太宗獵於洛陽苑，有一羣野猪忽然從林中突出。太宗引弓連射四發，射殺了其中四隻。然而有一隻卻突然衝前來，撞向太宗的馬鐙。民部尚書唐儉眼見危險，飛身撲下馬來與猪搏鬪，太宗亦隨即拔出佩劍，將野猪斬殺了，然後望着唐儉直笑道：「天策長史沒見過天策上將擊賊嗎？何懼之甚！」（太宗即位前曾任天策上將，唐儉任長史——即參謀長）

「漢高祖以馬上得天下，卻不以馬上王治天下；」唐儉接着說：「陛下以神武定四方，豈可再逞雄心於一隻野獸！」

太宗大悅，爲之罷獵。

這年七月，洛陽大雨成災，太宗下詔將明德宮及飛山宮的玄圃院拆毀，以作災民重建家園的材料（參第五條），并又下詔百官各上封事，以極言他的過失。很多人的封事都批評太宗遊獵太頻繁。

太宗對此也頗有抱怨，向侍臣說：「朕前些日子去懷州（治今河南沁陽縣），有人上封事批評我，說『爲甚麼常派山東壯丁在苑內整天營造，徭役似乎不下於隋朝的時代，懷洛以東殘破，人不堪命，而猶常常畋獵，眞是驕逸之主啊！今日又再來懷州打獵，可見諫諍也沒用，不要再上封事去洛陽了』云云。其實四時蒐ㄙㄡ田打獵是帝王的常禮，今日來懷州秋毫也沒干犯百姓，上書諫正應有常規，臣下以言之有物爲貴，君主以知過能改爲貴，像這樣的詆毀，簡直有如呪詛一樣！」

特進魏徵聞言，遂啓奏說：「國家開直言之路，所以上封事的人特別多。陛下親自披閱，希望臣言有所可取，因此僥倖之士得以肆其醜言。臣諫其君，的確要婉轉折衷，從容諷諫。以前漢元帝前去祭祀宗廟，由便門而出，要坐樓船渡河。御史大夫薛廣德阻擋車駕、免冠而諫說：『應從橋梁走陸路。陛下若不聽臣的說話，臣立即自刎，以頸血汙陛下的車輪，使陛下不能入廟！』元帝不悅，光祿卿張猛在旁說：『臣聞主聖臣直，乘船危險，走橋安全，聖主不乘危捨安，廣德之言可以聽取。』元帝頓悟，說：『朕曉人不當，竟然到達如此地步呀！』於是從橋而過。這樣看來，張猛可謂直臣諫君啊！」

太宗也頓時領悟，感到很高興。

(172)貞觀十四年（六四〇）閏十月，太宗到同州（治今陝西大荔縣）住了半個月，目的是爲了畋獵。太宗在沙苑親格猛獸，復又晨出夜還，似乎樂而忘返。魏徵看不過眼，啓奏說：

「臣聞古代聖主明君不畋遊，不格獸，不乘危以徼幸。臣竊思那些君主，他們豈是心如木石，獨不愛好馳騁之樂，而屈己以聽從臣下之言呢？他們這樣做，只是志存爲國珍重而不爲己身啊！臣聽說車駕近日出獵，陛下親格猛獸，早出晚歸，以萬乘之尊闇（ㄕㄜ）行荒野，踐深林，涉豐草，甚非萬全之計。願陛下割私情之娛，罷格獸之樂，上爲宗廟社稷，下慰羣寮百姓！」

太宗聽了，對魏徵致歉說：「昨日之事只是偶然，并非故意的，自今當以卿的勸告作爲警誡！」

太宗出發到櫟陽縣（在今陝西臨潼縣北五十里，唐時爲同州的屬縣）畋獵。櫟陽縣縣丞是後來成爲一代名臣的劉仁軌。他跑到太宗的行帳上表切諫說：「現在正是收穫季節，農民開始收割的才十之一二，這時要抽調他們爲陛下的畋獵作服務，實在有妨農事，不是人君順時而動的時機。希望鑾駕稍留旬日，等待他們收割完畢才進行，如此則可公私兼濟了。」

小小縣丞竟敢稽留皇帝日程，太宗非常嘉賞他的勇氣和仁心，特頒璽書獎勵，並接納了他的意見。不久即擢昇他爲新安縣縣令。

三、關於災祥的看法

古代若有地荒天災、星變日異，即被視爲上天的譴責，君主需要檢討改過，否則將會身敗國亡。若有祥瑞的事物出現，則代表上天的嘉許，將會蒙受福祐，國祚綿長。這些事情今日已視爲迷信，但古人卻是深信不疑的。

(173)貞觀六年（六三二）元旦，雖有日食現象出現，但百官仍建議舉行封禪大典，獨魏徵反對。太宗和他六問六答，最後才決定不封禪。其中有一問一答是關於符瑞的；太宗問是否符瑞未至，而魏徵卻答謂「至了」（參第三十條）。

由於有些地方不時上奏說出現符瑞，慫恿太宗封禪，也頗有討好的意味。所以太宗就此問題，曉喻侍臣們說：「朕近來見大家的意見都以祥瑞是美事，頻頻有人上表賀慶。其實朕的本心，但使天下太平，家給人足，則雖無祥瑞，也可比德於堯舜；如果百姓不足，夷狄內侵，則即使芝草遍街，鳳凰滿園，那又與桀紂有何差異？

朕曾聽說石勒（五胡亂華之一的領袖，建立後趙）時，有某郡的官吏燃燒連理木以煮白雉肉吃（連理木和白雉皆爲祥瑞），雖然出現祥瑞，他又豈得稱爲明主呢？又有，隋文帝深愛祥瑞，命令秘書監王劭穿着整齊，在朝堂對考使焚香，宣讀『皇隋感瑞經』。從前聽到這事情，內心以爲可笑之至。因爲凡爲人君，當須至公治天下，以得萬姓之歡心，就像堯舜在上，百姓敬之如天地，愛之如父母，做任何事人皆樂之，發號施令人皆悅之，這才是大祥瑞啊！自此以後，各州若有祥瑞，皆不用申奏上來。」

(174)貞觀八年（六三四），太宗有意征伐青海的吐谷渾。這年的七月初七，隴右山崩，大蛇屢見。這個月，山東及江淮又大水災。太宗為此詢問秘書監虞世南。世南回答：

「春秋時代梁山有過一次崩塌，晉侯採納臣下之言，為之不舉樂，降服而乘縵車（沒有裝飾的車子），祝幣以作禮拜，故得無害。漢文帝時，齊、楚境內有二十九座山同日而崩，大水成災，文帝命令各地不必來貢獻，施惠於天下，遠近歡洽，亦不為害。後漢靈帝時，發現有青蛇出現在御座上；晉惠帝時也有大蛇長三百步，經市入朝。按：蛇應生活在草野之中，然而卻跑入市朝，所以大家都覺得怪了；如今蛇見於山澤，因為深山大澤必有龍蛇，所以不足為怪。不過山東之雨成災，雖說是大自然的常態，然而陰氣潛伏過久，恐有冤獄，應該清減一些囚犯，或許可以上當天意吧？而且妖不勝德，修德可以抵銷變異。」

太宗以為然，因而派遣使者賑恤飢餒的人，申理冤訟而多所原宥。

(175)同年八月二十三日，南方上空出現了一顆長六丈的彗星，經百餘日才消失。彗星在古代被視爲不祥之物，所以太宗問侍臣說：「天見彗星，是由於朕之不德、政有虧失才出現的，這是那種妖物呀？」

虞世南又回答說：「從前齊景公時出現彗星，遂問於晏子。晏子說：『主公穿鑿池沼尚怕不深，築建台榭還怕不高，厲行刑罰猶怕不重，所以上天顯示彗星警告主公罷了。』景公大懼而修德，十六天以後彗星即沒。陛下如果德政不修，即使麟鳳數現，終究無所益處；但使朝無闕政，百姓安樂，雖有災變，又何損於聖德？陛下勿以功高古人而自矜大，勿以太平漸久而自驕逸，若能始終如一，彗星出現也不足爲憂。」

太宗馬上說：「朕的治國艮無齊景公的過失，但朕年十八即已經綸王業，先後平服劉武周、薛擧、竇建德、王世充等人；二十四歲而天下平定；二十九歲即登大位，四夷降服，海內乂安，自謂古來英雄、撥亂之主，沒有人能比得上我，因而頗有自矜之意，這是我的過失啊！上天垂警，大概是爲此事吧？秦始皇平定六國，隋煬帝富有四海，旣驕且逸，一朝而敗，我又何得自驕呢?!想到這點，不由令人警惕。」

魏徵在旁答口說：「臣聞自古以來皇帝在位未有無災變的，但能修德，則災變自銷。陛下因有天變，遂能內心戒懼，反覆思量，深自克制自責，所以雖有此變也不足以構成災禍的。」

(176)貞觀十一年七月初一那次大雨造成了洛陽水災，水深平地四尺，衝毀宮寺十九所，漂失六百多戶家庭。太宗爲此表示罪己，幷告訴侍臣說：「由於朕的不德而使皇天降災。災情如此慘重，矜物罪己，深懷憂惕，朕又有何心情獨甘滋味呢！可令尚食（掌御膳之官）剔去肉食，只煮蔬菜，文武百官各上封事極言得失。」（參第五條）

大家紛紛上封事發言。其中中書侍郎岑文本的封事說：「臣聞開創事業困難，守成其實也不易，所以居安思危，才可以穩固大業，有始有終，才能夠崇立基礎。如今雖然太平，但是既承喪亂之後，人口銳減，土地尚多未加墾闢。陛下含育之恩雖然已很明著，然而社會瘡痍猶未復原；德教之風雖已廣被，然而人們資產仍舊屢空，只有長期滋養百姓，才有再度繁盛的一天。如果有所征役，時間愈久則凋耗日甚，凋耗既甚則民不聊生，民不聊生則怨氣充塞，怨氣充塞則離叛之心就會產生了，所以帝舜說：『可愛非君，可畏非民。』孔安國（孔子後裔，漢朝的大儒）解釋這句話說：『民以君爲命，故可愛；君失道而民叛之，故可畏。』孔子也說：『君猶舟也，民猶水也，水所以載舟，亦所以覆舟。』因此古之哲王，雖休勿休，日愼一日，主要是爲此罷了。」

伏惟陛下覽古今之事，察安危之機，上以社稷爲重，下以人民爲念，明選擧，愼賞罰，進賢才，退不肖，聞過卽改，從諫如流，爲善不疑，出令必信，省畋遊之娛以頤神養性，減工役之費以去奢從儉，務治內政而不求闢土，練習弓矢而不忘武備。凡此數者，雖是治國的常道，而又是陛下所努力推行的政策，但是臣還是希望陛下思而不怠。若能如此，則至道之美可與三皇五帝比隆，億年之祚可與天地長久了；卽有桑穀爲妖、龍蛇作孽的災異發生，猶當轉禍爲福，變災爲祥，何況雨水之患乃是陰陽常理，豈可謂天譴而使聖心憂焚呢？

古人有言：『農夫勞而君子食焉，愚者言而智者擇焉。』臣輒陳狂瞽（ㄍㄨˇ），伏待斧鉞！」

太宗深納其言。

四、論貫徹始終

⒄貞觀五年（六三一），太宗談到有今日的成功，除了多謝大臣以外，尙互勉要貫徹始終。他說：「自古帝王誰也不能經常保持完全的化成天下，總會有一些遺憾的地方，卽使國內治安，卻不能避免外擾。當今遠夷率服，百穀豐稔，盜賊不作，內外寧靜，這不是朕一人之力所能達成，實由於公等共相匡輔。不過，安不忘危，治不忘亂；雖知今日無事，也必須思其終始。常得如此，才是可貴之事啊！」

「自古以來元首、股肱不能備具；如果人君是聖人，則臣下卻常常不是賢人；如果遇到賢臣，則往往沒有聖主。」魏徵既在解釋何以古代政治有缺憾，又爲了勉勵太宗，故說：「當今陛下聖明，所以能夠致治，假如一向有賢臣而君不思化，那也無所益於天下。如今雖太平，臣等猶未以爲喜，惟願陛下居安思危、孜孜不怠就好了！」

⒅貞觀六年（六三二），太宗大概讀了漢書，遂對漢朝開國皇帝漢高祖提出批

評：「自古人君爲善，多不能長期固執堅守。漢高祖不過是泗水一亭長罷了，最初能夠拯危誅暴以成帝業，十餘年後，卻也縱逸招敗，晚節不保。怎麼知道呢？從高祖惑於愛姬，想廢溫恭仁孝的惠帝（時爲太子），而改立愛姬之子爲太子一事；另外又從高祖不顧念功臣——蕭何曾被妄加囚繫，韓信也被濫加降黜，其餘功臣莫不震懼不安，以至先後反叛的事實來看，他們君臣父子之間，竟然如此的悖亂謬誤，豈不是難保的明證嗎？

朕所以不敢恃天下之安，常思危亡以作自我的警戒，實在是希望能保其終吧。」

⑽貞觀九年（六三五），李靖又平服了歷史上號稱難纏的吐谷渾，唐朝早期的兩大頑強對手——東突厥和吐谷渾——至此已告解決，加上內政又佳，所以太宗自豪地對公卿說：「朕端拱無爲而四夷咸服，這種成就豈是朕一人之力所能達致，實賴諸公之力罷了。當思善始令終，永固鴻業，子子孫孫遞相輔翼，使豐功厚利惠及後代；令數百年後的人讀我國史，皆覺得鴻勳茂業，粲然可觀，豈惟只稱贊隆周、炎漢及建武（後漢光武帝年號）、永平（後漢明帝年號，東漢最盛在光武、明、章三帝時期）的事蹟而已哩！」

首相房玄齡謙謝說：「陛下謙虛，推功於羣下。其實致治昇平，本來關鍵在主上的聖德，臣下何力之有！惟願陛下有始有終，則天下永賴！」

太宗聽了，跟着也說：「朕觀古代創業撥亂之主，皆年踰四十始登大位，只有光武帝才三十三歲。但是，朕年十八就舉兵，二十四歲而定天下，至二十九歲即昇為天子，此則是武功勝於古人；少年從戎，不暇讀書，貞觀以來則手不釋卷，由此知風化之本，見政治之源，行之數年，天下大治而風移俗變，子孝臣忠，此又是文德勝於古人；從前周、秦以降，戎狄內侵；如今戎狄稽（ㄑㄧˇ）顙（ㄙㄤˇ），皆為臣妾，此又是威懷外夷勝於古人。這三種成就，朕何德以當之？現在既然有此功業，何得不善始愼終哩！」

(180)貞觀十二年（六三八）某日，太宗在讀書之餘，內心產生一個困惑，遂問於侍臣們說：「朕讀書，見前代帝王做善事皆力行不倦，所任用的人也的確是賢能之士，然而成就卻仍然比不上三皇五帝，究竟為甚麼呢？」

魏徵回答道：「當今四夷賓服，天下無事，誠曠古所未有！然而自古帝王初即位時，都想勵精圖治、比迹於堯舜；及至安樂了，則變得驕奢放逸，莫能終其善。至於人臣初見任用時，都立志匡主濟時、效法稷契；及至富貴了，則想苟全官爵，保持既得利益，莫能盡其忠節。如果君臣常無懈怠，各保善終，則天下無須憂慮不能致治，自然可以超越前古了。」

「誠如卿言！」太宗佩服地說。

(181)貞觀十三年（六三九）四月，突厥衞士發動「九成宮兵變」（參第一六五條），翌月又逢旱象出現，所以太宗詔令五品以上官員上封事發言。魏徵眼看着太宗近年來漸漸改變，憂慮他不能克終，於是遞上著名的「十漸不克終疏」，大意說：

「臣觀自古帝王奉天定國者，皆欲傳之萬代，爲子孫打好基礎。所以頒布大政於天下時，語道則先淳朴而抑浮華，論人則貴忠良而鄙邪佞，言制度則崇儉約而絕奢靡，談物產則重穀帛而賤珍奇。人主受命之初，皆能遵此以成治，稍安之後，則多反此以敗俗，緣故何在？豈不是因爲居萬乘之尊，有四海之富，出言則無人敢反對，所爲則大家都順從，溺公道於私情，虧禮節於嗜欲所造成的嗎？古語說：『非知之難，行之惟難；非行之難，終之斯難。』眞是可信啊！

伏惟陛下年甫弱冠，即大拯橫流，削平區宇，肇開帝業。貞觀之初，陛下方壯之年，亦能損欲行儉，內外康泰，遂臻至治。臣自擢居左右，十有餘年，陛下屢向臣自許遵守仁義之道，堅持儉約之德；德音在耳，豈敢忘之！然而頃年以來，陛下稍違向之志願，敦朴之理漸不克終。臣謹以所聞，列之於左：

陛下即位之初，無爲無欲，淸靜以化天下。於今其風漸墜，聽說話則好像遠超上聖，論行事則幷未超越中材之主，言行互不相符，這是第一種漸不克終的地方。

陛下即位之初，視民如傷，恤其勤勞，愛之如子；每存簡約，無所營造。頃年已來，意在奢縱，輕用民力，並且詭辯說『百姓無事則驕逸，勞役則易使』。自古以來，未有由百姓逸樂而導致傾敗的，因何害怕驕逸而故意勞役他們呢？那絕非與邦安民的觀念。這是第二種漸不克終的地方。

陛下即位之初，損己以利民，今日則縱慾以勞民，嘴巴雖然常說憂民的話，然而內心卻以享樂爲念，甚至想有所建造時，怕人諫諍，竟說出『若不爲此，則不便我身』這些話來。既然如此，人臣何可再爭，此擧簡直意在杜絕諫者之口罷了，豈能稱得上擇善而行哩！這是第三種漸不克終的地方。

陛下即位之初，砥礪名節，不私於物，唯善是與，親愛君子而疏斥小人。於今則不然，變得輕狎小人而禮重君子。重君子則敬而遠之，輕小人則狎而近之；近之則不見其非，遠之則莫知其是，如此昵近小人，絕非致治之道，而如此疎遠君子又豈符興邦之義？這是第四種漸不克終的地方。

陛下即位之初，遵行堯舜反樸歸淳之道。頃年以來，好尙奇異，耽求於寶貨奇珍。在上者愛好奢靡，而卻希望在下位的人敦樸淳厚，那是不可能有的事。這是第五種漸不克終的地方。

陛下即位之初，求賢若渴，委任篤信，用其所長。近年以來則不然，好惡由心，聽讒輕信，臣僚往往因一言而遭懷疑，或甚至遭到貶黜。須知君子弘大德而小人爲己謀，陛下不審察其根源而輕加臧否，是使守道者日疎而干求者日進，人人皆思苟免於罪，而不能盡力於任事的啊。這是第六種漸不克終的地方。

陛下即位之初，高居深視，淸靜無欲，棄網羅而絕畋獵。數年以後則不然，以馳騁爲歡，以盤遊爲樂，不但見譏於百姓，更未考慮有不虞之變；萬一事出不測，其可救嗎？這是第七種漸不克終的地方。

陛下即位之初，敬以接下，故上下能夠溝通交流，臣下咸思竭力盡心。頃年以來，多所忽略，臣下有所報告，欲言則顏色不接，欲請又恩禮不加，甚至詰人的短處和細過，如此而望上下同心、君臣交泰，不也很難嗎？這是第八種漸不克終的地方。

陛下即位之初，孜孜不怠，屈已從人，常若不足。頃年以來，微有矜放；恃大功而蔑前王，負聖智以輕當代，漸生傲態；雖或抑情從諫，終是不能忘懷，漸成縱慾；嬉戲無倦，雖未全妨政事，但也不再專心治道，漸有樂極之形；內外安服，猶遠征遐裔，漸有志滿之意。這是第九種漸不克終的地方。

陛下即位之初，矜育為懷，所以百姓雖災荒也不肯攜貳。頃年以來，人民疲於徭役，關中尤甚；若逢災荒，恐怕百姓之心，不能如從前般寧帖。這是第十種漸不克終的地方。

伏惟陛下統天御宇十有三年，道洽寰中，臻至太平。今年天災致旱，凶醜作孽（指九成宮兵變），實是上天垂象警告，誠為陛下驚懼之辰、憂勤之日啊！陛下若見警誡而改過，小心求治，與物更新，則可寶祚無疆，普天幸甚，何禍敗之有呢？然則社稷安危，國家治亂，在於一人而已！當今太平之基已崇，猶虧一簣之功罷了。千載休期，時難再得，明主可為而不為，微臣所以鬱結而長歎者也！」

太宗覽後，召見魏徵，說：「人臣事主，順旨甚易，忤情尤難。公作朕耳目股肱，常常論思獻替，朕今聞過能改，庶幾克終善事。若違此言，更何顏與公相見，還想怎樣來治天下呢?!自從收到這份奏疏，朕反覆研究思考，深覺詞強理直，遂寫在屏風上朝夕瞻仰，又錄送一份交給史官，希望千載之下，猶識君臣之義。」乃賜黃金十斤、御馬兩匹，以作嘉勉。

(182)貞觀十四年（六四〇），太宗對侍臣說：「朕雖平定天下，假如守之不當，功業也會難保。秦始皇亦平六國，據有四海，及至末年卻不能善守，實可作爲鑒誡。公等應念公忘私，則榮名高位，也可以克終其美的呀！」

魏徵答道：「臣聽說『戰勝易，守勝難』，陛下深思遠慮，安不忘危，功業已經光耀，德化復又洽博，若能常以此念爲政，宗廟社稷就無由傾敗了！」

(183)貞觀十六年（六四二），太宗問魏徵：「觀近代帝王，有的傳位十代，有的僅傳一兩代，甚至也有自身得之而自身失之的，朕所以常懷憂懼，或恐撫養生民不得其所，或恐心生驕逸，喜怒過度而不自知。卿可爲朕談談看，讓朕作爲楷模規範好嗎？」

「嗜慾喜怒之情，賢愚皆同。賢者能夠加以節制，不使過度，而愚者則放縱任情，多至失所，兩者差異在此而已。」魏徵分析而又勉勵皇帝說：「陛下聖德玄遠，居安思危。伏願常能自制，以保克終之美，則萬代永賴了！」

原典精選

卷一

論君道一、論政體二

君道第一

貞觀二年，太宗問魏徵曰：「何謂爲明君、暗君？」徵曰：「君之所以明者，兼聽也。其所以暗者，偏信也。詩云：『先人有言，詢于芻蕘。』昔唐虞之理，闢四門，明四目，達四聰，是以聖無不照。故共、鯀之徒不能塞也，靖言、庸回不能惑也。秦二世則隱藏其身，捐隔疏賤而偏信趙高，及天下潰叛，不得聞也。梁武帝偏信朱异，而侯景舉兵向闕，竟不得知也。隋煬帝偏信虞世基，而諸賊攻城剽邑，亦不得知也。是故人君兼聽納下，則貴臣不得壅蔽，而下情必得上通也。」太宗甚善其言。

× × ×

貞觀十年，太宗謂侍臣曰：「帝王之業，草創與守成孰難？」尚書左僕射房玄齡對曰：「天地草昧，羣雄競起，攻破乃降，戰勝乃剋，由此言之，草創爲難。」魏徵對曰：「帝王之起，必承衰亂，覆彼昏狡，百姓樂推。四海歸命，天授人與，乃不爲難。然既得之後，志趣驕逸，百姓欲靜而徭役不休，百姓凋殘而侈務不息，國之衰弊，恆由此起。以斯而言，守成則難。」太宗曰：「玄齡昔從我定天下，備嘗艱苦，出萬死而遇一生，所以見草創之難也。魏徵與我安天下，慮生驕逸之端，必踐危亡之地，所以見守成之難也。今草創之難既已往矣，守成之難者，當思與公等愼之！」

× × ×

貞觀十五年，太宗謂侍臣曰：「守天下難易？」侍中魏徵對曰：「甚難！」太宗曰：「任賢能受諫諍卽可，何謂爲難？」徵曰：「觀自古帝王，在於憂危之間，則任賢受諫；及至安樂，必懷寬怠，言事者惟令兢懼。日陵月替，以至危亡。聖人所以居安思危，正爲此也。安而能懼，豈不爲難！」

政體第二

貞觀初，太宗謂蕭瑀曰：「朕少好弓矢，自謂能盡其妙，近得良弓十數，以示弓工。乃曰：『皆非良材也！』朕問其故，工曰：『木心不正，則脈理皆邪。弓雖剛勁而遣箭不直。非良弓也。』朕始悟焉。朕以弧矢定四方，用弓多矣，而猶不得其理；況朕有天下之日淺，得爲理之意固未及於弓。弓猶失之，而況於理乎？」自是詔京官五品以上，更宿中書內省，每召見皆賜坐與語，詢訪外事，務知百姓利害、政教得失焉。

卷九

安邊第三十六

貞觀四年，李靖擊突厥頡利，敗之，其部落多來歸降者。詔議安邊之策。中書令溫彥博議：「請於河南處之，準漢建武時置降匈奴於五原塞下，全其部落得爲捍蔽，又不離其土俗，因而撫之，一則實空虛之地，二則示無猜之心，是含育之道也。」太宗從之。秘書監魏徵曰：「匈奴自古至今，未有如斯之破敗，此是上天勦絕，宗廟神武！且其世寇中國，萬姓冤讎，陛下以其爲降，不能誅滅，即宜遣發河北，居其舊土。匈奴人面獸心，非我族類，強必寇盜，弱則卑伏，不顧恩義，其天性也。秦漢患之者若是，故時發猛將以擊之，收其河南以爲郡縣。陛下以內地居之，且今降者幾至十萬，數年之後，滋息過倍，居我肘腋，甫邇王畿，心腹之疾，將爲後患，尤不可處以河南也。」溫彥博曰：「天子之於萬物也，天覆地載。有歸我者，則必養之。今突厥破除，餘落歸附，陛下不加憐愍，棄而不納，非天地之道，阻四夷之意。臣愚甚謂不可。宜處之河南，所謂死而生之，亡而存之，懷我厚恩，終無叛逆。」魏徵曰：「晉代有魏時胡部落，分居近郡，江統勸逐出塞外，武帝不用其言，數年之後，遂傾瀍洛。前代覆車，殷鑒不遠！陛下必用彥博言，遣居河南，所謂養獸自遺患也。」彥博又曰：「臣聞聖人之道，無所不通。突厥餘魂，以命歸我，收居內地，教以禮法，選其酋首，遣居宿衞，畏威懷德，何患之有?!且光武居河南單于於內郡，以爲漢藩翰，終于一代，不有叛逆。」又曰：「隋文帝勞兵馬，費倉庫，樹立可汗，令復其國，後孤恩失信，圍煬帝於鴈門。今陛下仁厚，從其所欲，河南、河北任情居住，各有酋長，不相統屬，力散勢分，安能爲害？」給事中杜楚客進曰：「北狄人面獸心，難以德懷，易以威服。今令其部落散處河南，逼近中華，久必爲患。至如鴈門之役，雖是突厥背恩，自由隋主無道，中國以之喪亂，豈得云興復亡國，以致此禍？夷不亂華，前哲明訓；存亡繼絕，列聖通規；臣恐事不師古，難以長久。」太宗嘉其言，方務懷柔，未之從也，卒用彥博策。自幽州至靈州，置順、祐、化、長四州都督府以處之，其人居長安者，近且萬家。自突厥頡利破後，諸部落首領來降者，皆拜將軍、中郎將，布列朝廷，五品已上百餘人，殆與朝士相半，唯拓拔不至。又遣招慰之，使者相望於道。涼州都督李大亮以為於事無益，徒費中國。上疏曰：「臣聞欲綏遠者必先安近，中國百姓，天下根本，四夷之人猶於枝葉，擾其根本以厚枝葉，而求久安，未之有也。自古明王化中國以信，馭夷狄以權，故春秋云：『戎狄豺狼，不可厭也；諸夏親昵，不可棄也。』自陛下親臨區宇，深根固本，人逸兵強，九州殷富，四夷自服。今者招致突厥，雖入提封，臣愚稍覺勞費，未悟其有益也。然河西民庶，鎮禦藩夷，州縣蕭條，戶口鮮少，加因隋亂，減耗尤多。突厥未平之前，尚不安業；匈奴微弱以來，始就農畝。若即勞役，恐致妨損。以臣愚惑，請停招慰。且謂之荒服者，故臣而不納。是以周室愛民攘狄，竟延八百之齡；秦王輕戰事胡，故四十載而絕滅；漢文養兵靜守，天下安豐；孝武揚威遠略，海內虛耗，雖悔輪臺追已不及。至於隋室早得伊吾，兼統鄯善；且既得之後，勞費日甚，虛內致外，竟損無益。遠尋秦漢，近觀隋室，動靜安危，昭然備矣。伊吾雖已臣附，遠在藩磧，民非夏人，地多沙鹵，其自豎立稱藩，附庸者請羈縻受之，使居塞外，必畏威懷德，永爲藩臣。蓋行虛惠，而收實福矣。近日突厥傾國入朝，既不能俘之江淮，以變其俗，乃置於內地，去京不遠，雖則寬仁之義，亦非久安之計也。每見一人初降，賜物五匹、袍一領，酋長悉授大官，祿厚位尊，理多糜費。以中國之租賦，供積惡之凶虜，其衆益多，非中國之利也。」太宗不納。十三年太宗幸九成宮，突厥可汗弟——中郎將阿史那。結社率——陰結所部，並擁突利子賀羅鶻，夜犯御營。事敗；皆捕斬之。太宗自是不直突厥，悔處其部衆於中國，還其舊部於河北，建牙於故定襄城，立李思摩爲乙彌泥熟俟利苾可汗以主之。因謂侍臣曰：「中國百姓實天下之根本，四夷之人乃同枝葉；擾其根本以厚枝葉，而求又安，未之有也。初不納魏徵言，遂覺勞費日甚，幾失久安之道！」

愼終第四十

貞觀十六年，太宗問魏徵曰：「觀近古帝王，有傳位十代者，有一代、兩代者，亦有身得、身失者。朕所以常懷憂懼，或恐撫養生民，不得其所；或恐心生驕逸，喜怒過度，然不自知。卿可爲朕言之，當以爲楷則！」徵對曰：「嗜慾喜怒之情，賢愚皆同。賢者能節之，不使過度；愚者縱之，多至失所。陛下聖德玄遠，居安思危，伏願陛下常能自制，以保克終之美，則萬代永賴！」

『中國歷代經典寶庫』《青少年版》出版的話

一個中國古典知識大衆化的構想

◎高上秦

許多討論或研究中國文化的學者，大概都承認一樁事實：中國文化的基調，是傾向於人間的；是關心人生，參與人生，反映人生的。我們的聖賢才智，歷代著述，大多圍繞著一個主題，治亂興廢與世道人心。無論是春秋戰國的諸子哲學，漢魏各家的傳經事業，韓柳歐蘇的道德文章，程朱陸王的心性義理；無論是貴族屈原的憂患獨歎，樵夫惠能的頓悟衆生；無論是先民傳唱的詩歌、戲曲、村里講談的平話、小說……等等種種，隨時都洋溢著那樣强烈的平民性格、鄉土芬芳，以及它那無所不備的人倫大愛；一種對平凡事物的尊敬，對社會家國的情懷，對蒼生萬有的期待，激盪交融，相互輝耀，繽紛燦爛的造成了中國。平易近人、博大久遠的中國。

可是，生爲這一個文化傳承者的現代中國人，對於這樣一個親民愛人、胸懷天下的文明，這樣一個塑造了我們、呵護了我們幾千年的文化母體，可有多少認識？多少理解？又有多少接觸的機會，把握的可能呢？

一般社會大衆暫且不提，就是我們的莘莘學子、讀書人，受了十幾年的現代教育以後，究竟讀過幾部歷代的經典古籍？瞭解幾許先人的經驗智慧？當年林語堂先生就曾感嘆過，現在的大學畢業生，連「中國幾種重要叢書都未曾見過」，遑論其他？

特別是近年以來，升學主義的壓力，耗損了廣大學子的精神、體力；美西文明的風行，導引了智識之士的思慮、習尚；電視、電影和一般大衆媒體的普遍流通，更造成了一個官能文化當道，社會價值浮動的生活形態。美國學者雷文孫所說的當代世界是一個「沒有圍牆的博物館」，固然鮮明了這一現象，但眞正的問題，却在於我們的根性尚未紮穩，就已目迷五色的跌入了傳播學者所批評的「優勢文化」的輻射圈內，失去了自我的特質與創造的能力。

何況，近代的中國還面對了內外雙重的文化焦慮。自內在而言，白話文學運動固然開發了俚語俗言的活力，提升了大衆文學的地位，覺悟到社會羣體的知識參與力，却相對的減損了我們對中國古典知識的傳承力；以往屬於孩童啓蒙的「小學」教育，屬於讀書人必備的「經學」常識，都在新式教育的推動下，變得無比艱澀與隔閡了。自外在而言，五四以來的西化怒潮，不斷開展了對西方經驗的學習，對傳統意識的批判，意興風發的營造了我們的時代感覺與世界精神，爲我們的現代化打下了一定程度的基礎；它也同時疾風迅雨般衝刷著中國備受誤解的文明，削弱了我們的文化認同與歷史根源，使我們在現代化的整體架構上模糊了著力的點，漫漶了精神的面。

將近五十年前，國際聯合會教育考察團曾對我國教育作過一次深入的探訪，在報告書中，一針見血的指出：歐洲力量的來源，經常是透過古代文明的再發現與新認識而而達至；中國的教育也理當如此，才能眞實發揮它的民族性與創造性。

事實上，現代的學術研究，也紛紛肯定了相似的論點。文化人類學所剖示的，每一個文化都有它的殊異性與持續性；知識社會學所探討的，一個文化的強大背景與典範人物，常常是新一代創造者的「支援意識」的能源；而李約瑟更直截了當的說，除了科技以外，其他文化的成果是沒有普遍性的。在這裏，當我們回溯了現代中國的種種內在、外在與現實的條件之餘，中國文化風格的深透再造，中國古典知識的普遍傳承，更成了炎黃子孫無可推卸的天職了。

「中國歷代經典寶庫」青少年版的編輯印行，就是這樣一份反省與辨認的開展。

在中國傳延千古的史實裏，我們也都看到，每當一次改朝換代或重大的社會變遷之餘，都有許多沈潛會通的有心人站出來，顚沛造次，心志不移的汲汲於興滅繼絕的文化整理、傳道解惑的知識普及——孔子的彙編古籍、有教無類，劉尚的校理衆書、編目提要，鄭玄的博古知今、遍註羣經；乃至於孔穎達的「五經正義」，朱熹的「四書集註」，王心齋的深入民衆、樂學教育……他們或以個人的力量，或由政府的推動，分別爲中國文化做了修舊起廢、變通傳承的偉大事業。

民國以來，也有過整理國故的呼籲、讀經運動的倡行；商務印書館更曾經編選印行了相當數量、不同種類的古書今釋語譯。遺憾的是，時代的變動太大，現實的條件也差，少數提倡者的陳義過高，拙於宣導，以及若干出版物的偏於學術界或知識份子的需要；這一切，都使得歷代經典的再生，和它的大衆化，離了題，觸了礁。

當我們著手於這項工作的時候，我們一方面感動於前人的努力，一方面也考慮了當前的需求，從過去疏漏了的若干問題開始，提出了我們這個中國古典知識大衆化的構想與做法。

我們的基本態度是：中國的古典知識，應該而且必須由全民所共享。它們不是知識份子的專利，也不是少數學人的獨寵，我們希望它能進入到大衆的生活裏去，也希望大衆都能參與到這一文化傳承的事業中來；何況，這些歷代相傳的經典，又有那麼多的平民色彩，那麼大的生活意義——說得更澈底些，這類經典，大部份還是平民大衆自身的創造與表現。大家怎麼能眼睜睜的放棄了這一古典寶藏的主權呢？

爲此，我們邀請的每一位編撰人，除了文筆的流暢生動外，同時希望他能擁有古典的與現代的知識，並且是長期居住或成長於國內的專家、學者，對當前現實有一適當的理解與同情。在這基礎上，歷代經典的重新編撰，方始具備了活潑明白、深入淺出、趣味化、生活化的蘊義。

也是爲此，我們首先爲這套書訂定了「青少年版」的名目。我們也曾考慮過一些其他的字眼，譬如「國民版」、「家庭版」等等，研擬再三，我們還是選擇了「

青少年版」。畢竟，這是一種文化紮根的事業，紮根當然是愈早愈好。在最有吸收力、閱讀力的年歲，在最能培養人生情趣和理想的時候，我們的青少年朋友就能與這些清澈的智慧、廣博的經驗為友，接觸到千古不朽的思考和創造，而我們所謂的「中國古典知識大眾化」，才不會是一句口號。

這也意味了我們對編撰人寫作態度的懇盼，以及我們對社會羣體的邀請。但願透過這樣的方式，讓中國的知識、中國的創作，能夠回流反哺，回到每一個中國家庭裏，使每一位具有國中程度以上的中華子民，都喜愛它、閱讀它。

我們深深明白中國文化的豐美，它的包容與廣大。每一時代，每一情境，都有不同的創作與反省；它們或驚或嘆、或悲或喜，或溫柔敦厚、或鵬飛萬里，雖然形式多端、訴求有異，却絲毫無損於它們的完美與貢獻。這也就確定了我們的選書原則：盡可能的多樣化與典範化。像四庫全書對佛典道藏的排斥，像歷代經籍對戲曲小說的貶抑，甚至多數人都忽略了的中國的科技知識、經濟探討、敦煌遺墨，都是我們所不願也不宜偏漏的。

就這樣，我們在時代意義的需求、歷史價值的肯定、多樣內容的考量下，從廿五萬三千餘册的古籍舊藏裏，歸納綜合，選擇了目前呈現在諸位面前的六十五部經典。這是我們開發中國古典知識能源的第一步，希望不久的將來，我們能繼續跨出第二步、第三步……

我們所以採用「經典」二字為這六十五部書的結集定名，一方面是——說文解字所解釋的，「經」是一種有條不紊的編織排列；廣韻所說的，「典」是一種法，一種規則。它們的交織運作，正可以系統的演繹了中國文化的風格面貌，給出我們日常行為的規範，生活的秩序，情感的條理。另一方面——也是採用了章太炎先生的說法：它們是「當代記述較多而常要翻閱的」一些書。我們相信，中國文化的恢宏壯麗，必須在這樣的襟懷中才能有所把握。

與這個信念相表裏，我們在這六十五部經典的編印上，不作分類也不予編號。這套經典對我們是一體同尊的，改寫以後也大都同樣親切可讀，我們企冀於提供的，是一套比較完備的古典知識。無論古代中國七略四部的編目，或現代西方科技分類的正名，都易扭曲了它們的形象，阻礙了可能的欣賞，這就大大違反我們出版這套書的諦旨了。

但在另一重意義上，我們却分別為舊典賦予了新的書名，用現代的語言烘托原書的精神，增進讀者對它的親和力；當然，這也意味了它是一種新的解釋，是我們以現代的編撰形式和生活現實來再認的古典。

也是在這種實質的，閱讀的要求下，我們不得不對原書有所去取，有所融滙與變通。譬如，原典最大的「資治通鑑」，將近三百卷的皇皇巨著，本身就是一個雄偉的書中帝國，一般大衆實難輕易的一窺堂奧。新版的「帝王的鏡子」做了提玄勾要的梳理，形式也類同袁樞「通鑑紀事本末」的體裁，把它作了故事性的改寫，雖然字數濃縮了，却在不失原典題旨的照顧下，提供了一份非專業的認知。其他的部份經典，也有類似的寫法。這方面，歐美出版界倒有不少可供我們借鑑的例子。遠的不談，就以湯恩比的「歷史研究」來說，前六册出版了未及十年，桑馬威爾就爲它作了濃縮至六分之一的大衆節本，暢銷一時，並曾獲得湯氏本人的大大讚賞。我們的作法雖不必盡同，但精神却是一致的。

再如原書最少的老子「道德經」，這部被美國學者蒲克明肯定爲未來大同世界家喻戶曉的一部書，短短五千言，我們却相對的擴充、闡釋，完成了十來萬字的「生命的大智慧」。又如「左傳」、「史記」、「戰國策」等書，原有若干重疊的記述，經過編撰人的相互研討，各有删節，避免了雷同繁複。……由於歷代經典的繽紛多彩，體裁富麗，筆路萬殊，各編撰人曾有過集體的討論，也有過個別的協調，分別作成了若干不同的體例原則，交互運用，以便充分發皇原典精神，又能照顧現實需要，爲廣大讀者打出一把把邁入經典大門的鑰匙。

無論如何，重新編寫後的這套書，畢竟仍是每一位編撰者的心血結晶，知識成果。我們明白，經典的解釋原有各種不同的學說流派，在重新編寫的過程裏，每一位編撰者的參酌採用，個人發揮我都寄寓了最高的尊重。

除了經典的編撰改寫以外，我們同時蒐集了各種有關的文物圖片千餘幀，分別編入各書。在這些「文物選粹」中，也許更容易讓我們一目了然的感知到中國：

那樣樸素生動的陶的文化，剛健恢宏的銅的文化，溫潤高潔的玉的文化，細緻優美的瓷的文化；那些刻寫在竹簡、絲帛上的歷史，那些遺落在荒山、野地裏的器物；那些意隨筆動的書法，那文章，那繪畫……正如浩瀚的中國歷代經典一般，那一樣不足以驚天地而泣鬼神？那一樣不是先民們偉大想像與勤懇工作的結晶？看起來，它們是一幅幅獨立存在的作品，一件件各自完整的文物，然而它們每一樣都代表了中國，都煥發出中國文化緜延不盡的特質。它們也和這些經典的作者一樣，是彼此相屬、相生、相成的。

這套書，分別附上了原典或原典精華，不只是强調原典的不可或廢，更在於牽引有心的讀者，循序漸進，自淺而深。但願我們的青少年，在舉一反三、觸類旁通之餘，更能一層層走向原典，去作更高深的研究，締造更豐沛的成果；上下古今，縱橫萬里，爲中國文化傳香火於天下。

是的，我們衷心希望，這套「中國歷代經典寶庫」青少年版的編印，將是一扇現代人開向古典的窗；是一聲歷史投給現代的呼喚；是一種關切與擁抱中國的開始；它也將是一盞盞文化的燈火，在漫漫書海中，照出一條知識的，遠航的路——

也許，若干年後，今天這套書的讀者裏，也有人走入這一偉大的文化殿堂，與先聖先賢並肩論道，弦歌不輟，永世長青的開啓著、建構著未來無數個世代的中國心靈！

歷史在期待。

（民國六十九年歲末於臺灣臺北）

附記：雖然，編輯部同仁曾盡了最大的力氣，但我們知道，這套書必然仍有不少缺點，不少無可避免的偏差或遺誤。我們十分樂意各界人士對它的批評、指正，這不僅是未來修訂時的參考，也將是我們下一步出版經典叢書的依據。

NA.時報全語文經典

大史詩20冊

①三分之二的神	周　銳著
②再見，特洛伊	洪志明著
③奧迪賽奇航記	張文哲著
④羅摩渡恆河	朋　萱著
⑤一〇五個王子	康逸藍著
⑥格薩爾王傳奇	何群英著
⑦羅蘭之歌	管家琪著
⑧尼伯龍根的寶藏	秦文君著
⑨流浪騎士	陳昇群著
⑩矮靈的傳說	心　岱著
⑪誰在呼喚伊尼斯	連翠茉著
⑫伊戈爾遠征記	夏有志著
⑬阿詩瑪的回聲	夏瑞紅著
⑭西遷之歌	林佩芬著
⑮失樂園	陳月文著
⑯英雄國	秦文君著
⑰列那狐記	管家琪著
⑱帝王之書	張文哲著
⑲圓桌・聖杯・魔法師	周惠玲著
⑳神曲	林錦昌著

XB.發現之旅(外版)

①文字與書寫—思想的符號
②古埃及探秘—尼羅河畔的金字塔世界
③希臘的誕生—燦爛的古典文明
④絲綢之路—東方和西方的交流傳奇
⑤哥倫布—大西洋的海軍元帥
⑥梵谷—磨難中的熱情
⑦貝多芬—完成生命的意志
⑧馬雅古城—湮沒在森林裡的奇蹟
⑨星空—諸神的花園
⑩鯨魚生與死—海上帝王的生命之歌
⑪莫札特—樂神的愛子
⑫羅丹—激情的形體思想家
⑬向極地挑戰——難以抗拒的吸引力
⑭化石——洪荒世界的印記
⑮亞馬遜雨林——人間最後的伊甸園
⑯南太平洋征旅——航海家的冒險樂園
⑰佛洛依德——科學時代的解夢師
⑱創世紀——宇宙的生成
⑲牛頓——天體力學的新紀元
⑳恐龍——失去的侏羅紀王國

XA.中國古典文學賞析精選

平裝本(全套12冊，32開，可以分售)

①江南江北(唐詩)
②平林新月(詩選)
③曉風殘月(宋詞)
④春夢秋雲(詞選)
⑤小橋流水(元曲)
⑥沈醉東風(戲曲)
⑦閒情逸致(清明小品)
⑧山水幽情(小品文選)
⑨寒山秋水(王維詩文選)
⑩南山佳氣(陶淵明詩文選)
⑪雪泥鴻爪(蘇東坡詩詞文選)
⑫一竿煙雨(鄭板橋詩詞文選)

【開卷】叢書古典系列

中國歷代經典寶庫　貞觀政要

編撰者——雷家驥
校　對——雷家驥・周淑貞
董事長
發行人——孫思照
總經理——莫昭平
總編輯——林馨琴
出版者——時報文化出版企業股份有限公司
10803台北市和平西路三段240號三樓
發行專線——(02)2306-6842
讀者服務專線——0800-231-705・(02)2304-7103
讀者服務傳眞——(02)2304-6858
郵撥——19344724 時報文化出版公司
信箱——台北郵政79～99信箱
時報悅讀網——http://www.readingtimes.com.tw
電子郵件信箱——liter@readingtimes.com.tw
印　刷——盈昌印刷股份有限公司
袖珍本50開初版——一九八七年元月十五日
三版八刷——二〇一〇年二月十一日
袖珍本59種65冊
定價新台幣單冊100元・全套6500元

⊙行政院新聞局局版北市業字第八〇號

ISBN 957-13-1457-9

總目錄

袖珍本50開中國歷代經典寶庫59種65册

①	中國人的聖書	論語	宋淑萍
②	儒者的良心	孟子	林鎮國
③	生命的大智慧	老子	余培林
④	哲學的天籟	莊子	羅龍治
⑤	救世的苦行者	墨子	周富美
⑥	人性的批判	荀子	陳修武
⑦	國家的秩序	韓非子	張素貞
⑧	不朽的戰爭藝術	孫子兵法	徐瑜
⑨	先民的歌唱	詩經(上)	裴溥言
⑩	先民的歌唱	詩經(下)	裴溥言
⑪	儒家的理想國	禮記	周何
⑫	澤畔的悲歌	楚辭	呂正惠
⑬	歷史的長城	史記	李永熾
⑭	帝王的鏡子	資治通鑑	雷家驥
⑮	民族文化大醒覺	宋元學案	楊祖漢
⑯	民族文化再覺醒	明儒學案	方武
⑰	諸侯爭盟記	左傳	孫鐵剛
⑱	雋永的說辭	戰國策	鍾克昌
⑲	御風而行的哲思	列子	羅肇錦
⑳	一位父親的叮嚀	顏氏家訓	盧建榮

總目錄

袖珍本50開中國歷代經典寶庫59種65冊

㉑	佛學的革命	六祖壇經	楊惠南
㉒	科技的百科全書	天工開物	蔡仁堅
㉓	石窟裏的老傳說	敦煌變文	羅宗濤
㉔	大塊文章	唐宋八大家	張健
㉕	妙語的花園	說苑（上）	鍾克昌
㉖	妙語的花園	說苑（下）	鍾克昌
㉗	漢代財經大辯論	鹽鐵論	詹宏志
㉘	神話的故鄉	山海經	李豐楙
㉙	六朝異聞	世說新語	羅龍治
㉚	大唐文化的奇葩	唐代詩選	賴芳伶
㉛	蒙元的新詩	元人散曲	曾永義
㉜	性靈之聲	明清小品	陳萬益
㉝	唐朝的短篇小說	唐代傳奇	廖玉蕙
㉞	聽古人說書	宋明話本	胡萬川
㉟	跨出詩的邊疆	唐宋詞選	林明德
㊱	看古人扮戲	戲曲故事	張曉風
㊲	書生現形記	儒林外史	楊昌年
㊳	造化的鑰匙	神仙傳（上）	高大鵬
㊴	造化的鑰匙	神仙傳（下）	高大鵬
㊵	袈裟裏的故事	高僧傳（上）	熊琬
㊶	袈裟裏的故事	高僧傳（下）	熊琬

總目錄

袖珍本50開中國歷代經典寶庫59種65冊

㊷失去的大觀園　紅樓夢　康來新
㊸鏡裏奇遇記　鏡花緣　方瑜
㊹梁山英雄榜　水滸傳　傅錫壬
㊺龍爭虎鬪　三國演義　邵紅
㊻瓜棚下的怪譚　聊齋誌異　周學武
㊼西周英雄傳奇　封神榜　李元貞
㊽取經的卡通　西遊記　黃慶萱
㊾帝國的最後一瞥　老殘遊記　簡錦松
㊿文學的御花園　文選　簡宗梧
51大地之歌　樂府　傅錫壬
52古典文學的奧秘　文心雕龍　王夢鷗
53華夏的曙光　尚書　李振興
54天可汗的時代　貞觀政要　雷家驥
55藝術生活的結晶　閒情偶寄　顏天佑
56典章制度的總滙　通典　張榮芳
57史筆與文心　文史通義　喬衍琯
58大城小調　東京夢華錄　王明蓀
59忠臣孝子的悲願　明夷待訪錄　董金裕
60神仙道家　淮南子（上）　呂凱
61神仙道家　淮南子（下）　呂凱
62淨土上的烽煙　洛陽伽藍記　王文進
63不死的探求　抱朴子（上）　李豐楙
64不死的探求　抱朴子（下）　李豐楙
65唐山過海的故事　臺灣通史　吳密察

國立中央圖書館出版品預行編目資料

貞觀政要：天可汗的時代／雷家驥編撰. -
-二版.
--臺北市：時報文化，1994〔民83〕印刷
面；　公分. --（開卷業書•古典系列
）（中國歷代經典寶庫；54）
ISBN 957-13-1457-9（50K 平裝）

1. 政治制度－中國－唐（618 － 907）
624.11　　83010135